El diseño indígena argentino

biblioteca de la mirada

dirigida por Guido Indij

Nota de envío

La **biblioteca de la mirada** surge de la intención de agrupar aquellos textos que pasan por el escritorio de

la marca

y que a pesar de pertenecer a los más diferentes géneros (paper, ensayo, arte, crítica, pop, antología teórica, fotografía, manifiesto, revista, etcétera) nos sirven para reflexionar sobre el urgente lugar de la recepción.

Libro-Ojo

Si existe un común denominador para los libros que integran esta colección, resultará inútil buscarlo en el formato, los criterios de diseño, el color de las tapas…

Estos textos no hablan necesariamente (al menos directamente) de los medios. Su objetivo es político: señalar –de las más diversas maneras– los mecanismos de la percepción.

El diseño indígena argentino
Una aproximación estética a la iconografía precolombina

Alejandro Eduardo Fiadone

la marca

arte original

A la memoria de Guillermo Emilio Magrassi

TÍTULO *El diseño indígena argentino*
 Una aproximación estética a la iconografía precolombina
AUTOR Alejandro Eduardo Fiadone

COLECCIÓN Arte original
DIRECTOR DE COLECCIÓN Guido Indij

EDICIÓN A CARGO DE Silvia Badariotti
DISEÑO GRÁFICO 2martini • estudio de diseño
ILUSTRACIÓN DE TAPA Lancman Ink

la marca editora
OFICINA Pasaje Rivarola 115, C1015AAA Buenos Aires
TEL (5411) 4383-6262
FAX (5411) 4383-5152
E.MAIL lme@lamarcaeditora.com
W3 www.lamarcaeditora.com

IMPRENTA **La Cuadrícula** S.R.L.
 Santa Magdalena 635 Ciudad Autónoma de Buenos Aires

ISBN 950-889-140-8

1ª IMPRESIÓN octubre 2003
3ª REIMPRESIÓN abril 2006
LUGAR DE IMPRESIÓN Buenos Aires Argentina
DEPÓSITO DE LEY 11723
© **la marca editora**

No se permite la reproducción parcial o total de este libro ni su incorporación a ningún sistema informático, ni su transmisión en cualquier forma o por cualquier medio, sea éste mecánico, electrónico, por fotocopia, grabación u otros métodos, sin el permiso previo y por escrito de los titulares del *copyright*. La utilización de las imágenes contenidas en la presente obra con fines artesanales o artísticos queda expresamente permitida.

Índice

Prólogo	7
Introducción	**13**
Consideraciones generales	
Algunos antecedentes bibliográficos	17
Los diferentes modos de reproducir los diseños	20
Los intentos y ensayos de análisis	24
Por una revalorización de los signos y de sus contenidos	**31**
Método de trabajo empleado	**45**
Nuestra sistematización	**57**
Culturas	
Cultura Ciénaga	64
Cultura La Aguada	88
Culturas Santa María, Belén y Sanagasta	116
Santa María	119
Belén	174
Sanagasta	180
Cultura Humahuaca	186
Cultura Santiagueña	198
Culturas Wichi y Toba	204
Cultura Chiriguano-chané	224
Cultura Mapuche	232
Cultura Tehuelche	246
Cultura Selk'nam (Ona)	256
Apéndice	
El gaucho, su vestimenta. Influencia del diseño indígena argentino	262
Glosario	**269**
Bibliografía	**277**

Prólogo

Apelar a la exactitud en la reproducción de los diseños precolombinos es, cualquiera sea la utilidad que se les quiera dar, una necesidad básica. El presente trabajo de Alejandro Eduardo Fiadone contribuye a este fin advirtiendo además, con claros ejemplos, las falencias habidas en los trabajos habituales (incluso arqueológicos) y la necesidad de corregir este punto. Este problema, que viene desde lejos en trabajos científicos u orientados a las artes, es bien historiado en esta obra y resultará de gran utilidad para que, quienes se aproximen al arte precolombino desde cualquier óptica, puedan meditar sobre él.

El punto de partida esencial para la fiel reproducción de los diseños es, tal como se realizó en *El diseño indígena argentino,* el análisis directo del material arqueológico o etnográfico. Se evita así toda intervención o injerencia –subjetiva u objetiva– del recopilador al momento de levantar los registros de imágenes, lo que puede producir deformaciones en los dibujos resultantes. Estas deformaciones también son frecuentes en las fotografías, donde el pretender tomas artísticas conduce a imágenes alteradas o incompletas, que son utilizadas como modelo de estudio o aplicación práctica, siendo difícil o imposible captar el contenido original.

Al adaptar las formas a fines prácticos es esencial trabajar a conciencia, ya que si se varía el modelo, se varía el mensaje; los diseños precolombinos no son elementos decorativos –como se interpreta en casi todos los trabajos científicos de arqueología– sino signos de indudable contenido simbólico en los que el mensaje participa del hecho plástico. Es un error creer que esta 'decoración' es sólo un impulso estético que está en todos sin tener un origen o un rumbo definido. Se trata de elementos simbólicos, con un significado y un valor comunicativo.

Es importante evitar que en el traspaso de aplicaciones que se haga de la iconografía haya deformaciones que vuelvan a lo estético en una cuestión retórica. Debe valorarse el contenido y el sentido de estas manifestaciones, entendiendo el arte a través de los estilos y los estilos a través de las culturas que las crearon y los momentos en los que eso sucedió. El arte –representado en este caso por los diseños–, junto con la lengua y la religión, son los pilares básicos que forman las culturas de la tierra en todas las épocas: su estudio no puede estar sujeto a discusiones semánticas carentes de contenido.

La semiótica no sirve como elemento integral de estudio; puede ayudar al análisis del vocabulario expresivo, pero se ha hecho un abuso de eso. La etnohistoria puede ayudar a componer un marco interpretativo, comparando lo antiguo con grupos existentes, o de los que tenemos información histórica. Pero es un método limitado, aplicable cuando existen elementos repetitivos, y sólo coadyuvante con otras líneas de investigación. Lamentablemente, desde los pioneros como Juan B. Ambrosetti que lo usó con las religiones andinas, también se hace un abuso de esto. Incluso en la actualidad, hay quienes tomando, por ejemplo, una palabra del quechua, inventan sobre su significado un mundo de explicaciones para elementos gráficos de cualquier cultura.

Sólo la recopilación y el análisis metódico de los símbolos puede resultar útil para aproximarse a los contenidos, sin caer en interpretaciones que pretenden explicar sociedades cuya cosmovisión es básicamente diferente a la nuestra, con argumentos simplistas y subjetivos.

Quiero destacar de este trabajo los ejemplos concretos que muestran los cambios estilísticos de la iconografía de La Aguada que se incorporaron a la cultura santamariana. El estudio iconográfico, sumado a otros como los concernientes a técnicas ceramológicas y los cambios experimentados en el traspaso de una cultura a otra, nos muestran aspectos del proceso evolutivo cumplido en la transformación de La Aguada en su cambio del Período Medio al Tardío en Culturas como Sanagasta, Belén, Santa María, etc. El estudio a fondo de estas transformaciones visuales o gráficas, tal como se propone aquí, terminará por darnos la seguridad completa del cambio producido por las culturas del NOA hasta la conquista, ofreciéndonos un panorama de cambio evolutivo claramente identificado.

La resolución de seriaciones de piezas con el fin de lograr secuencias cronológicas debe realizarse con gran cuidado. En el siglo XVIII, Johan J. Winckelman incorporó este procedimiento al estudio arqueológico del arte clásico europeo. Esta técnica fue aplicada por Herbert J. Spiden a mediados del siglo XX para el arte maya, cuando aún se desconocía la traducción de los glifos calendáricos mayas. El cambio en los estilos es una condición presente en todos los aspectos evolutivos de una cultura, lo que dio lugar a buscar también cambios en aspectos técnicos que permitieran fijar medidas cronológicas, siendo el más célebre trabajo el del egiptólogo Sir Williams M. Flinders Petrie (quien trabajó entre fines del siglo XIX y principios del XX), utilizado en parte por Ambrosetti para la seriación de tumbas en la 'ciudad' de La Paya, en Salta. En todos los casos se buscaba el desarrollo evolutivo del diseño pasando del realismo a la abstracción, como secuencia considerada la más lógica.

Estos procedimientos, utilizados en los comienzos de la ciencia arqueológica, fueron criticados y controvertidos porque los puntos de partida con respecto al proceso evolutivo se cumplían, en algunos casos, del realismo a la abstracción; pero en otros —como demostró Franz Boas en un trabajo de 1908 referido al desarrollo de diseños de los esquimales— el proceso de daba a la inversa. Por lo tanto, es necesario tener presentes ambas posibilidades y otros parámetros como la cronología obtenida por los métodos arqueológicos tradicionales y el proceso evolutivo producido por las variaciones estilísticas.

Esto queda claro en el trabajo de Fiadone, con ejemplos concretos de cambios estilísticos en algunos de las culturas presentes en este libro, cuyos antecedentes pueden encontrarse en un trabajo de Ronald L. Weber, de 1969, sobre evolución del estilo santamariano, completado por trabajos de Elena B. Perrota y Clara Podestá por los años '70. Todo este material permite cumplir con uno de los postulados de los enfoques de la moderna arqueología, que da una importancia básica al estudio de los procesos de cambio y evolución en el tiempo de las culturas, a los cuales *El diseño indígena argentino* contribuye en varios aspectos, convirtiéndose en material de consulta confiable para quienes busquen una aproximación al diseño precolombino.

Dr. Alberto Rex González

"La estética americana que postulé en *Eurindia,* fundada en nuestra experiencia histórica, concilia la emoción indígena con la técnica europea, muestra la unidad cíclica de todas las artes, y extiende toda nuestra nacionalidad a todo lo americano. El sistema allí enunciado utiliza como principal documento la literatura, pero sin olvidar la función expresiva de las artes plásticas..."

"... dije que (...) convenía fundar un instituto de artes decorativas inspirado en el estilizamiento de los modelos regionales y en imágenes de la arqueología indígena, pero adaptando todo ello a las necesidades de la industria y la vida modernas".

Silabario de la decoración americana, Ricardo Rojas, 1930.

Introducción

Las primeras manifestaciones humanas en lo que es hoy la Argentina datan de unos 10.000 años a.c. Desde entonces, y hasta la conquista española, se desarrollaron diferentes culturas en las distintas regiones geográficas; cada una con características propias y aportes de distintos sectores, incluyendo la influencia y posterior penetración del Imperio Inka en el noroeste.

Símbolos del saber indígena, que hoy nos resultan de difícil comprensión, quedaron asentados en cerámicas, cueros, piedras, textiles y otros materiales. Incluso, algunos aspectos de esas culturas perduran en el lenguaje, la religiosidad popular, la gastronomía, la indumentaria y el comportamiento social de los argentinos. El mate, por ejemplo, deriva de una costumbre guaraní; el atuendo y el apero del gaucho poseen numerosas prendas de origen indígena. 'Che'* y 'chau'** son vocablos indígenas.

Los dibujos responden a ideas que se han perdido con los cambios culturales. Imágenes fundamentadas en conocimientos empíricos, que muchas veces no representaban lo que se veía, sino aquello que se conocía o resultaba de importancia. Surgieron así símbolos que integraron códigos para transmitir informaciones diversas. Algunos de ellos, gracias a las migraciones, el comercio, las conquistas y aspectos religiosos compartidos, fueron comunes a todo el continente, aunque con variantes estilísticas en cada región. Podemos, por ejemplo, ver la representación de pisadas o cuerpos de animales expresando el deseo de aprehensión, pretendiendo inducir su existencia.

Las serpientes bicéfalas, felinos metamorfoseados con otros seres o con el hombre, aves sobrenaturales, signos escalonados, grecas, espirales y seres fantásticos delatan mitos necesarios para explicarse el universo circundante. Sugieren también el uso de alucinógenos para lograr el contacto con las divinidades. Las unguladuras, incisiones y dibujos repitiendo cientos de veces un mismo motivo expresan lo infinito del cosmos, la existencia de ciclos —naturales, temporales— y de cadenas genealógicas. Los animales del aire, la tierra y el agua representados de manera reconocible, nos dan a entender que se tenía conocimiento de la naturaleza y la utilidad de sus seres como alimento, medicina, vestimenta o augurantes de fenómenos naturales. Las formas laberínticas servían para lograr el trance con su recorrido reiterado y acceder así a otros planos de conciencia.

La iconografía americana no fue mero producto de absurdas creencias paganas, como se pretendió en los primeros contactos con ella. La obra *El castillo interior* de Santa Teresa de Jesús (1515-1582), muy difundida en épocas de la conquista, nos da la pauta de la dicotomía planteada en aquellos primeros contactos. Allí se personifican los pecados con "sabandijas y bestias, culebras y víboras y cosas ponzoñosas, lagartijillas". Esos mismos seres estaban representados en la iconografía americana, atribuyéndoseles cualidades de toda índole. Lo que se llamó superstición y falsedades demoníacas, respondía a asuntos íntimamente relacionados con la supervivencia en esta geografía.

Los indígenas basaban su sabiduría en asuntos relacionados con la naturaleza y los dramas cotidianos (ecología). Lo hacían desde un enfoque práctico destinado a prolongar el conocimiento a través de símbolos que resultaron de la interpretación de los hechos. Seguramente, de haberse intentado comprender con anterioridad el sentido de las culturas americanas, hubiesen podido evitarse muchas desgracias.

* **Che:** El uso del 'che' en la Argentina derivaría del idioma guaraní, en el que significa 'yo', 'mi' y 'mío' (pronombres) [1]. Se habría adoptado en el Río de la Plata y en sus zonas de influencia durante la época colonial, cuando ese idioma era lengua franca en el Virreinato y los guaraníes colaboraban con el ejército español en la lucha contra los portugueses. Antepuesto a un nombre representa una forma amistosa de dirigirse a alguien.

Posteriormente, se habría incorporado el 'che' mapuche, que significa 'gente' (sustantivo), término que el indígena usaba en forma general, para referirse a su propio pueblo y a otros, y en forma personal cuando consideraba al otro como par o igual, incorporándolo a lo que se consideraba 'gente' en un sentido étnico, cultural o amistoso. Esto respondía al concepto de que dar a una persona el nombre de otra (o tomarlo), era hacerlo partícipe de las mismas cualidades [2].

El 'che' mapuche se habría fusionado y confundido en un mismo término con el guaraní. Y quizá también con el 'cheu' mapuche-tehuelche, que significa 'hecho cristiano', usado pospuesto al nombre para distinguir a aquellos que habían optado por aliarse militarmente al cristiano o adoptar sus costumbres [3]. A esto habría que sumarle la interjección '¡cé!' valenciana, utilizada para llamar la atención.

Nuestro 'che' no puede explicarse atribuyéndolo a una sola influencia. Si así fuera se lo escucharía en toda América hispana, o en Chile, o sólo en Paraguay.

** **Chau:** El 'chau' argentino es saludo de despedida. Deriva del mapuche. Alude al Gran Padre, Dios Padre o Ser Benéfico (Fücha chau, o Futa-chau o Chao), uno de los entes que pueblan el cosmos mapuche. También es llamado Meli ñidol y Fëta chachai, entre otros modos. Es el Ser que guía las Rogativas.

En los Nguillatún se ruega a aquel dios por el bienestar colectivo, la

---

[1] Justo Bottiglioni, s/f. [2] Tomás Guevara, 1908. [3] Gregorio Alvarez, 1981.

buena suerte y el perdón por faltas cometidas involuntariamente. También por la paz, la unión y la ayuda.

Socialmente, al saludar, quien decía 'chau' (chau meu: al Padre) estaba encomendando al despedido a la protección de ese Ser, augurándole bienestar y paz, en un gesto equivalente al cristiano 'vaya con Dios' o 'adiós'.

Los tehuelches de la Patagonia Norte y la Pampa (más propiamente los Guenaken), al adoptar la lengua mapuche adoptaron el 'chau' como una fórmula que invariablemente se pronunciaba antes de emprender un viaje y cuya traducción es 'en nombre sea de Dios'[4], posible derivación de 'chau mo', expresión mapuche que significa algo así como 'con el Padre' [5].

Con la inmigración italiana el 'chau' indígena se fusionó con la voz 'ciao' del dialecto milanés, usada como saludo de despedida y bienvenida.

---

[4] Gregorio Álvarez, 1981. [5] Andrés Febrés, 1884.

Consideraciones generales

Algunos antecedentes bibliográficos

La bibliografía sobre diseño nativo argentino es escasa. Más aún la planteada desde un punto de vista artístico y orientada a diseñadores, artesanos, artistas plásticos y profesionales relacionados con la estética y las artes visuales. Las publicaciones de antropólogos (arqueólogos y etnógrafos) presentan ilustraciones que, en general, no son fieles a los diseños originales y por lo tanto no resultan útiles a quienes pretenden hacer un uso práctico de la iconografía nativa.

El tratamiento que otorgan estos profesionales al desarrollo en el plano de la decoración de objetos de origen indígena responde a fines técnicos de investigación que no exigen una copia exacta, sino un esquema ilustrativo del texto. Esos mismos textos no responden a investigaciones de índole artística y sus datos son, por lo tanto, poco relevantes para quien se interesa en la aplicación práctica.

A veces esos trabajos son ilustrados por artistas. Pero al adaptarse a los requerimientos científicos, las ilustraciones responden a pautas de representación preestablecidas, con códigos profesionales que resultan herméticos para quien los desconozca. **[figura a]**

Podemos, sin embargo, citar algunas obras orientadas específicamente al diseño indígena como objeto de uso práctico. Por ejemplo *Eurindia* (1924) *y Silabario de la decoración americana* (1930), de Ricardo Rojas, proponen una estética nativa y 'occidental' combinadas al servicio de los requerimientos industriales y funcionales de su época. *Introducción al arte autóctono de la América del Sur* (1958), del Arq. Héctor Greslebin, intenta el estudio de la iconografía desde un punto

Alternativa 1
Vista lateral y corte de la pieza. Esta forma de representación rompe con la continuidad decorativa.

Alternativa 2
Plano semicircular del cuerpo y plano rectangular de la guarda superior. Se abarca mayor superficie dibujada, pero también se pierde la continuidad del diseño.

Alternativa 3
Plano circular del cuerpo y banda superior mostrando el diseño completo. Se conserva la unidad decorativa pero se trastocan los tipos de líneas: las horizontales pasan a ser círculos y las verticales pasan a ser oblicuas radiales. Además, la disposición circular obliga a que la banda superior, transformada en círculo externo, tenga una longitud total bastante mayor que la original, debiéndose alterar entonces las medidas del diseño para que abarque toda esa superficie.

[figura a] Ejemplo de dibujo 'arqueológico' para representar la decoración desarrollada sobre un ceramio de estructura compleja. Dibujos tomados de Calderari y Gordillo (1989).

de vista estético, procurando reconocer los elementos que ayuden a distinguir estilos. Greslebin, con más de doscientos trabajos publicados, sentó las bases interdisciplinarias entre la arqueología, la historia de la arquitectura y las artes plásticas y decorativas.

La principal contribución que rescatamos de estos autores es la idea de recrear compositivamente las imágenes a partir de un conocimiento serio de los originales, en vez de limitarse a copiarlos. Este concepto ha sido explícitamente expresado por Greslebin y por el arqueólogo Eric Boman en su libro *Alfarería de estilo draconiano de la región diaguita* (1923).

Otros autores, que abordaron el tema desde lo estético-funcional, haciendo hincapié en las grandes culturas americanas –principalmente las de Mesoamérica– fueron Vicente Nadal y Mora, con *Manual del arte ornamental americano autóctono* (1935) y *Estética de la arquitectura colonial y postcolonial argentina* (1946), ambos libros sobre ornamentación indígena aplicada y Ángel Guido con *Fusión de Hispanoamérica en la arquitectura colonial* (1925) y *Redescubrimiento de América en el arte* (1941). También César Paternosto teorizó sobre la escultura inkaica desde una visión contemporánea en *Piedra abstracta* (1991).

Existen algunos trabajos orientados a la divulgación y la docencia que se ocuparon de la aplicación práctica de estos diseños: la revista *Riel y Fomento*, editada por Ferrocarriles del Estado en los años 20, que, entre notas sobre comercio y explotación minera y agropecuaria, presentaba atículos de divulgación americanista, poniendo énfasis en el uso de motivos indígenas en las artes decorativas; *Viracocha*, de Gonzalo Leguizamón Pondal y Alberto Gelly Cantilo, seis cuadernos con motivos decorativos americanos editados por la Academia Nacional de las Artes (1923); *Dibujo de decoración*, de Elsa Sánchez de Griffoi, Estela Serra de Panier y Renée González de Ibarra (1958), cuadernillo para alumnos de nivel primario; también el trabajo de investigación semiótica *Análisis del signo gráfico en el NOA* de Gabriela

Rodríguez Cometta y Cristina Gómez, presentado en el IV Congreso de la Asociación Internacional de Semiótica, realizado en Francia en 1989 y por último *Arte en el taller*, de la Prof. Susana Larrambebere y la Lic. María Inés Freggiaro presentado en las Jornadas de Teoría e Historia de las Artes, Facultad de Filosofía y Letras, UBA (1989). El proyecto consiste en un libro para la enseñanza plástica en escuelas de nivel medio, que contiene un capítulo de trabajos prácticos desarrollado por Larrambebere, usando como modelos diseños de textiles americanos.

Todos estos trabajos son de gran valor teórico, pero presentan la contrariedad de no ser recopilaciones de diseños con orientación plástica o estética, sino trabajos que utilizan los relevamientos antropológicos mencionados o imágenes fotográficas.

En definitiva, se ha teorizado sobre la simbología indígena desde lo artístico, lo estético y lo práctico. Sin embargo, no se han realizado relevamientos útiles a esos fines, impidiéndose dar cumplimiento a la idea rectora de *partir del conocimiento serio de los motivos originales*.

Los diferentes modos de reproducir los diseños

De las publicaciones contemporáneas sobre diseño indígena existentes, la mayoría recurre a la recopilación de dibujos producidos desde la antropología (Antonio Serrano, Adán Quiroga, Juan B. Ambrosetti, Salvador Debenedetti, Eric Boman y otros). En algunos casos, incluso, se trata de 'antologías' que omiten citar las fuentes. Resulta más fácil encontrar publicaciones con relevamientos de dibujos de origen peruano, boliviano, ecuatoriano o mexicano, que argentinas. Generalmente, quienes las utilizan como referencia para su recreación o con fines estéticos, confían en que se trata de reproducciones fieles por provenir de trabajos científicos. Sin embargo, en la mayoría de los casos, los dibujos publicados en esos trabajos no respetan la morfología de los modelos originales.

A modo de ejemplo presentamos el cuadro comparativo de la **[figura c]**. Colocamos en **columna 1** relevamientos realizados por calco sobre piezas arqueológicas; en **columna 2** los que, sobre esas mismas piezas, han publicado Serrano, Ambrosetti, Duncan Wagner y Quiroga y son habitualmente reproducidos en publicaciones actuales; y en **columna 3** nuestra adaptación.

Existen además, entre quienes compilan diseños de trabajos científicos, algunas selecciones hechas con ligereza. En una de las publicaciones actuales se puede ver un diagrama, ejecutado por Antonio Serrano para explicar esquemáticamente la disposición de diseños en urnas del NOA, presentado como si fuera un diseño indígena. Adjudicándole incluso una clasificación estilística. **[figura b]**

También existen trabajos que presentan reproducciones realizadas

[figura b] Esquema realizado por Antonio Serrano para su *Manual de la cerámica indígena* (Fig. 9, Pág. 49, Assandri. Córdoba,1966) con el epígrafe "Forma en que se ordenan los motivos decorativos en el cuello antropomorfo de las urnas clásicas".

Columna 1   Columna 2   Columna 3

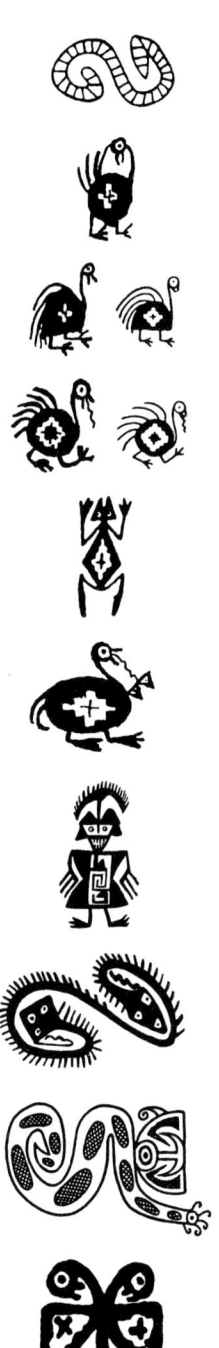

[figura c]

por artistas, quienes se han preocupado por transmitir imágenes fieles. Duncan Wagner, por ejemplo, realizó un exhaustivo relevamiento de cerámicas santiagueñas, representándolas con volumen, con gran fidelidad. Ana Elsa Montes realizó relevamientos por 'frotagge' sobre piezas de la cultura *La Aguada* (publicados por A. R. González, 1998). Marta Dichiara, en su primera obra, recopiló diseños en la provincia de Tucumán y los representó en el plano. Inés Gordillo realiza relevamientos arqueológicos sustentados por su formación artística y Susana Larrambebere recopila, desde la plástica, diseños de piezas arqueológicas, principalmente textiles de la Argentina y países limítrofes. Pero también en ellos (exceptuando el último caso) hay problemas técnicos en la reproducción de los diseños (vinculados con los métodos empleados), que producen distorsiones en las imágenes: suelen presentarse motivos de piezas con volumen tomados por 'frotagge' o calco y pasadas al plano bidimensional mediante el desarrollo geométrico de los cuerpos que los presentan, resultando imágenes fieles en los detalles, pero deformadas con relación a lo que se percibe al estar frente a la pieza. Las imágenes adquieren así formas inexistentes en los originales: se curvan las horizontales, las verticales aparecen oblicuas, las curvas se transforman en elipses.

Efectos similares se producen en las piezas representadas con volumen, en dibujos realistas o fotografías. El diseño aparece en perspectiva y no se puede tener noción de su verdadero desarrollo. Aparecen deformaciones y faltantes con respecto a los originales que sólo se advierten frente a la pieza original. No pretendemos ser críticos de estas obras o autores. Mencionamos aspectos funcionales que merecen ser observados al pensar en aplicaciones estéticas.

Recomendamos visitar muestras arqueológicas y etnográficas para familiarizarse con los motivos originales y así reconocer las características de los diferentes métodos de reproducción.

Los intentos y ensayos de análisis

Consideramos que aún no están dadas las condiciones para clasificar, interpretar o realizar análisis heurísticos o hermenéuticos de la iconografía indígena con una orientación estética. Menos aún fundamentándose en ilustraciones provenientes de la antropología como única fuente. Teorizar sobre esas imágenes, con la problemática citada, implica en muchos casos razonar sobre características que no existen o que aparecen deformadas. Adoptamos, para nombrar estilos, la nomenclatura manejada por la antropología por ser suficientemente clara y conveniente. Define los estilos locales con los nombres de las regiones o lugares de los hallazgos, o con los de los grupos étnicos a los que éstos pertenecen o pertenecieron. Así no dudamos acerca de orígenes y cualidades, ni nos confundirnos con clasificaciones trasladadas desde otras geografías, creando una nomenclatura local.

"Al penetrar en los oscuros laberintos del arte precolombino, los nuevos artistas deberán precaverse.de dos extremos en que suelen, frecuentemente, incurrir quienes lo contemplan con superficialidad generalizadora o con estrecha especialización. Error comete quien engloba todas las culturas indias en una sola visión continental, de imprecisos contornos, prescindiendo de sus accidentes regionales. Error no menos grave para el fin estético que aquí postulamos lo es el de reducirse al estudio de un solo tipo regional, con prescindencia del conjunto americano, separando los grupos arqueológicos sin atender a los rasgos comunes que pudieran vincularlos entre sí".
Ricardo Rojas, *Silabario de la decoración americana*, 1930.

Seremos prudentes al intentar interpretaciones. Evitaremos explicar simbologías pretéritas con los resabios que, en el NOA y otras regiones, han quedado del inkario y eludiremos las explicaciones dadas para culturas de otras regiones y orígenes, como Mesoamérica, que suelen

utilizarse con el único fundamento de tratarse de formas similares.
"Mientras más ahondamos en el estudio de estos temas se comprende que las culturas, si bien tienen características que las unen al resto de las del área, poseen rasgos propios. Éstos son la resultante de influencias culturales múltiples, de raíces que se hunden en el pasado y de adaptaciones y cambios frente al ambiente en el cual se las encuentra. Este aspecto esencialmente dinámico nos brinda una perspectiva más amplia" [6].

Aquellos paralelos sólo sirven, en contados casos, para intentar aproximaciones que ayuden a encontrar un camino de análisis. Así como existen algunas morfologías compartidas, en muchos casos los significados varían o son totalmente distintos.

Esa modalidad reduce la complejidad del tema a una región y un tiempo, desconociendo hechos culturales anteriores y de otras zonas. Las diversas culturas desarrolladas en distintas épocas y regiones crearon sus propias visiones filosóficas de acuerdo con su entorno y necesidades. Diversas comunidades, al ser trasladadas en función de mitimaes (inkaicos o españoles) y reclutamientos forzados, militares o laborales (durante los períodos prehispánico, colonial y criollo), trasladaron su cultura de un lado a otro con la consiguiente pérdida de algunos valores y adopción de otros; convirtiéndose así gran cantidad de símbolos en figuras con nuevos significados cuyo valor original se perdió en el tiempo. Ese valor es el que pretendemos recuperar.

Es difícil conocer el significado de muchos símbolos, como es también difícil hacer precisiones ontológicas, pues en la mayoría de los casos sólo conocemos algunos hechos materiales de los que se desprenden datos sobre religión y modos de vida. Los datos históricos son muy tardíos y, si bien sirven de orientación, nos hablan de culturas con hábitos muy cambiados con respecto a los de 300, 500 o 1.000 años

---

[6] Alberto Rex González y José Aantonio Pérez Gollán, 1976.

antes. Pretender de este modo establecer características acerca de la forma de ser de los individuos, o especificar rasgos relacionados con el carácter de cada comunidad es, por lo menos, fantasioso.

Para intentar comprender el significado de los símbolos, y a través de ellos aproximarnos a las culturas antiguas, hay que empezar por conocerlos. Tarea que podrá lograrse contando con la mayor cantidad de elementos, mediante la copia sistemática de los diseños y la reunión de datos. Como si se tratara de las letras de abecedarios que hoy se nos presentan misteriosos e incompletos. Y sin olvidar el carácter de signo de todas estas representaciones.

Este libro, basado en un trabajo anterior del autor: *Diseño nativo argentino* (1998), complementado con nuevas recopilaciones y datos, pretende ser una introducción a esos lenguajes. Conocerlos nos ayudará a saber más sobre nuestro propio entorno y valorarlo.

> # Por una revalorización
> de los signos
> y de sus contenidos

Los dibujos que, en toda América, aparecen en objetos diversos no son simples figuras decorativas. Responden a ideas concretas, a convenciones sobre significados. Su acepción como elemento decorativo sólo podría admitirse asumiendo una funcionalidad similar a la dada por los mahometanos a la caligrafía, que aplicada en forma ornamental en la arquitectura busca transmitir con belleza frases del Corán.

A su modo, cada cultura americana graficó sus ideas a través de diseños que respondían a códigos que permitían descifrarlos. Los conquistadores debieron reconocer esta propiedad de los signos y la capacidad de buena parte de la población –o al menos de la influyente– para reconocerlos. De allí la sistemática destrucción de todo aquello que los contuviera.

Además del ensañamiento contra símbolos considerados paganos y de la transformación en materia prima de obras realizadas con materiales preciosos, se quemaron libros, mapas y pinturas hechos en papel, tela o piel, que hubieran podido ayudar a descifrar la historia e idiosincrasia de aquellos pueblos.

El cronista del siglo XVI Fray Pedro de Landa expresa este proceder en su *Relación de las cosas del Yucatán:* "Hallamos gran número de estos libros, y porque no tenían cosa en que no hubiese superstición y falsedades del demonio, se los quemamos todos". En concordancia con lo manifestado por el Concilio Niceno Segundo (año 787): "la pintura es libro para los idiotas que no saben leer" [7].

---

[7] P. J. Acosta (1590), 1982.

De las grandes culturas han perdurado los ejemplos más claros de intención de transmitir información a través de símbolos. En su *Historia natural y moral de las Indias* **(1590), el Padre Acosta dice: "Ninguna nación de Indios que se ha descubierto en nuestros tiempos usa de letras y de escritura, sino de las otras dos maneras que son imágenes, o figuras, y entiendo esto no sólo de los Indios de Perú y de los de Nueva España".**

En Perú, los mochicas grababan o pintaban ideogramas sobre porotos pallares secos. Según Rafael Larco Hoyle en *Los Mochicas* (Lima, 1939) su lectura era complicada porque había que conocer los signos y sus relaciones. Por ese motivo existían los descifradores, que también actuaban como escribas, cuya inteligencia y astucia eran reconocidas personificándolos como zorros. Así aparecen, dibujados y modelados en cerámicas, con cuerpo humano y cabeza animal. Según el mismo autor, este tipo de escritura también se aplicó en Tiahuanaco, Paracas y Nazca.

En los años 60, el investigador ruso Yuri D. Knorozov logró descifrar los jeroglíficos mayas, determinando que se trataba de una escritura con tres clases de signos: ideográficos , fonéticos y diacríticos . Los aztecas también contaron con una escritura ideográfica, basada en símbolos pintados que representaban ideas, llegando en algunos casos a conferirles, por medio de determinadas combinaciones, valor fonético silábico.

Los inkas, además del conocido sistema de nudos llamado *quipu*, que permitía hacer cálculos y transmitir mensajes, utilizaron el *tokapu*. Según el arqueólogo peruano Federico Kauffmann Doig en su *Manual de arqueología peruana* (1983), se trataría de un sistema jeroglífico formado por series de símbolos cuadrangulares, aplicados en damero en tejidos de vestimentas, en series de repetición diagonal con alternancia de colores. Similar sistema se habría utilizado en la Cultura Paracas, cuyos grandes mantos tejidos presentan organizaciones similares. Estos símbolos, aparentemente, daban información sobre jerarquías, historiales nobles y acontecimientos memorables. Los tejidos que los contenían (fajas, unkus, orillas de ropajes) probablemente eran usados sólo por el soberano Inka, su esposa la Coya y sus descendientes directos. Felipe Guamán Poma de Ayala, en su *Primer nueva crónica y buen gobierno* (1615) presenta varias ilustraciones mostrando el uso del *tokapu*, no habiendo ninguna de ellas en que el Inka o sus familiares no lo luzcan de alguna manera, resaltando esta prenda como un distintivo muy particular.

En los keros –vasos ceremoniales cilíndricos de boca amplia y evertida– también aparecen figuras propias de los tokapus. En relación con los textiles, el colorante carmín que inkas y aztecas obtenían de la hembra de la cochinilla, era un importante producto de intercambio comercial que contaba con un ideograma especial que lo identificaba.

En la Argentina, si bien aún no conocemos con exactitud los sistemas empleados ni los significados de los símbolos, la reiteración de imágenes en diversos objetos y la participación en la cultura global del resto de América hacen pensar en la utilización de signos específicos para expresar ideas concretas. Florentino Ameghino, en su obra

Antigüedad del hombre en el Plata (1918) advierte esto en cerámicas del NOA anteriores y contemporáneas a los inkas: "Las figuras que adornan estas urnas son verdaderos jeroglíficos, (...) esos símbolos diferentes forman parte de un sistema de escritura...".

Su error, repetido con frecuencia en la actualidad, fue intentar descifrarlos a partir de comparaciones parciales con simbologías peruanas. A nuestro entender, las palabras del padre Acosta reflejan la realidad sobre los símbolos empleados en América: cada cultura tenía los propios, y la región ocupada actualmente por la Argentina no escapaba a esa generalización.

Cada una de esas culturas participaba de ideas compartidas y modos de expresión relacionados, pero tenían un sistema propio en cada región, que asimilaba, cuando lo necesitaba, ideas o formas de otros, dentro de la dinámica de intercambio comercial y cultural.

En la actualidad, el antropólogo chileno Pedro Mege Rosso, con la ayuda de integrantes de comunidades mapuche de su país, ha logrado descifrar la simbología de un poncho indígena que perteneciera al general José de San Martín y advirtió en él la presencia de un 'mensaje' relacionado con la personalidad del Libertador [8].

Ese tipo de mensajes, que no son textos legibles sino símbolos mnemotécnicos o ideas específicas, aparecen también en la simbología de otros tejidos mapuches como las fajas. Quien conoce los símbolos y códigos que en ellas se reproducen, puede recordar historias o definir personalidades. También aparecen en tejidos peruanos y bolivianos. El lingüista francés Marcel Cohen, en *Las lenguas del mundo* (1955) destaca que los indios Cuna de Panamá confeccionaban sucesiones de pictogramas sobre cortezas o cueros con el fin de refrescar la memoria a los intérpretes de cantos rituales.

En Isla de Pascua –ese enigmático enclave americano en el Pacífico, u oceánico en América–, los dibujos del 'cai-cai', un cordel entrecruzado

---

[8] Pedro Mege Rosso, 1999.

en medio de los dedos de las manos, representan ideas que ayudaban a recordar hechos. Según Alfred Metraux en *Études sur la civilisation des indies Chiriguano* (1930), entre los Chiriguano-chané del Chaco paraguayo y salteño también se usaba un sistema similar.

Esto evidencia la exactitud que se requiere en la copia y reproducción de iconografía indígena, ya que al no tratarse de simples dibujos decorativos, su posición y características importan al mensaje que encierran. Como las frases del Corán, el mensaje participa también del hecho plástico.

Lamentablemente, ya hace mucho se perdieron en nuestro país los códigos necesarios para realizar traducciones, o al menos principios de desciframiento. Las comunidades actuales hacen uso parcial de estos sistemas o dan nuevos significados a símbolos antiguos, valorándolos por su origen ancestral y no por su significado original, que se desconoce.
El antropólogo Guillermo E. Magrassi comenta esta situación: "Los descendientes de aquellos artistas, nuestros compatriotas, olvidaron poco a poco el significado de aquellos símbolos. Adoptaron una nueva religión, fueron forzados a cambiar sus formas de relación social y, en muchos casos, su economía. Sin embargo, muchas costumbres de 'los antiguos' perduran y forman parte de nuestro folklore, de nuestra cultura tradicional. También muchos de aquellos signos,

otrora de carácter sagrado, pasaron a tener un mero valor decorativo y hoy aparecen en vasijas de cerámica, ponchos, tapices, alfombras, pirograbados, etc., que se realizan –en la mayoría de los casos– para satisfacer la demanda turística" [9].

La pérdida de estos conocimientos fue parte de un proceso gradual que se acrecentó a medida que los indígenas fueron mestizándose y abandonando sus costumbres. Comenzó con la llegada de los europeos y fue muy significativa en los primeros siglos: "Una de las cosas que más hieren la imaginación cuando se llega al Perú es encontrarse en medio de un pueblo cuyos habitantes no tienen tradiciones históricas. Hablo de los indios. Éstos no conservan noticia alguna de sus antepasados antes de la conquista. Sólo saben que han tenido soberanos con el nombre de Inkas. El traje y las costumbres se han transmitido de una a otra generación, pero no así los hechos. Éstos se han perdido en la sucesión del tiempo", comentaba en sus *Memorias* el general Tomás Iriarte, refiriéndose a su primer contacto con indígenas del Perú durante las guerras de independencia en la segunda década del siglo XIX.

En estudios sociales más actualizados, se ve que la pérdida de valores originales se acentúa: "Los objetos, realizados para la venta, pierden representatividad a expensas de modificaciones y adaptaciones a demandas mercantiles, poniendo en riesgo de hacer desaparecer los contenidos simbólicos" [10].

En lo que atañe a la Argentina, cuando se produjo el levantamiento indígena de 1656 en los valles Calchaquíes, la ejecución de Atahualpa –el último descendiente directo del Inka y monarca peruano, ocurrida en 1533–, estaba tan olvidada que el aventurero andaluz Pedro Chamijo, también conocido como Pedro Bohorquez, pudo erigirse en inka según su pretensión.

Desde la penetración y conquista iniciada hacia 1470 en el NOA, no hubo nunca un soberano Inka residiendo en esa región[11]. Sin embargo

[9] Guillermo Magrassi y otros, 1986. [10] Carlos Mordo, 1997. [11] Rodolfo Raffino, 1993.

había quedado en la memoria de los pueblos de las quebradas y los valles la idea de que habían tenido el honor de pertenecer a los dominios de un poderoso Señor, sin importarles, u olvidando, las circunstancias de los hechos (pago de tributos, trabajos obligados, ocupación territorial, participación militar).

Varios años después, la desdibujada historia del dominio inkaico llevó a los independentistas criollos a cometer un error 'simbólico' sustentado por el desconocimiento de la historia y la iconografía indígena. Varias personalidades de la época pretendían instaurar una monarquía hereditaria para gobernar el país, con un miembro de la dinastía inkaica a la cabeza. Aunque la propuesta política no prosperó, la Asamblea General del año 1813 ordenó acuñar monedas que en una de sus caras presentaban el sol, símbolo y astro de culto del inka. El sol, que hasta entonces sólo aparecía asomando sobre el escudo del sello de la Asamblea, fue adoptado luego en el Escudo Nacional, y más tarde incluido en la Bandera Nacional y como símbolo del Ejército Argentino.

Se procuraba emular al Inka haciendo uso de un icono supuestamente adorado por todos sus súbditos, aglutinando en una sola nación a criollos e indígenas, y aprovechando esa situación en favor de la revolución. Sin embargo, la imagen del sol descripta por Garcilaso, Guamán Poma y otros: "En el testero, que llamamos altar mayor, tenían puesta la figura del Sol (...) con su rostro redondo, y con sus rayos y llamas de fuego..." [12], era una figura idealizada, que respondía a la blasonería propia de las monarquías europeas, con la que se pretendía representar la conquista realizada por España mediante iconografía reconocible en Europa como imagen de un gran imperio.

El verdadero ídolo de los pueblos andinos americanos habría sido el 'Punchao' o 'Sol matutino', representado en placas de bronce halladas a lo largo de toda la cordillera. En *Extirpación de las idolatrías de los indios del Perú* (1621), Pablo José Arriaga comenta: "En muchas

---

[12] Garcilaso de la Vega, *Comentarios reales que hablan del origen de los Inkas*, 1609.

partes adoran al Sol, con nombre de Punchao, que significa el día". La deidad era tan respetada que los inkas creyeron prudente y conveniente conservar su culto y asumir su personalidad vistiendo sus atributos y manifestándose hijos del sol [13].

El Punchao habría sido llevado al olvido durante la época colonial temprana debido, precisamente, a su poder de convocatoria. Los soldados españoles que tomaron prisionero a Túpac Amaru en Vilcabamba, último refugio de los inkas, se apropiaron de una imagen escultórica del 'Punchao'[14]. El Virrey del Perú, Francisco de Toledo, la envió en 1572 a Felipe II escribiéndole: "Y cierto que por ser la raíz y cabeza de todos los engaños e ídolos este, de donde han pendido los demás, me parece que era paga y satisfacción que Vuestra majestad podía hacer a su Santidad...".

El desconocimiento de los criollos sobre lo indígena y el de los indígenas por su propio pasado llevó a cometer ese error. Y el símbolo patrio, que perdura como emblema desde 1818, no fue el originalmente venerado sino el 'creado' mas tarde por los historiadores.

Pocos son los estudios de iconografía que conducen a conclusiones felices. Pero muchos son los datos en ella contenidos que pueden ayudarnos a conocer más sobre las culturas originales. El biólogo Oscar E. Donadío publicó en 1983 [15] una clasificación de restos de lacertilios hallados en excavaciones realizadas en asentamientos indígenas de Santiago del Estero por la antropóloga Ana María Lorandi, en 1974. El análisis permitió determinar la presencia de dos tipos de saurios asociados con los demás restos –observando además que ambos estaban representados en dibujos que decoraban urnas de la cultura santiagueña– identificados unos por sus cabezas redondas, de lenguas cortas y derechas; y los otros por sus cabezas alargadas con lenguas bífidas. Como conclusión, el informe de Donadío destacaba que "por medio de un análisis osteológico se puede acceder a información de la sistemática de un grupo, realizarse

---

[13] José Antonio Pérez Gollán, 1986. [14] Asunto ilustrado por Guamán Poma en la lámina 449 de su libro ya citado. [15] Oscar E. Donadío, 1983.

inferencias climáticas ambientales y aproximaciones antropológicas". Los diseños poseen un enorme valor documental y deben ser apreciados en sus diversas funciones, sin encasillarlos en la única de icono místico-religioso. En el trabajo sobre iconografía de la cultura La Aguada, realizado en 1994 por la antropóloga María Florencia Kusch [16] se alude a esa inquietud: "Últimamente, los estudios sobre iconografía arqueológica se vieron favorecidos por la presencia de nuevos enfoques interesados en el amplio potencial de información, que con relación a la naturaleza de ciertos procesos sociales, pueden brindar este tipo de estudios".

Los símbolos son portadores de gran cantidad de información. Y no sólo local; acompañando un dinámico intercambio humano y cultural, muchos fueron trasladados por toda América y adoptados, por necesidad o imposición, para expresar nuevos conceptos. Rastreando sus evoluciones se puede seguir el camino de las ideas.

Todo esto nos ha llevado a asumir al signo como un ente de desarrollo autónomo que evoluciona libremente y cuyos progresos se pueden

---

[16] María Florencia Kusch, 1994.

explorar enajenándolo de otros parámetros. Esta disociación, que puede resultar caprichosa, obliga a observar sólo dos caracteres: forma y disposición, que pueden ser fácilmente relacionados con posibles significados o transformaciones morfológicas. De este modo es posible detectar la presencia de 'iconos viajeros'.

Dentro del territorio hoy argentino han sido muchos y frecuentes los traslados de artículos con iconografía diversa. Esa movilidad dio incluso lugar a su nombre: 'Argentina'. Gracias a hallazgos arqueológicos y crónicas de épocas de la conquista española conocemos los contactos entre comunidades del noroeste y pueblos de la Mesopotamia que realizaban intercambio de mercaderías a través de los ríos chaqueños, vinculando entonces también con los habitantes de las regiones intermedias. Desde las Sierras Centrales, un itinerario era remontando el Río Cuarto y el Carcarañá hasta el Paraná, viaje que ya se hacía unos 3.000 años antes de Cristo [17].

El nombre del Río de la Plata tuvo su origen en las piezas metálicas traídas desde el Noroeste argentino, NOA, que los españoles vieron lucir en abundancia a los indígenas de las costas de ese río y del Paraná. 'Argentina' deriva del nombre de aquel río latinizado; apareció escrito por primera vez en un mapa de 1554: los cartógrafos, buscando un nombre para la tierra que no lo tenía, latinizaron el del río resultando 'Terra Argentum' (por 'argentum', plata) y al río lo rebautizaron como 'Mare Argentum' [18]. El nombre se popularizó gracias al poema que en 1602 publicara en Portugal el Clérigo Martín del Barco y Centenera, obispo interino de Buenos Aires a fines del siglo XVI: *Argentina y conquista del Río de la Plata, con otros acaecimientos de los reinos del Perú, Tucumán y Estado de Brasil*. Allí llamaba 'argentino' al Río de la Plata, prolongado en el Paraná; 'argentino reino' a sus riberas y 'argentinos' a sus habitantes [19]. La presencia de nativos con adornos de plata habría generado la creencia de que en sus

---

[17] Ulises D'Andrea, 1998. [18] Ricardo Rojas, 1927.
[19] Martín del Barco y Centenera, 1602.

nacientes se hallaba una sierra con plata, origen de esos adornos. Quizá se tratara del Potosí, erróneamente situado por los primeros exploradores al malinterpretar los datos suministrados por los pobladores autóctonos. Y así Argentina debe su nombre a la proto-moda indígena y a un idioma que nunca se habló en el país, salvo en los círculos eclesiásticos.

El traslado de poblaciones enteras por tiahuanacotas e inkas debió aportar a cada región nuevos elementos, incorporados a los preexistentes en las regiones comprometidas. También tenemos noticias del uso, por parte de los conquistadores, de los caminos habitualmente transitados por los indígenas en sus intercambios; delatando que las comunidades originarias eran en extremo inquietas, transportando en sus traslados su mercadería y cultura.

La selva chaqueña y la amazónica se presentan como probable origen de gran parte de la iconografía 'argentina'. Curiosamente, en el NOA aparecen cantidad de formas que pueden relacionarse con las de aquellas regiones y entre las culturas agroalfareras es permanente la vinculación iconográfica con los pueblos de las selvas.

Si bien se acostumbra definir a estas culturas como de patrón andino, la simbología y las formas de las cerámicas presentan combinaciones de lo andino con las culturas del este, alejadas de los valles, sierras y montañas. Hombres gateando, respondiendo a aspectos de la mitología chaqueña; vasijas antropomorfas con diseños de estructura y símbolos de estilo amazónico y cabezas cercenadas con los labios cosidos, como pueden verse en la jungla ecuatoriana y en el Mato Grosso, son sólo algunos de los parentescos detectados.

También en escenas de la pintura rupestre es posible observar aspectos ajenos al patrón andino. La presencia del avestruz relacionada con rituales diversos es asociable a costumbres de los pueblos de las selvas y los llanos relatadas por los cronistas como el padre Diego de Torres en sus *Cartas annuas* (1609-1614): hombres vestidos con plumas de ese animal, recorriendo los llanos santiagueños y atacando peligrosamente a los pueblos de los contrafuertes andinos. Consideraban que las almas de los muertos transmutaban a las de esas aves. Esto se relaciona con los danzantes emplumados de la Quebrada de Humahuaca, quienes sostienen una costumbre de dudoso origen andino que se familiariza con las danzas de los igualmente emplumados Maccá del Chaco paraguayo y con la mística humano-animal practicada por los pueblos cazadores.

Podemos también registrar estos traslados de iconografía en épocas de la colonia, siendo más fácil su seguimiento por contar con datos históricos. Entre los pueblos andinos tuvo gran aceptación el tejido de encaje español, adoptándose sus formas al dibujo y reproduciéndose en textiles como imagen plana. Es frecuente la combinación de motivos de la iconografía andina con símbolos cristianos [20].

El tejido de ñandutí, propagado entre guaraníes y guaycurúes en el norte mesopotámico en las provincias de Santa Fe, Chaco, Formosa y Corrientes, encuentra su origen en el norte de África, de donde pasó a España y de allí a las Islas Canarias, llegando al Río de la Plata con 30 familias embarcadas en Tenerife en el siglo XVIII, a lo que se sumaron otras influencias peninsulares [21].

Más al sur, en la Pampa y Patagonia septentrional, existen formas de platería mapuche que son semejantes a las de objetos en metal del norte de África, de donde pasaron a la Península Ibérica y llegaron a la Pampa con los orfebres españoles [22]. El uso de pieles de jaguar en las caronas de las monturas militares, como pueden verse lucidas por el general Julio A. Roca y el coronel Eduardo Racedo en el cuadro de Juan Manuel Blanes *Ocupación militar del Río Negro* (1896) en el Museo Histórico Nacional, fue una costumbre iniciada durante la campaña de Manuel Belgrano al Paraguay (1810/1811). Los guaraníes que participaron en ella cazaban estos felinos y utilizaban sus

---

[20] Ruth Corcuera, 1999. [21] Delia Millán de Palavecino, 1981. [22] Ruth Corcuera, información personal, 1999. [23] Conservada en el Museo de Arte Hispanoamericano *Isaac Fernández Blanco* de Buenos Aires.

pieles en las monturas como símbolo de valentía. La costumbre se generalizó en el ejército y, con el tiempo y la desaparición de los jaguares, se convirtió en un lujo suntuario y jerárquico que sólo podía darse la oficialidad.

Existe incluso una pequeña imagen de Cristo tallada en piedra, de origen posiblemente cuzqueño,[23] vestida con un manto que imita las manchas de la piel del jaguar. Esto nos muestra la fusión de la nueva religión con los ancestrales cultos americanos a la fiera mitológica.

Intentar comprender la simbología indígena no debe ser interpretado como un vuelco al indigenismo, o una postura 'anti occidental'. La idea es incorporar a nuestro acervo aspectos de culturas que forman parte de nuestro ser y cuyos signos, cargados de conocimientos sobre asuntos locales, no han sido hasta hoy asimilados con detenimiento. Decía Octavio Paz en 1990:

"No creo que el acto de traducir debiera implicar abandono de la personalidad o la cultura en la cual nacimos. De hecho, en muchas maneras siento que mi comprensión del arte moderno es producto de los muchos años que pasé tratando de descubrir los misterios de mi propia cultura, del arte precolombino".

Una cosa no quita lo otra, conociendo ambas culturas nos integraremos mejor a nuestra sociedad y a nuestro propio entorno geográfico.

Método de trabajo empleado

"**En la cerámica** del noroeste argentino y de otras regiones americanas abundan figuras geometrizadas, asimétricas por desdibujo en sus partes homólogas o por mal resueltas adecuaciones de lugar. La crítica debe señalar esas unidades deficientes por inhabilidad individual y no primitivismo colectivo. Si aquellos grupos raciales han producido, dentro de un mismo género, interpretaciones más correctas del modelo y repeticiones mejor ordenadas de la serie, debemos preferir las más armoniosas y perfectas como prototipos de cada estilo".
Silabario de la decoración americana, Ricardo Rojas, 1930.

Nuestro objetivo fue desarrollar imágenes bidimensionales que cumplieran con la doble finalidad de ser fiel reflejo de los iconos originales y estructuras de fácil reproducción por medio de cualquier técnica y procedimiento. Para ello, los diseños nativos fueron pasados al plano por copia manual o calco. Reconstruidos, en los casos en que presentaban faltantes, sobre la base de diseños similares de otras piezas e información bibliográfica. Y, finalmente, regularizados geométricamente para corregir errores producto del trabajo manual o deformaciones causadas por el almacenamiento; promediando los diversos anchos que presentaban algunas líneas, corrigiendo simetrías, enderezando verticales y horizontales. Todo ello sin perder de vista la pieza de referencia, para concluir en una imagen prácticamente igual al diseño de origen, factible de ser plasmada en piezas diferentes a los modelos considerados, o en estructuras similares, donde las propiedades del volumen restituyan el diseño a su estado inicial. **[figura d]**

[figura d]

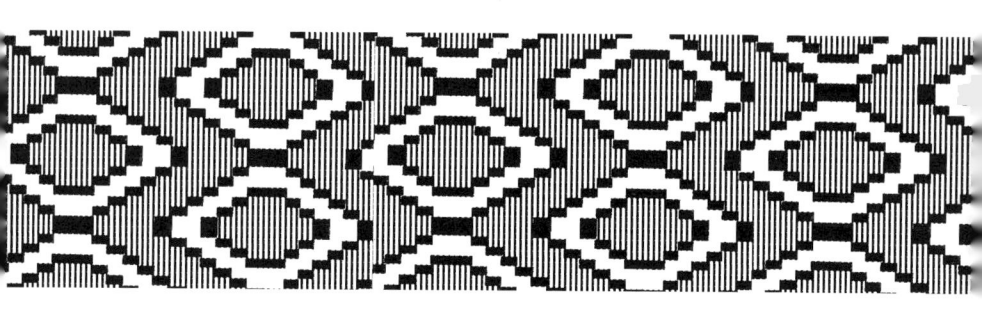

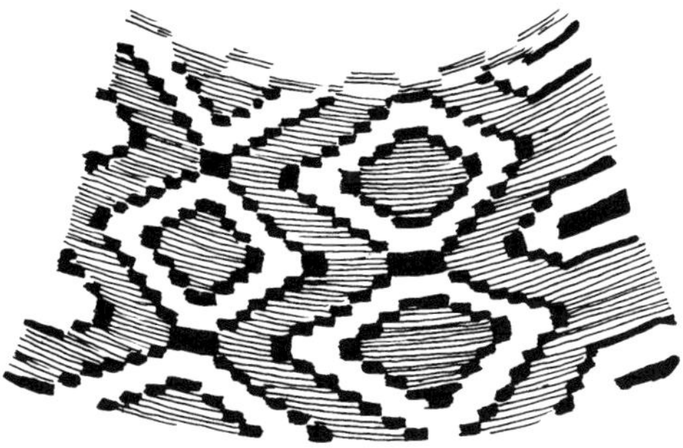

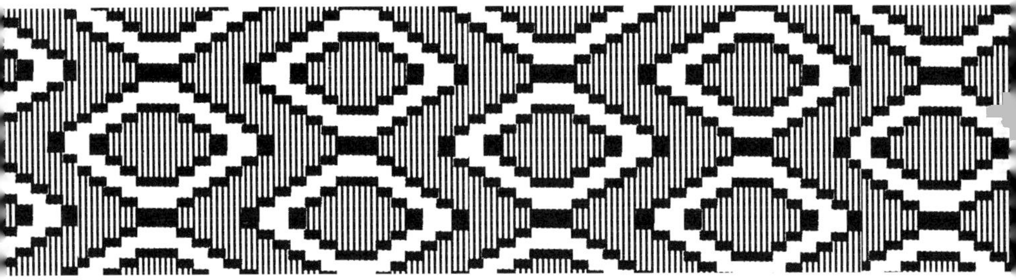

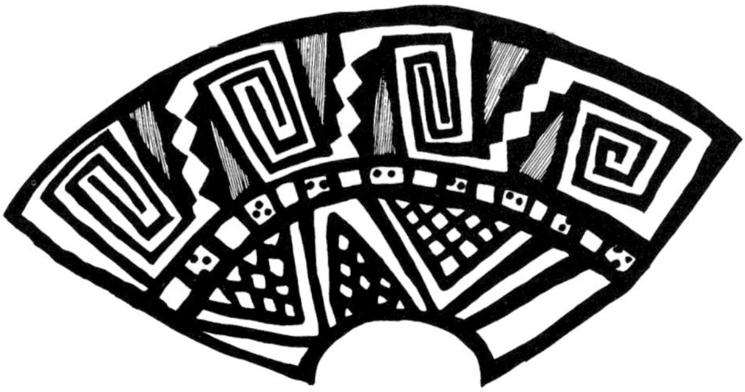

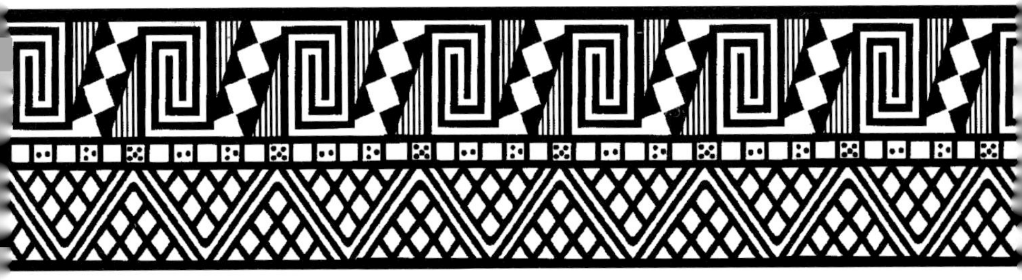

Todos los dibujos presentados en este libro fueron tomados de piezas existentes en los depósitos de arqueología y etnografía del Museo Etnográfico Juan B. Ambrosetti de la Facultad de Filosofía y Letras de la Universidad de Buenos Aires; excepto los que llevan la correspondiente aclaración.

Sólo consideramos piezas que no presentaran influencias hispánicas de ninguna índole. Toda la creatividad es de origen indígena y corresponde a los pueblos que habitaron lo que hoy es territorio argentino, con las lógicas influencias culturales provenientes de sitios lindantes.

El proceso de abstracción

En estas secuencias puede apreciarse el modo en que se desarrollaron algunos diseños, siguiendo su evolución desde una figura realista hasta la abstracción que configura un símbolo.

1) Evolución de la figura del batracio. Cultura Santa María. Tomado de *Noticia sobre una urna antropomórfica del valle de Yocavil* de Salvador Debenedetti *(Prov. de Catamarca)*. Revista del Museo de La Plata, tomo XXIII, segunda parte (segunda serie, tomo x, Buenos Aires, 1916). La secuencia fue completada con relevamientos del autor sobre pucos de la cultura Santa María del Museo Etnográfico Juan B. Ambrosetti. **[figura e]**

2) Pájaros estilizados de alfarerías de los 'Pueblo' del altiplano de Pajarito, Arizona, Estados Unidos. Tomado de *La civilización Chaco-santiagueña y sus correlaciones con las del viejo y nuevo mundo*, Tomo I, de Emilio y Duncan Wagner, Compañía Impresora Argentina (Buenos Aires, 1934). La secuencia fue completada con dos relevamientos del autor sobre piezas de los Chiriguano-chané existentes en el Museo Ambrosetti. La comparación permite suponer que estos últimos dibujos representan aves, a las que se habría llegado a través de un proceso de abstracción similar. Abajo, representación de un ave en un textil de los huicholes de la Sierra Madre Occidental (México), que ayuda a suponer la posición en la que habrían sido representadas las aves anteriores. **[figura f]**

3) Transformación del cuerpo de la serpiente en un reticulado que alude a las escamas de su piel. Cultura Santa María. Tomado de *Exploraciones arqueológicas en la ciudad prehistórica de 'La Paya'*, de Juan B. Ambrosetti, Facultad de Filosofía y Letras, Sección Antropología, Buenos Aires, 1907. **[figura g]**

4) Desnaturalización y esquematización de la figura del cóndor en la cerámica de la Cultura Santiagueña. Tomado del *Manual de la cerámica indígena* de Antonio Serrano, Assardi, Córdoba, 1958. **[figura h]**

5) Configuración del símbolo de las 'fauces' de la Cultura La Aguada, a partir de una imagen surgida de alucinaciones producidas por el consumo de drogas rituales, y su abstracción y metamorfosis; proceso que se desarrolló durante la transición del Período Medio al Tardío (desde el Formativo Medio hasta los Desarrollos Regionales, aproximadamente entre los años 600 a 1480). Tomado de *Las fauces de la cultura La Aguada y su permanencia en Santa María como posible símbolo jerárquico*, de Alejandro Fiadone, ponencia en el XII Congreso Nacional de Arqueología Argentina, La Plata, (1997). **[figura i]**

[figura e]

[figura f]

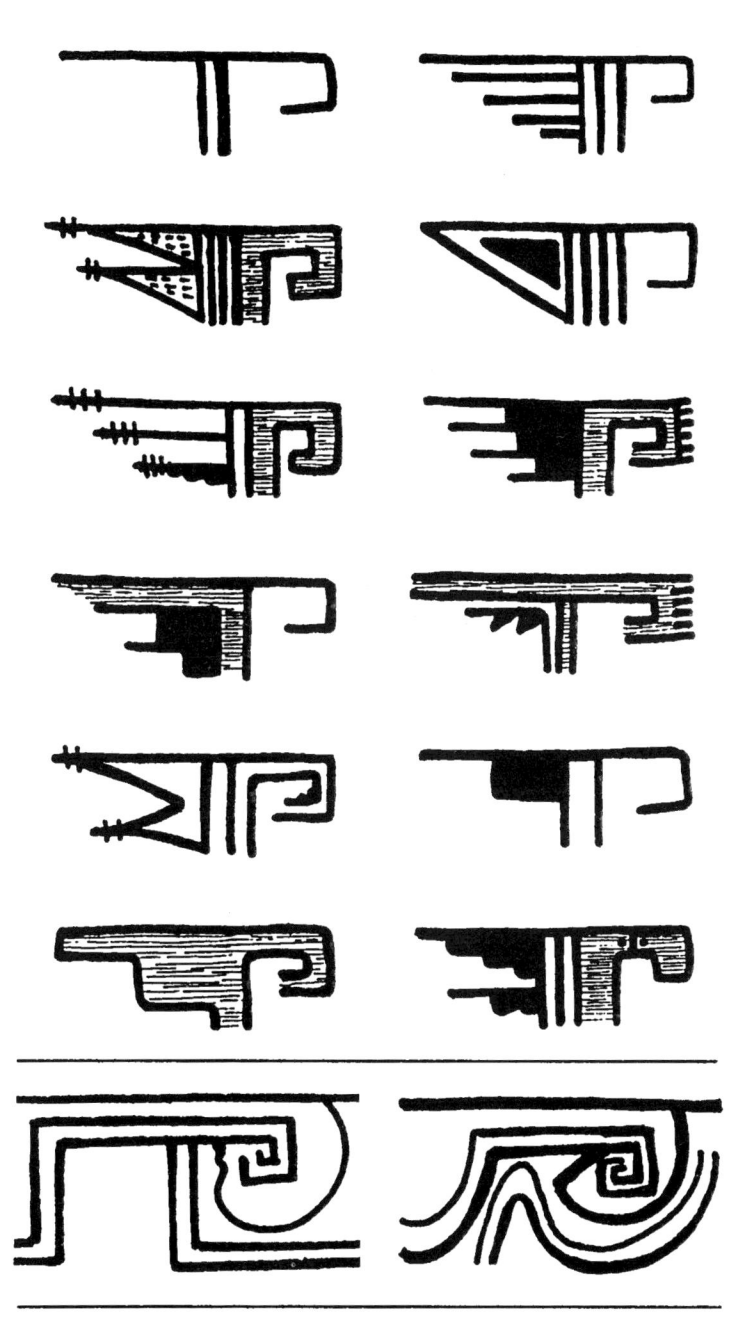

[figura g]

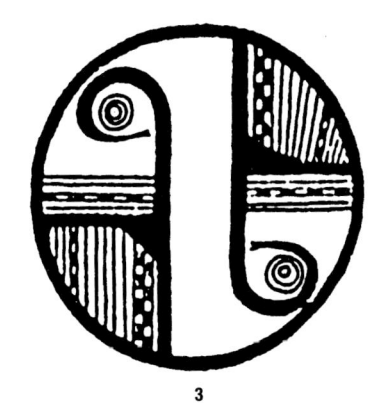

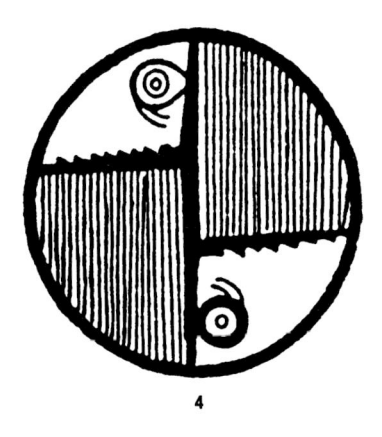

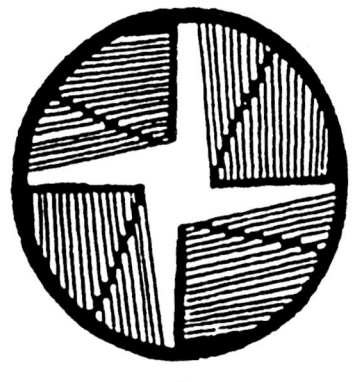

[figura h]

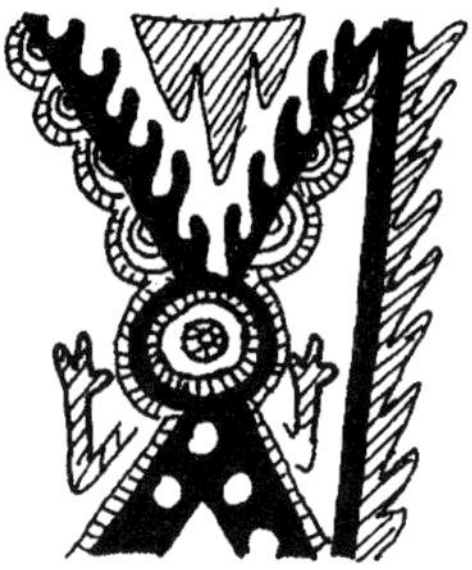
1

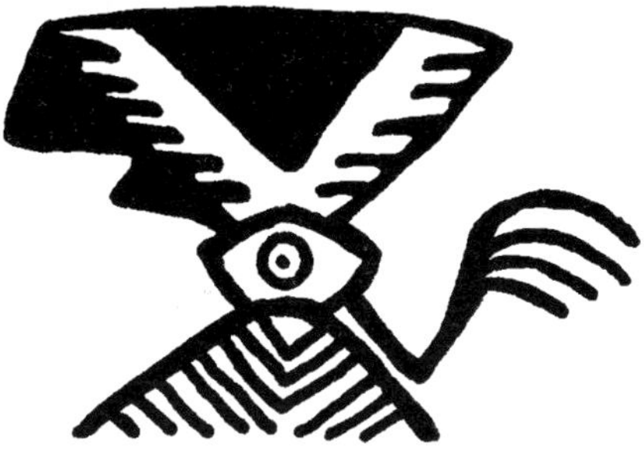
2

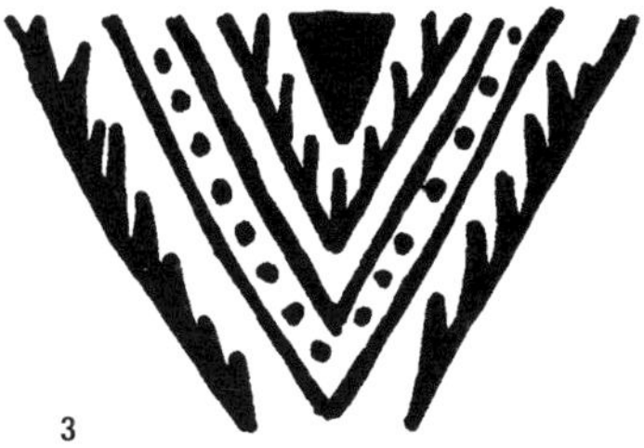
3

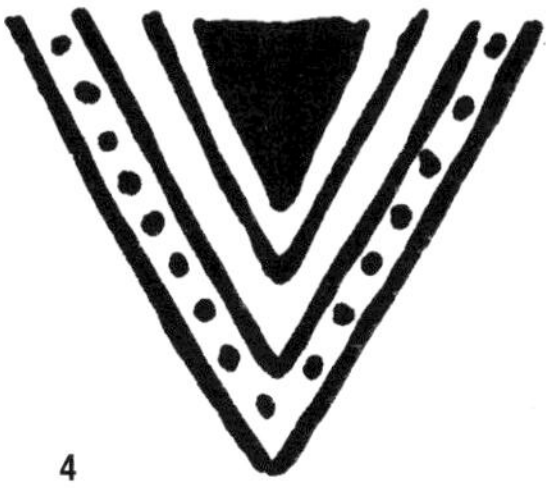
4

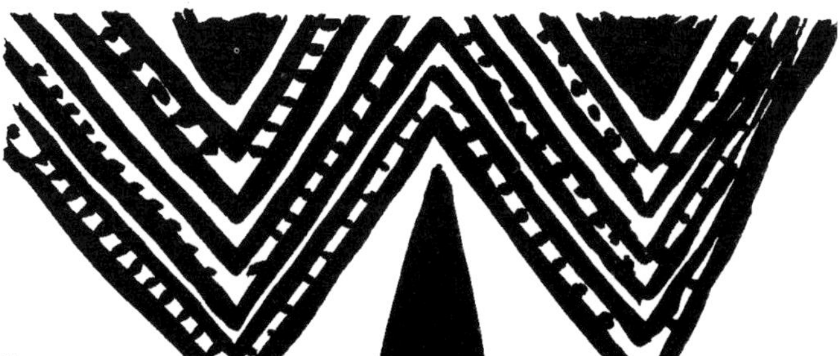
5

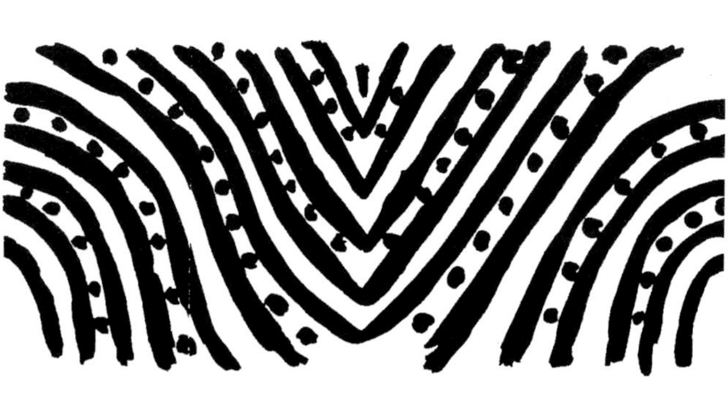
6

[figura i]

1 Figura tomada de la decoración de un vaso de La Aguada.
2 Fragmento de la decoración interna de un puco fitomorfo (imitando una media calabaza) de La Aguada.
3 Parte de la decoración de un panel de un puco de transición cultural.
4 Fragmento de la decoración de un puco Santa María. El triángulo, con líneas con puntos intermedios o sin ellas, se hace presente en casi todas las piezas de cerámica de Santa María, particularmente en la frente de los rostros dibujados en las grandes vasijas.
5 Desarrollo de los dos paneles en los que se encuentra dividida la decoración de un puco: las líneas oblicuas en cada uno aparecen dibujadas en zigzag, anticipando el diseño 'de continuo'.
6 Las líneas oblicuas se transforman en un diseño de ondas continuas sin división en paneles, que rodean la superficie externa del puco con solución de continuidad.
7 Diseño en el cuello y cuerpo de una vasija pequeña. Las ondas 'se mueven' y adquieren formas espiraladas.
8 Desarrollo del diseño externo de un puco, donde las formas espiraladas anuncian su transformación en volutas.
9 Última fase de la metamorfosis de las fauces: el triángulo persiste en la parte superior de la decoración del panel de un puco Santa María. Las volutas se unieron dando lugar a un diseño asociable con una serpiente, aunque no presenta cabezas, como en diseños similares de distinto origen. Persisten las líneas paralelas con puntos intermedios. Este diseño no se asocia con las serpientes míticas con origen en las grandes culturas andinas o mesoamericanas, como la emplumada o la de dos cabezas, sino a simbología de origen local, de carácter posiblemente jerárquico de posición política o social.

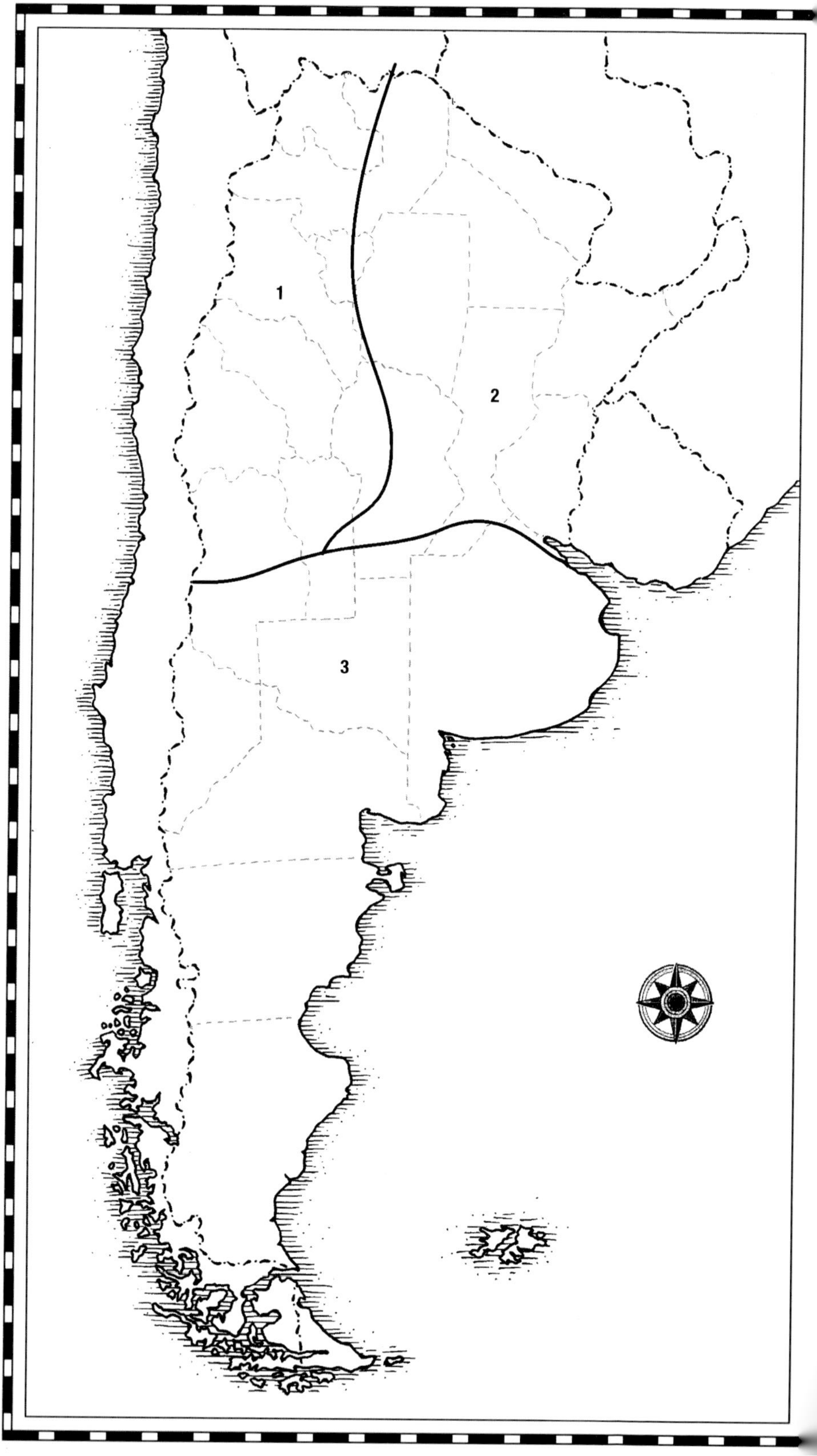
1
2
3

Nuestra sistematización

La recopilación de diseños y datos nos ha llevado a concebir tres regiones iconográficas definidas en el actual territorio de la Argentina, de acuerdo con simbología, hábitat y mitología compartidas o asociadas.
Este ordenamiento, si bien es arbitrario como cualquier otro referido a culturas indígenas, nos permite globalizar el diseño en áreas mucho más amplias que las manejadas tradicionalmente por las ciencias antropológicas y nos posibilita un análisis que no está limitado por otros hechos culturales, que no permiten vincular regiones o pueblos de acuerdo con sus simbologías o la dinámica de sus desarrollos y traslados.
Como planteáramos anteriormente, asumir el 'signo' como un ente de desarrollo autónomo, observándolo en función de dos caracteres: forma y disposición, nos permite armar secuencias evolutivas y asociaciones morfológicas.

1 Región de las sierras, los valles y las montañas.
Sector andino desde el norte hasta la parte media del país; valles y sierras del noroeste; valles y sierras del centro del país.

2 Región de las selvas, los bosques y los ríos.
Selva chaqueña; llanos santiagueños; llanuras del noreste argentino; región mesopotámica.

3 Región pampeano-patagónica.
Pampa; Patagonia; sector andino desde la parte media del país hasta el extremo sur; islas del extremo sur del país.

Los siguientes mapas están basados en la sistematización de Carlos Martínez Sarasola (1992) y en datos de María Marta Otonello y Ana María Lorandi (1987). Estos esquemas son sólo informativos y fueron realizados sobre la base de datos tomados de diferentes autores. Dada la variedad de opiniones entre los estudiosos del tema y la permanente renovación de datos sugerimos, para estudios específicos, consultar trabajos especializados.

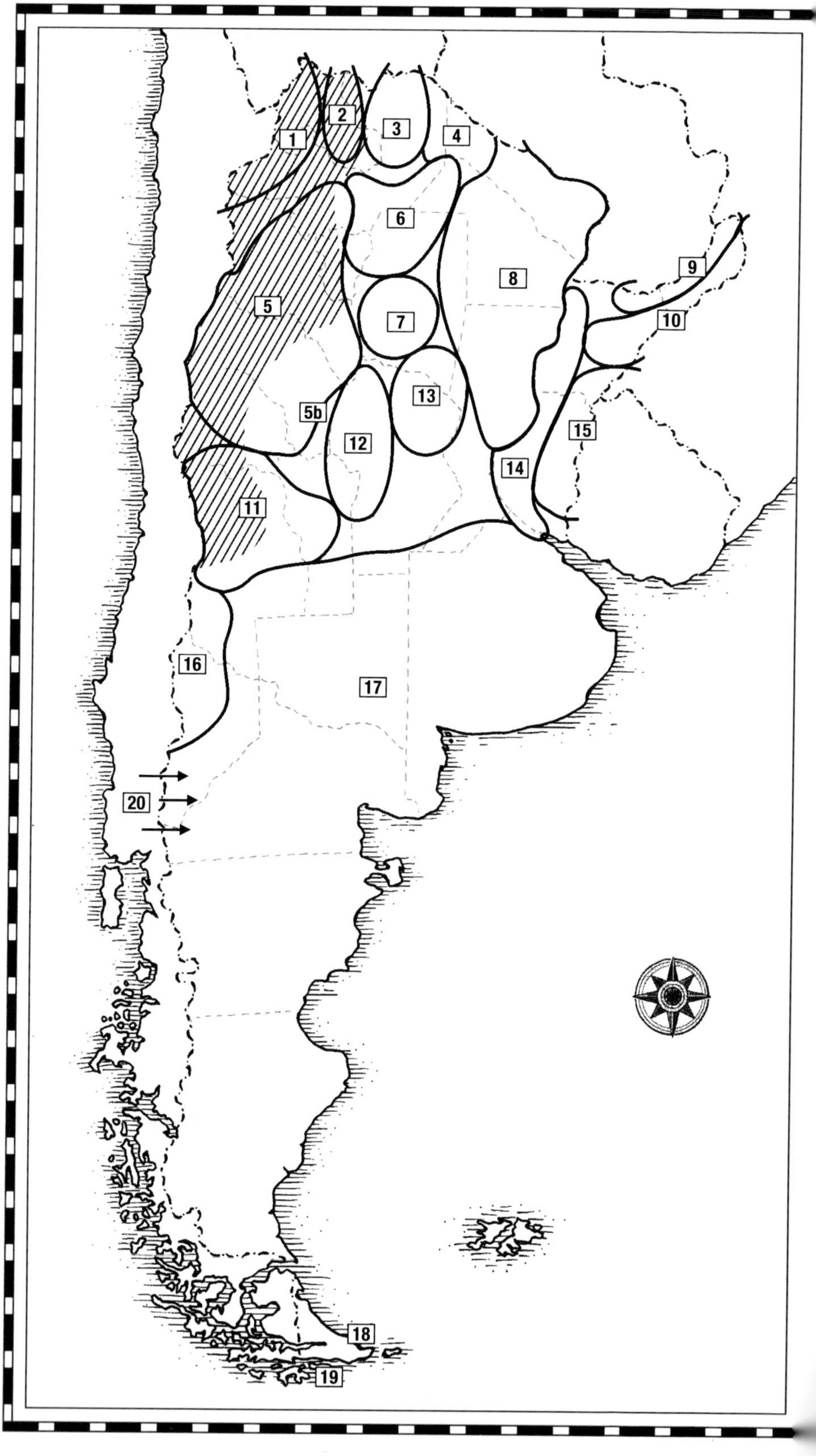

1
2
3
4
5
5b
6
7
8
9
10
11
12
13
14
15
16
17
18
19
20

▨ Zona bajo dominio o influencia Inka entre 1480 y principios del siglo XVI.

Pueblos que habitaban el actual territorio argentino en el siglo XVI. Se emplean las denominaciones con las que actualmente se los conoce y otras que son parcialidades o bien nomenclaturas mencionadas por cronistas y viajeros.

1 **Atacama** (Apatama, Casabindo, Cochinoca).
2 **Omaguaca** (Tilcara, Purmamarca, Puquil, Tiliar, Tumbaya, Ocloya, Uquía, Maimará).
3 **Chiriguano-chané.**
4 **Wichi** (Mataco-Mataguayo / Mataco Maká) (Mataco, Mataguayo, Vejoz, Guisnay, Chorote, Maká, Chulupí, Mlbalá, Matará. Grupos conocidos hasta fines del siglo XVIII: Abucheta, Hueshue, Pesatupe, Imaca, Teuta, Agoya, Churumata, Tainoa, Paloma, Ojata, Tañi, Xolota).
5 **Diaguita** (Quilmes, Tolombón, Tafí, Amaicha, Yocavil, Pular, Anquinahao, Luracato, Cafayate, Hualfín, Chicoana, Chuchugasta).
5b **Olongasta** (sin filiación étnica conocida).
6 **Lule-vilela** (Vilela, Lule, Chunupí).
7 **Tonocote.**
8 **Guaycurú** (Guaycurú, Toba, Abipón, Mocoví, Pilagá).
9 **Guaraní** (Tupí-guaraní, Mbayá, Chandules).
10 **Kaingang** (Coroado, Campero, Gualachí, Ibirayará).
11 **Huarpe** (Allentiac, Milcayac, Puntano).
12 **Comechingón** (Henia, Camiare).
13 **Sanavirón** (Yuguita, Inguita, Malquesí, Quesoci).
14 **Chaná** (Mepene, Caracá, Timbú, Coronda, Quiloanza, Chaná, Beguá, Mocoretá, Chana-timbú. Todos guaranizados o absorbidos por etnias circundantes desde el siglo XVI).
15 **Charrúa** (Guayantiran, Martidan, Manchado).
16 **Pehuenche.**
17 **Tehuelche.** Septentrionales: Guenaken (Pampa, Puelche, Taluhet, Dihuihet, Chechehet, Querandí). Meridionales: Chóneka, Aoniken (Penken, Patagón, Yakanakuna).
18 **Ona** (Selk'nam, Haush –o Maneken-).
19 **Yámana.**
20 **Araucano** (inician penetración hacia Patagonia y Pampa imponiendo la Cultura Mapuche). Grupos que araucanizados o tehuelchizados habitaban la Pampa y la Patagonia hacia el siglo XVIII: Puelche, Serrano (Leuvuche), Gioco, Picunche, Chilián, Llamlmache (Salinero), Ranquel, Voroga, etcétera.

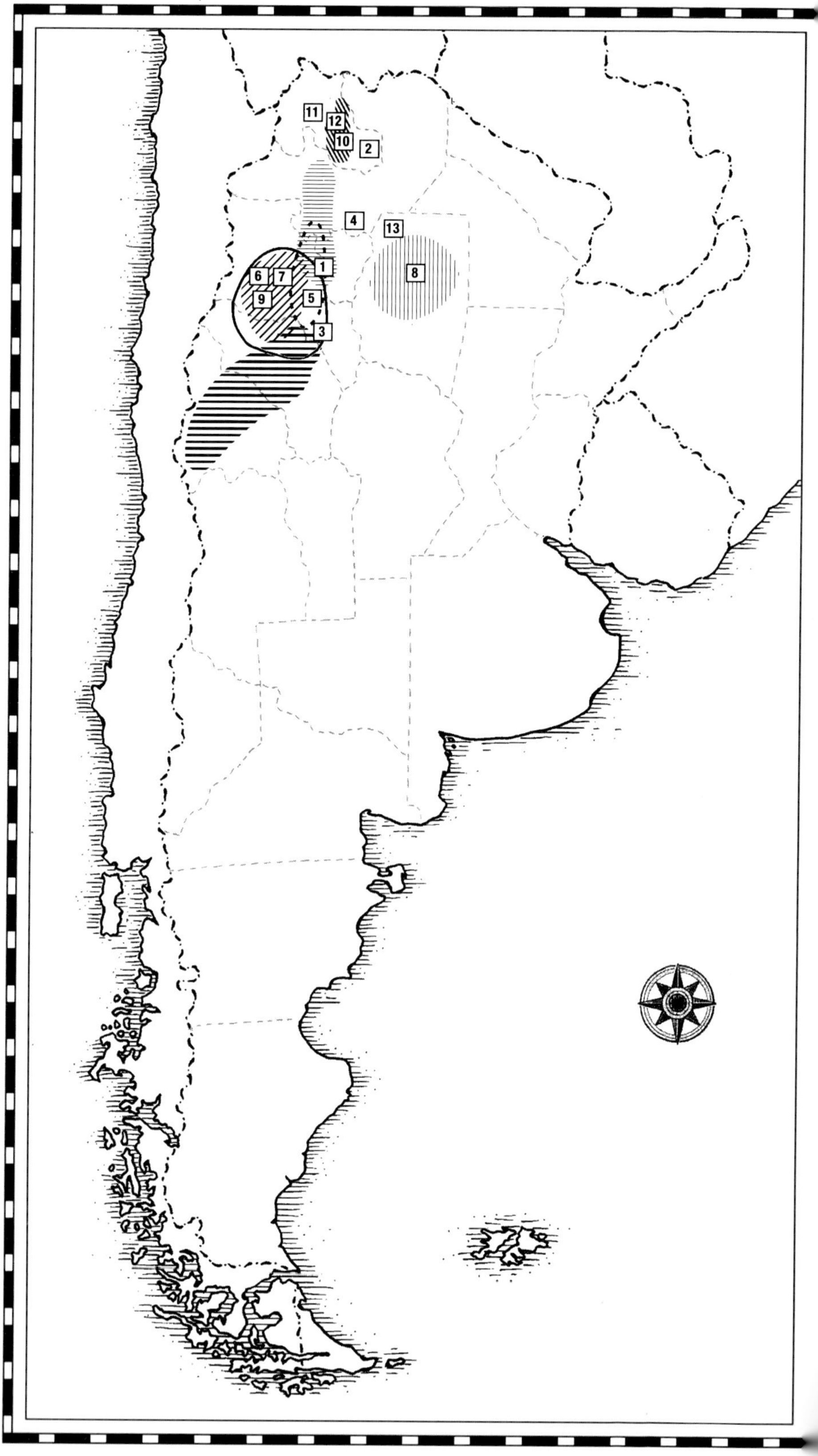
11
12
10
2
4
13
1
6
7
8
9
5
3

Culturas agroalfareras que se desarrollaron en el NOA entre el 650 a.C. y principios del siglo XVI. En el resto del actual territorio argentino prosperaron paralelamente otras culturas que conformaron a las que recibieron a los europeos, pero destacamos las de esta región por haber sido muy prolífica y cambiante. Conservamos las denominaciones de *Período Temprano, Medio y Tardío* por considerarlas más comprensibles para nuestro trabajo, aunque actualmente la arqueología se refiere a *Período Formativo* (Inferior, Medio y Superior) y *Período de Desarrollos Regionales*, asumiendo las etapas como una continuidad evolutiva. Las fechas son aproximadas y sólo orientativas.

Sitios y áreas desde donde las principales culturas irradiaron su influencia:
Período Temprano (650 a.C. a 650 d.C.)
1 **Tafí** 650, a.C. a 500/600 d.C.
2 **San Francisco**, 620 a.C. a 300 d.C.
3 **Saujil**, 446 a.C. a 620 d.C.
4 **Candelaria**, 0 a 600 d.C.
5 **Alamito**, 200 d.C. a 450 d.C.
6 **Condorhuasi**, 300 d.C. a 600 d.C.
7 **Ciénaga**, 300 d.C. a 650 d.C.
8 **Las Mercedes**, 300 d.C. a 1000 d.C.

Período Medio (650 d.C. a 850/950 d.C.)
9 **La Aguada**, 650 a 850 o 950.
10 **Alfarcito.** Sin dataciones precisas.
11 **Santa Ana de Abralite.** Sin dataciones precisas.
12 **La Isla.** Sin dataciones precisas.
13 **Las Lomas**, 800 o 1000 a 1200.
——— Área de dispersión de la cultura La Aguada.

Período Tardío (850 d.C. a fines del siglo XV, en el que se inicia la penetración de la Cultura Inkaica)
Áreas de dispersión de las principales culturas:

≡ Sanagasta (Angualasto / Aimogasta)   - - - - - San José - Hualfín

▨ Belén   ▧ Humahuaca

☰ Santa María   ▦ Santiagueña

Culturas

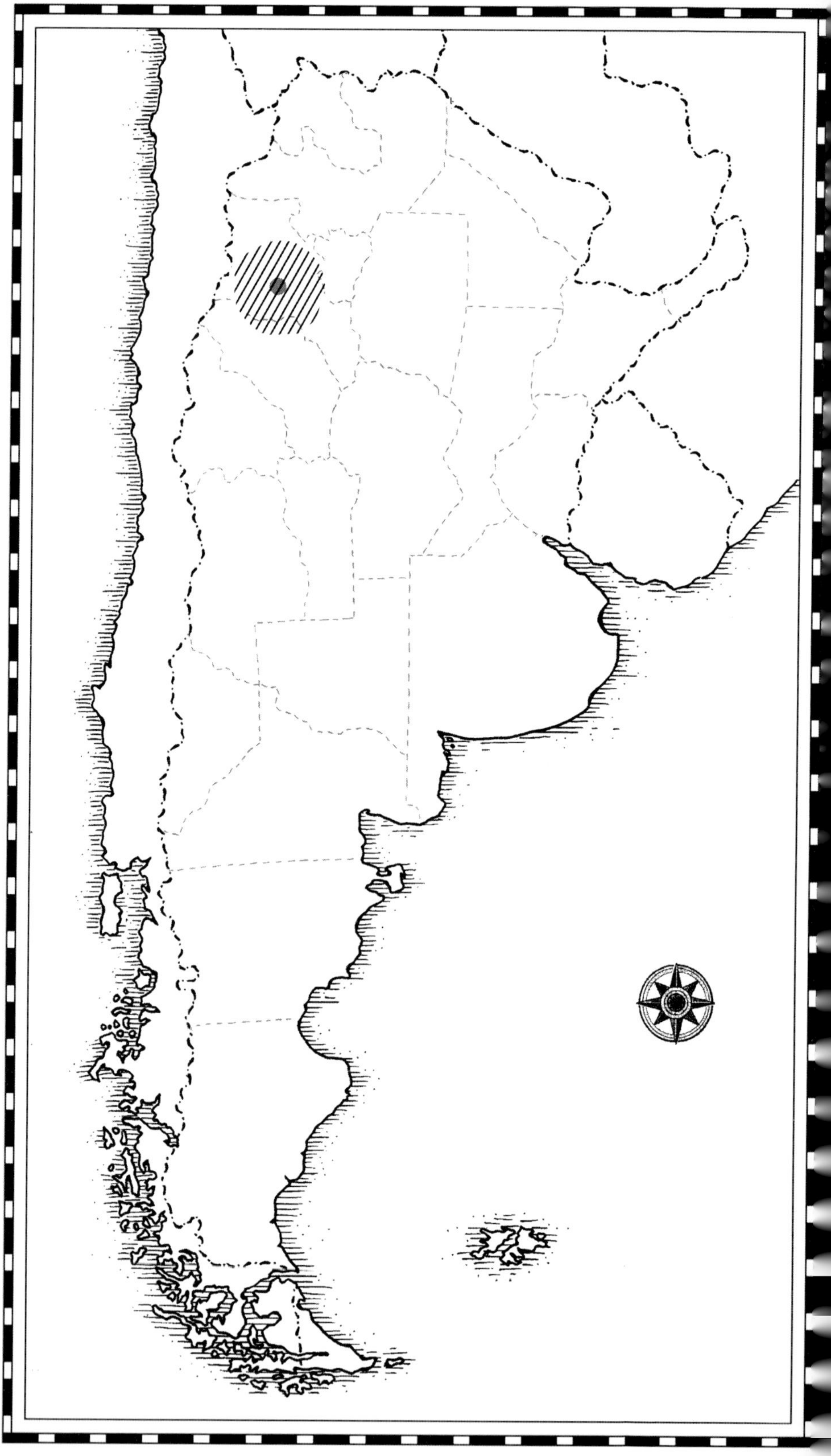

Cultura Ciénaga

Se caracteriza por su cerámica oscura sin pintura, con dibujos incisos , generalmente resaltados con pasta blanca. Los diseños reproducen figuras de simios, humanos, batracios y geometrizaciones. Lo distintivo de esta cultura son las variadas representaciones de auquénidos , desde formas realistas hasta abstracciones irreconocibles, en las que se reproducen sus cabezas y cuellos.

Estos animales tuvieron una importante participación en la vida de los pueblos del NOA. Servían como bestias de carga, transitando senderos montañosos en los que ningún otro animal puede sostenerse. Fueron proveedores de lana y alimento; sabemos que con su carne se preparaba el 'charqui' (especie de tasajo) y con su cuero se fabricaban sandalias. Haciéndolo arder, su estiércol servía para calentar y cocinar. Fetos de llama se emplean aún hoy en ceremonias propiciatorias de fecundidad y fertilidad [24]. Usos que, debido a su reiterada presencia en la iconografía andina temprana, es posible que se practicaran en tiempos de la Cultura Ciénaga.

Es probable que también emplearan su orina para aseo personal (dientes y cabello), como medicamento (enfermedades hepáticas, curado de heridas), y para limpieza de los recién nacidos, dada la presencia de sustancias con propiedades similares a las de los antibióticos. En la actualidad se practica en comunidades andinas del Perú la 'orinoterapia', que consiste en mezclar orina con otras sustancias (hierbas; destilados) para hacer curaciones [25]. Otras culturas hicieron

---

[24] Ciro Alegría, 1946. [25] Rómulo Lizárraga Valencia. Sociedad Inca, Perú. Información personal, 2000.

uso de la orina con diferentes fines: en las regiones desérticas, ante la escasez o ausencia de agua, ésta era reemplazada por orina de la vejiga de las tortugas, cuyo metabolismo retiene allí el agua. Los Ranqueles sanaban heridas con orina de caballo. En el Amazonas las infecciones oculares se sanaban con orina humana.

[figura j]
1 Llama vista de perfil.
2 Esquematización de la figura anterior.
3 Tres motivos de cerámicas representando llamas.

En estas imágenes se aprecia la geometrización del perfil de las llamas en la cerámica de Ciénaga. No responden a una secuencia evolutiva; aparentemente, el proceso se habría dado a la inversa: "...de símbolos abstractos que representaban llamas por convención, se habría pasado a formas esquemáticas más naturalistas"[26].

26 M. Florencia Kusch, 1998.

cultura ciénaga

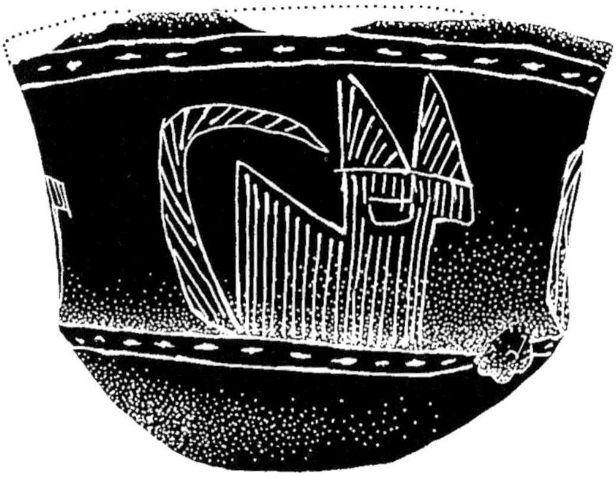

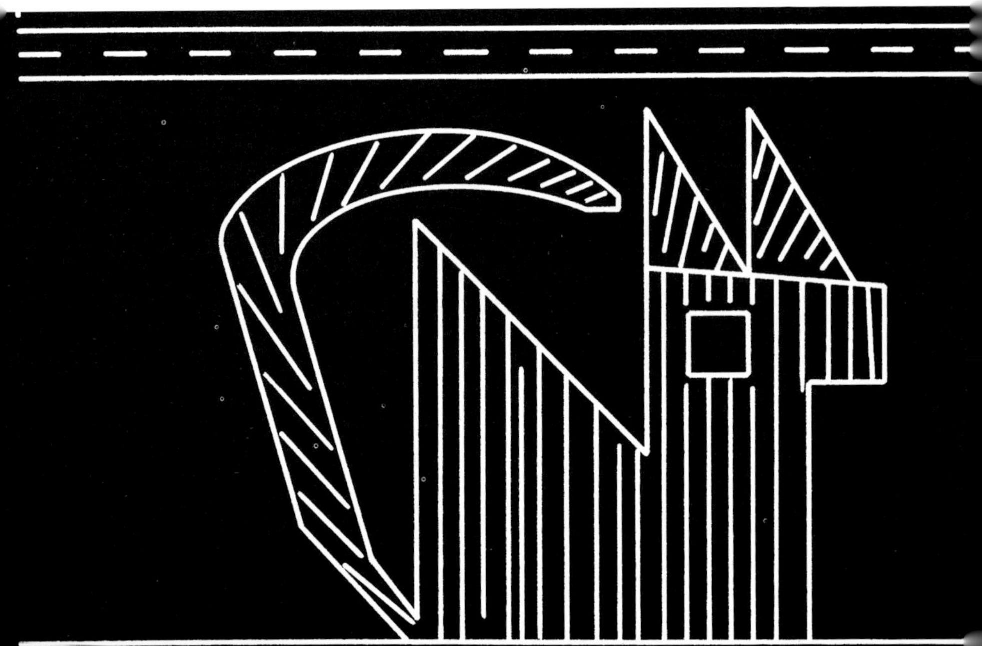

cultura ciénaga

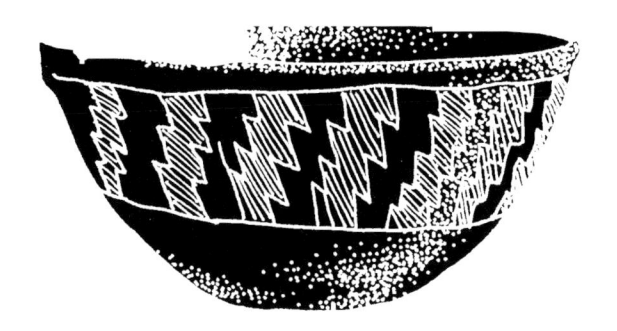

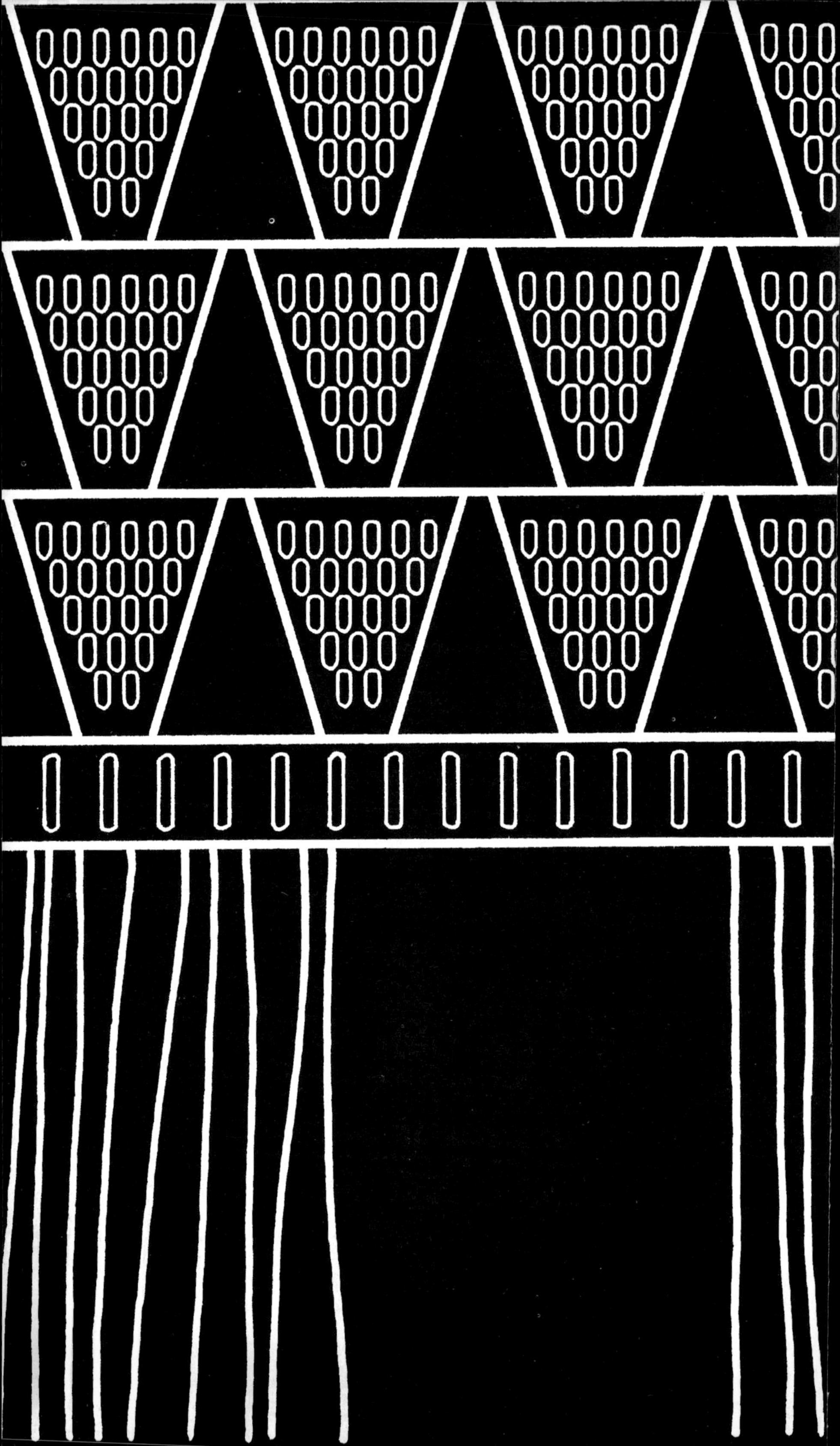

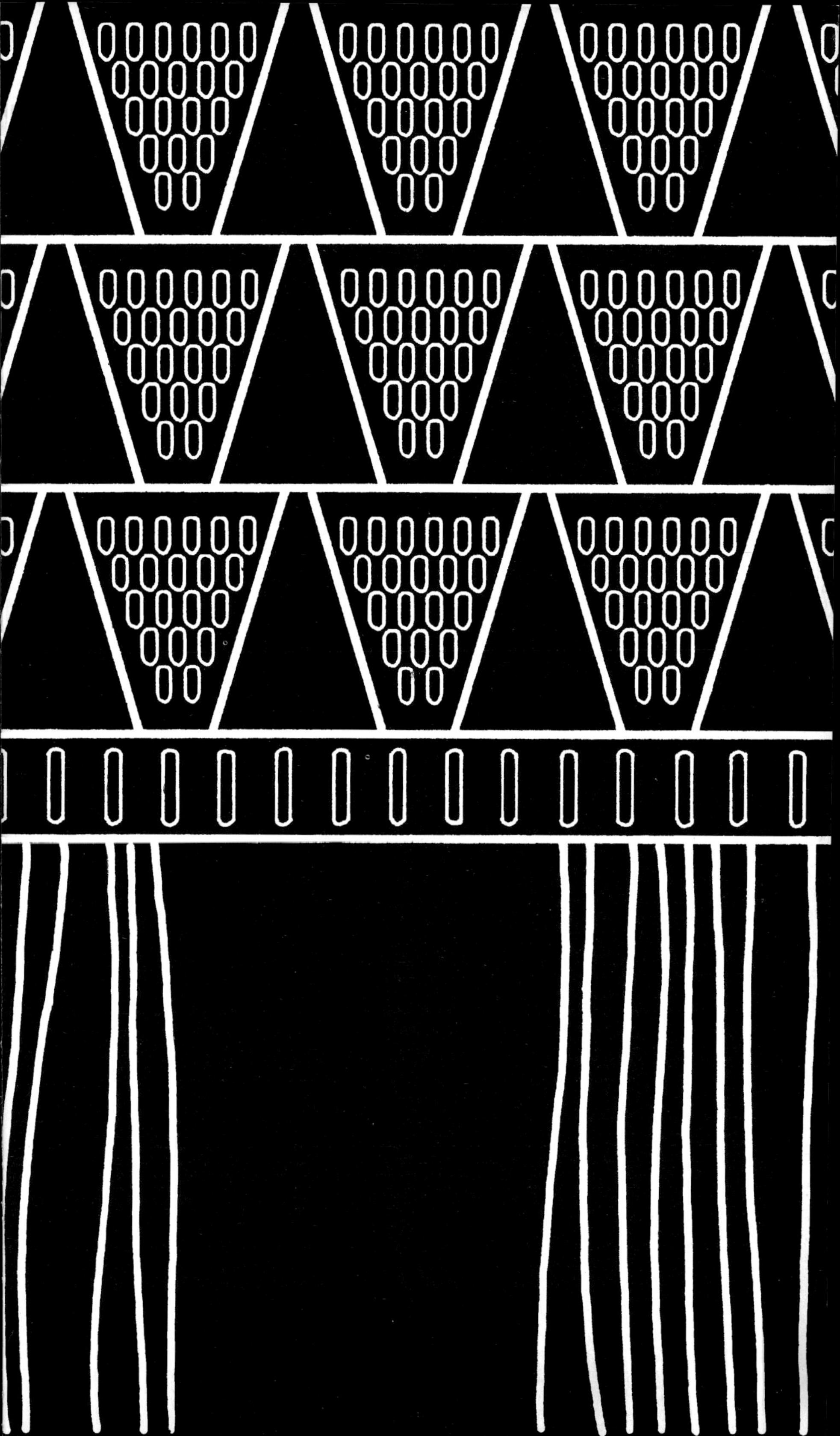

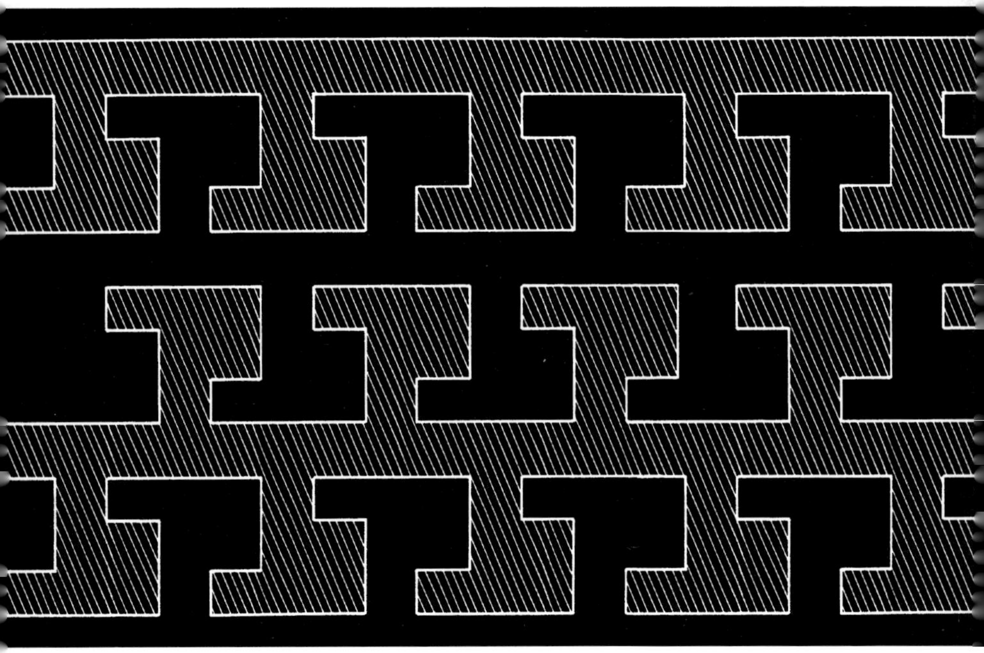

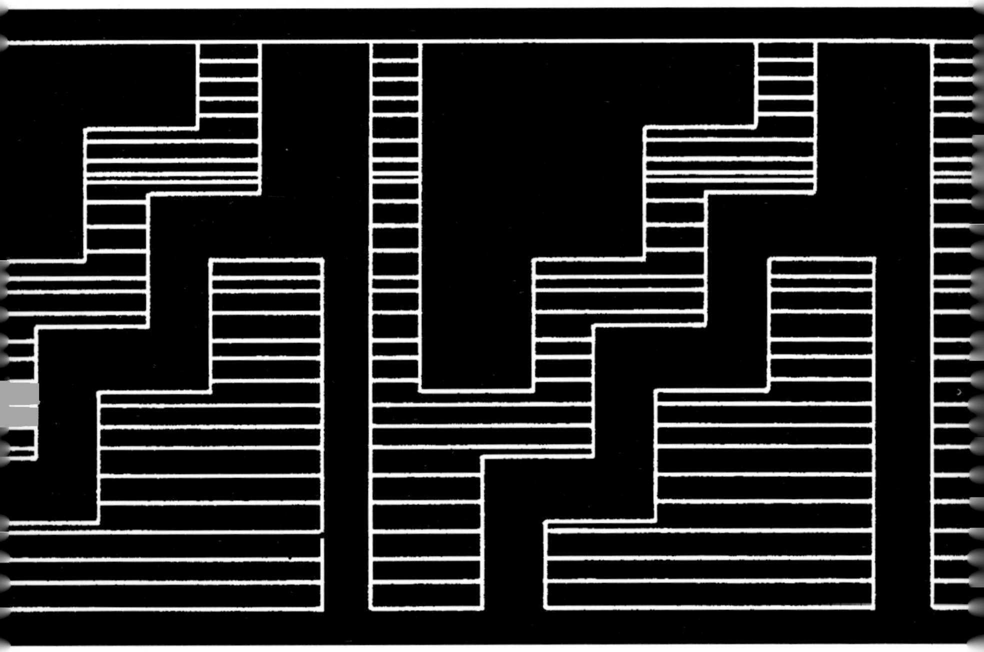

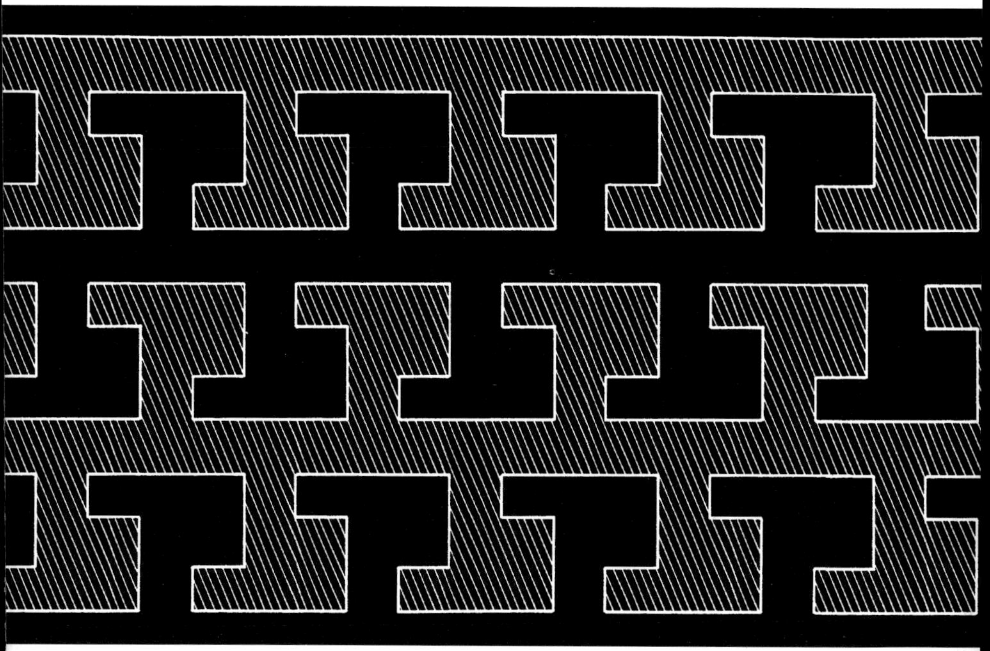

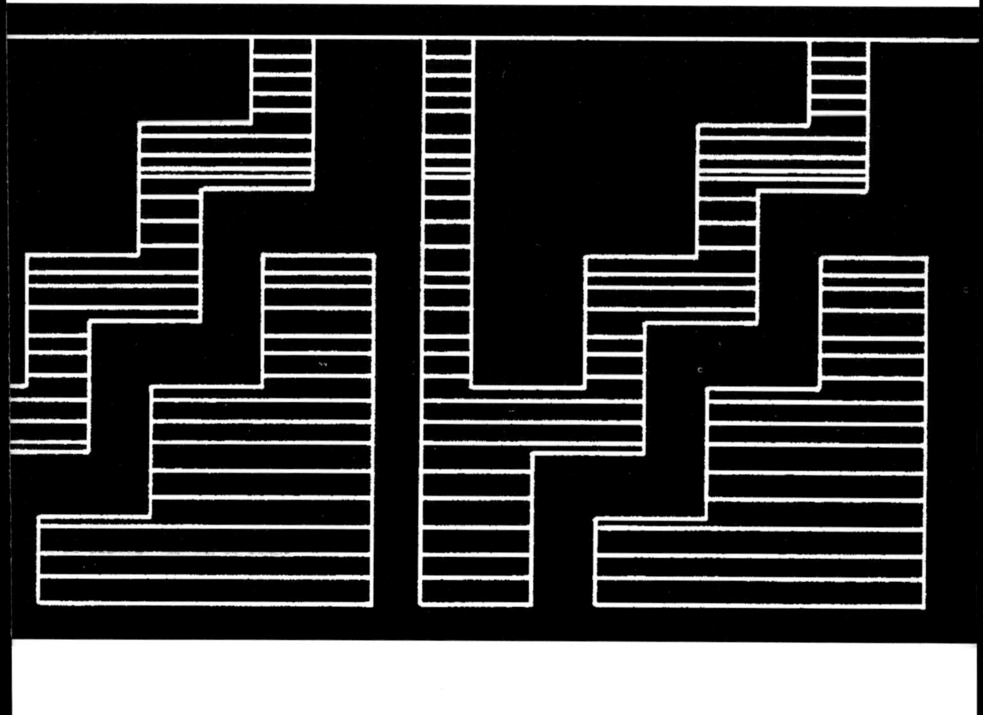

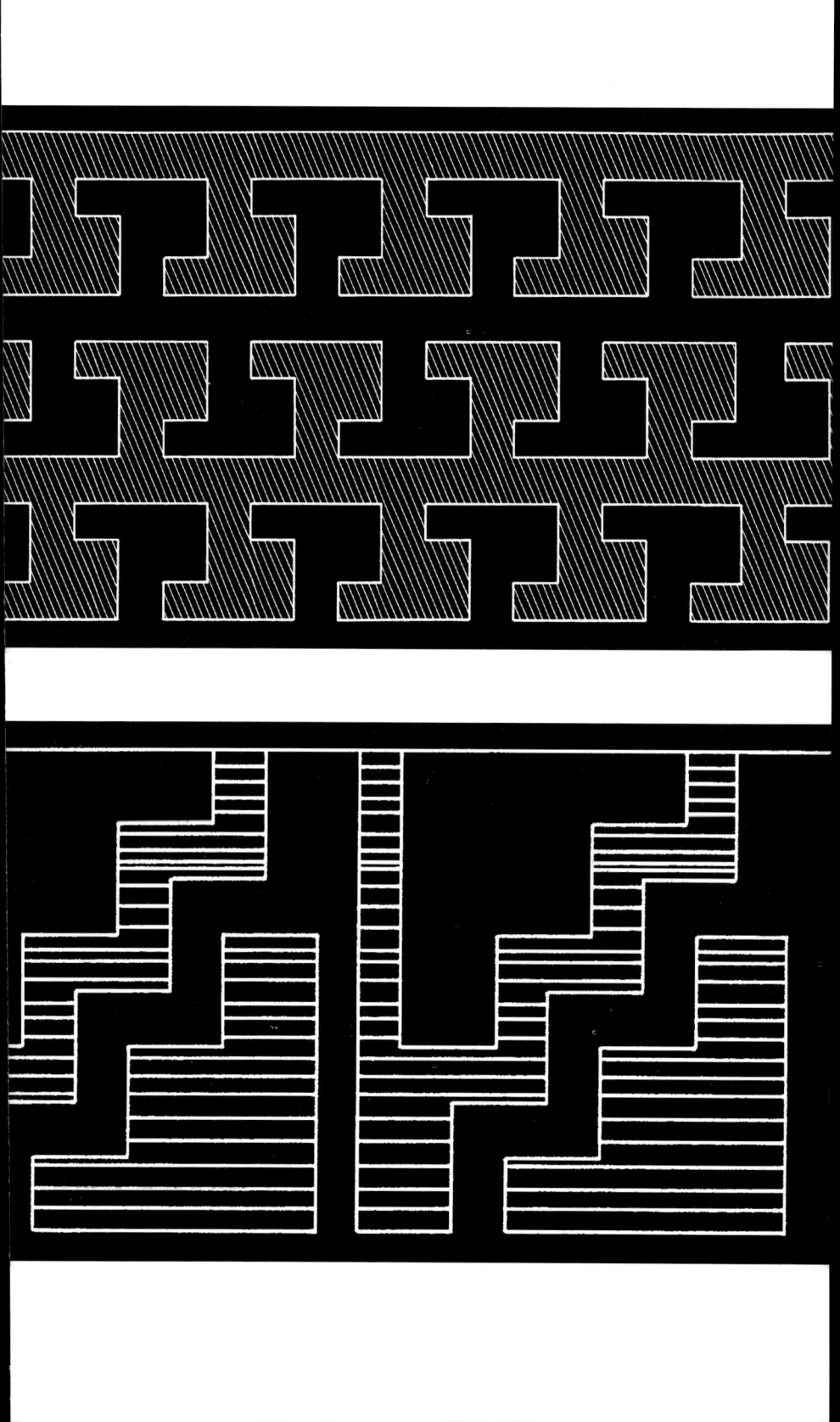

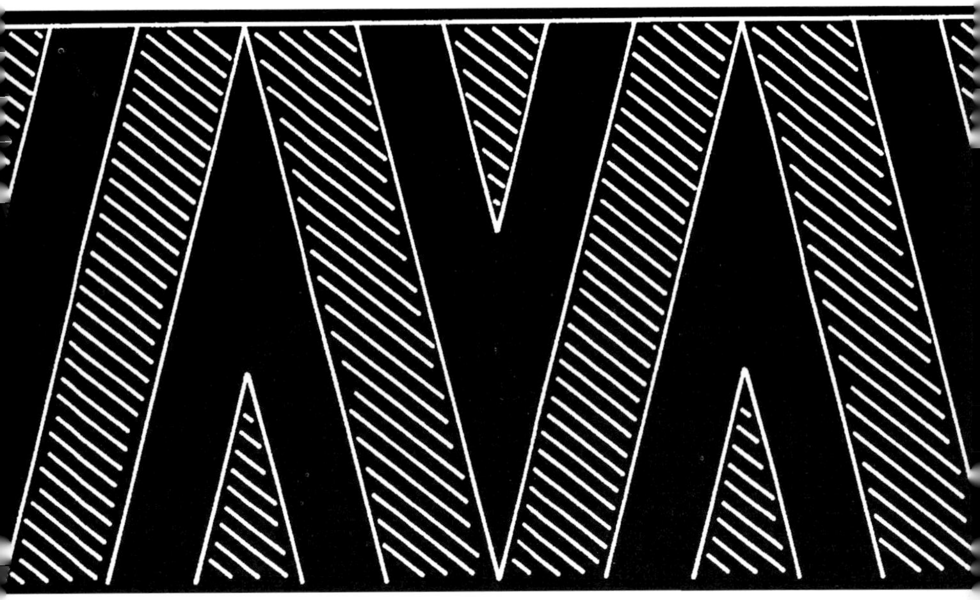

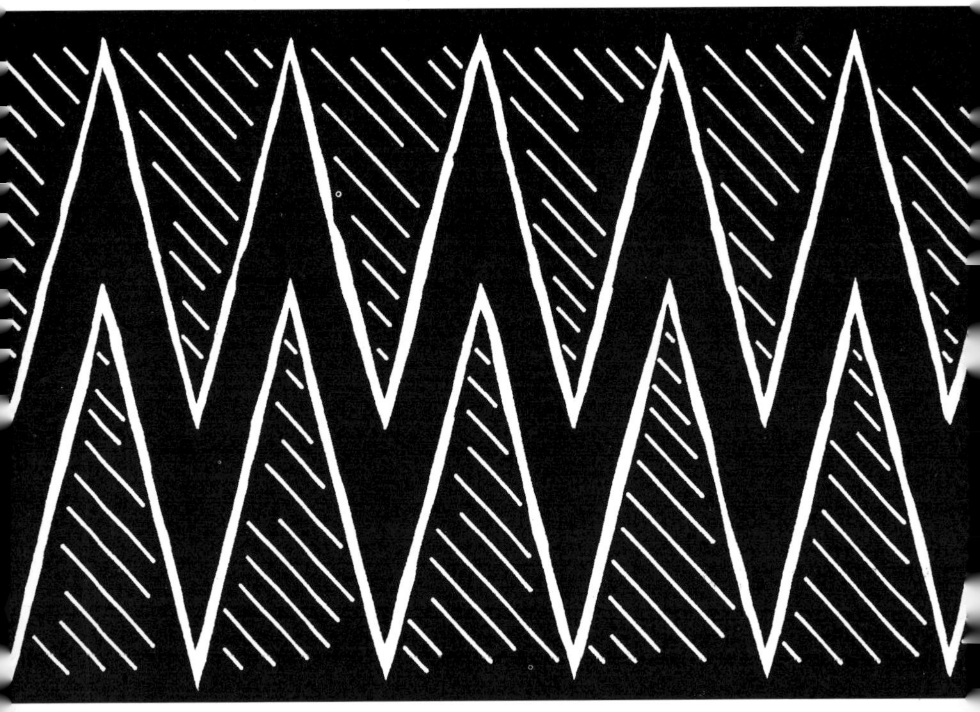

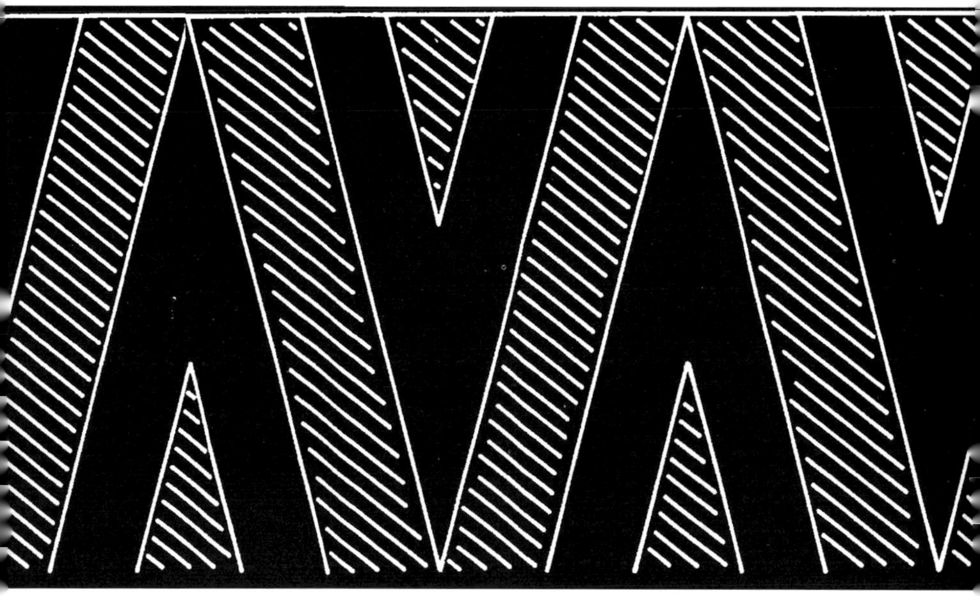

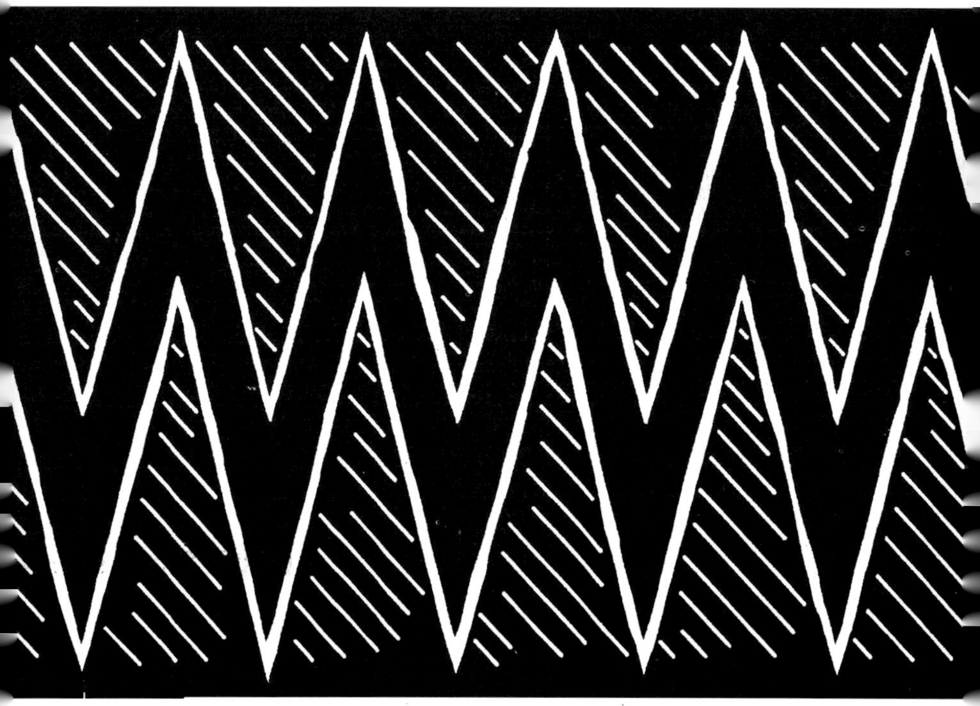

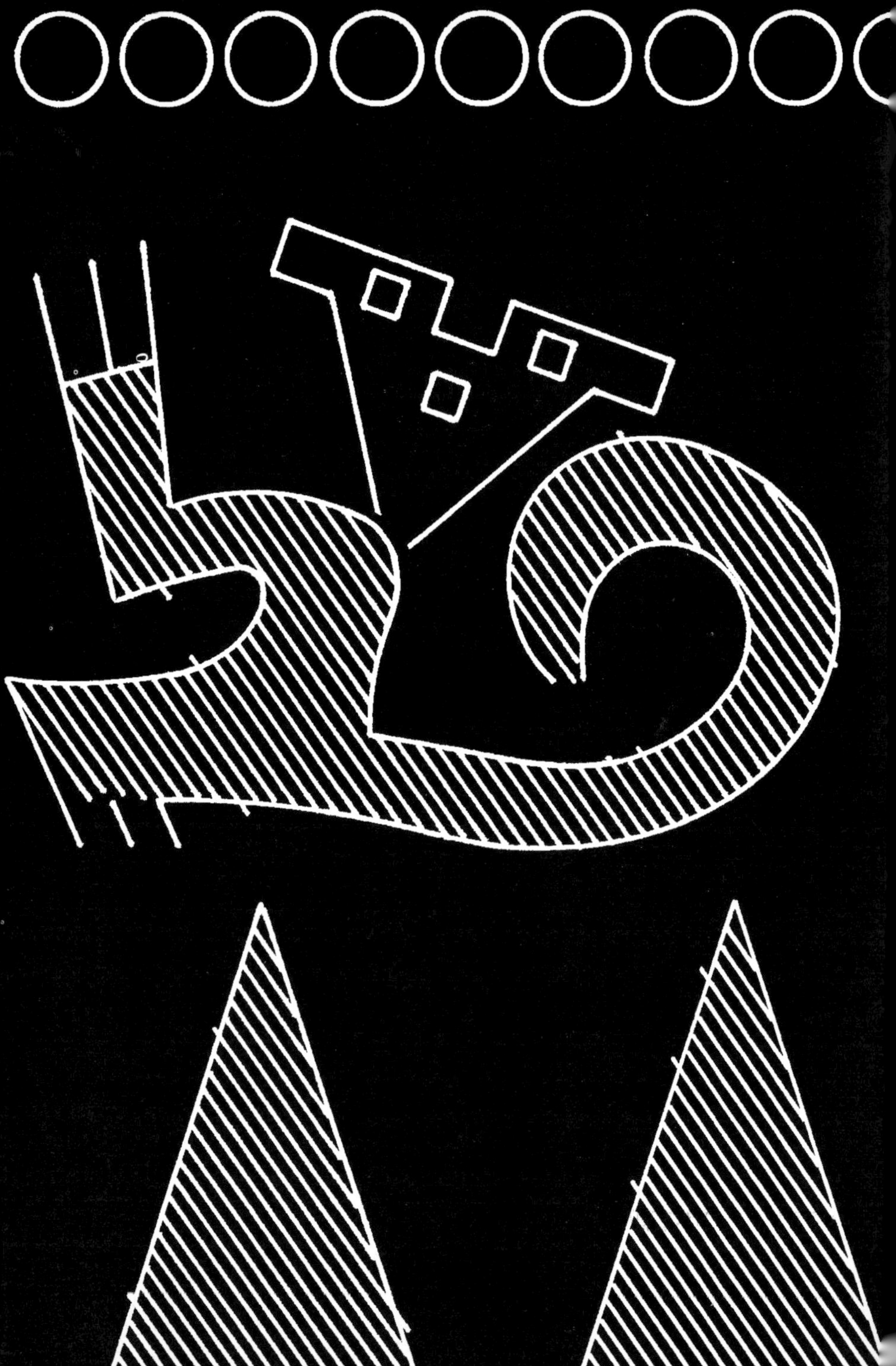

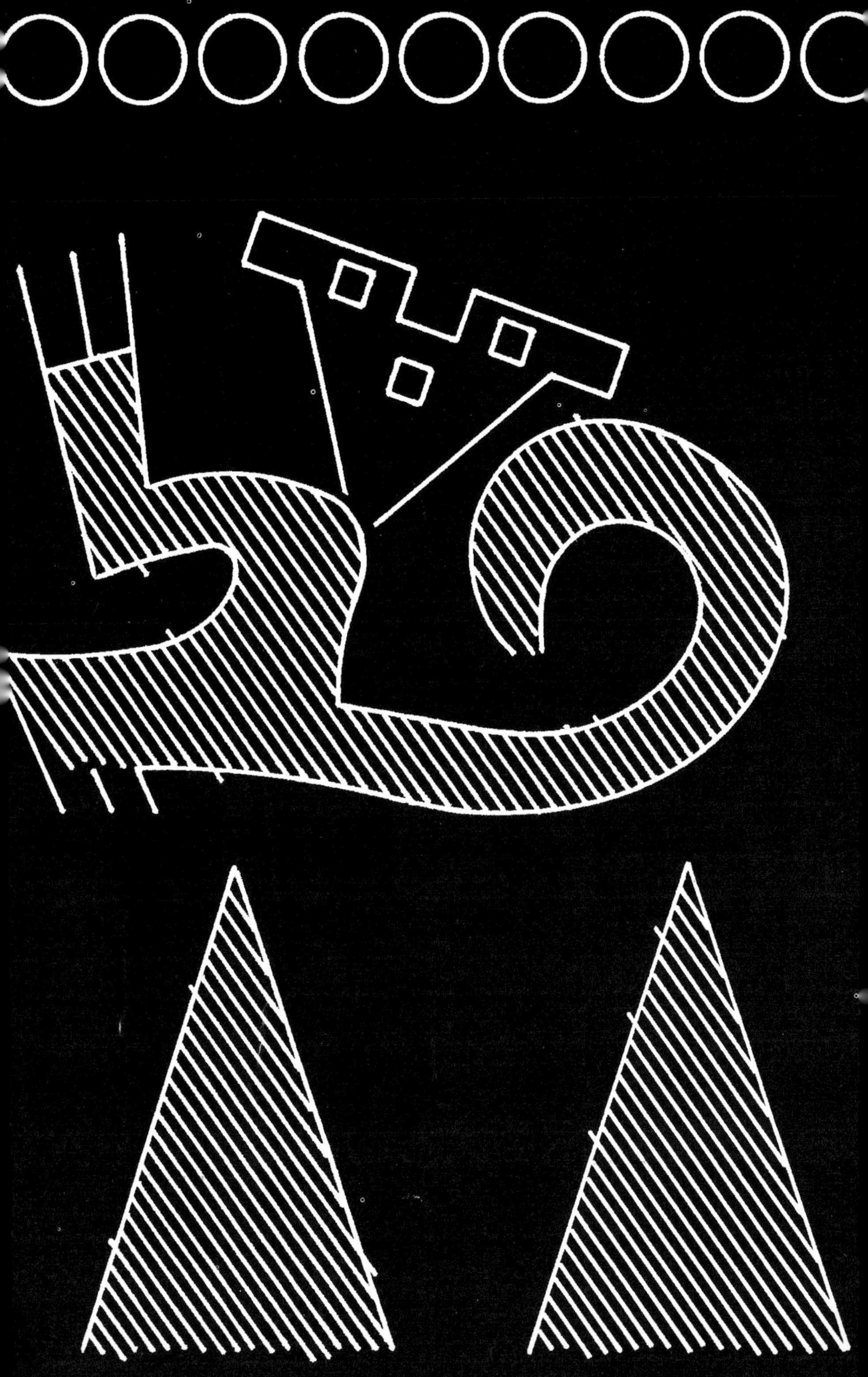

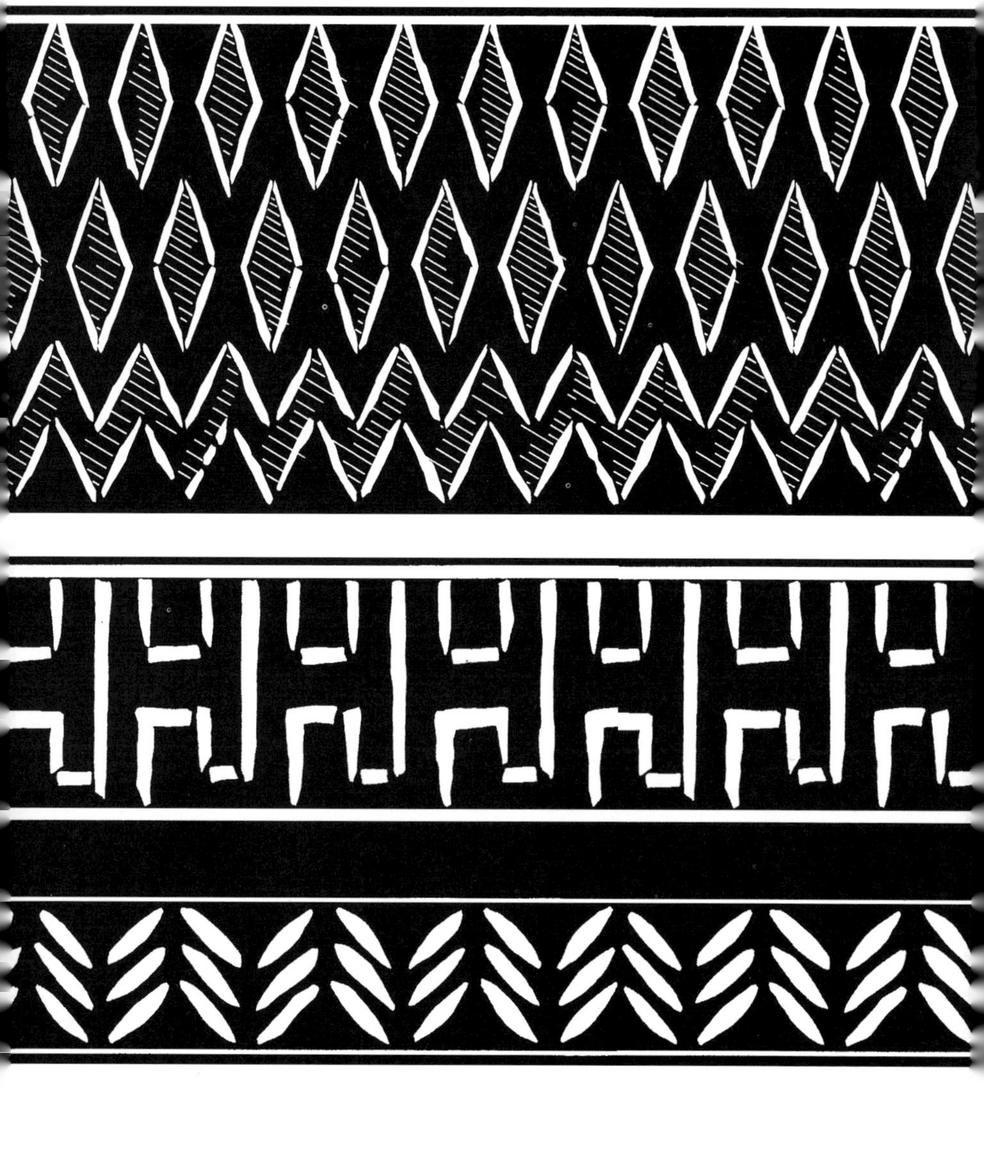

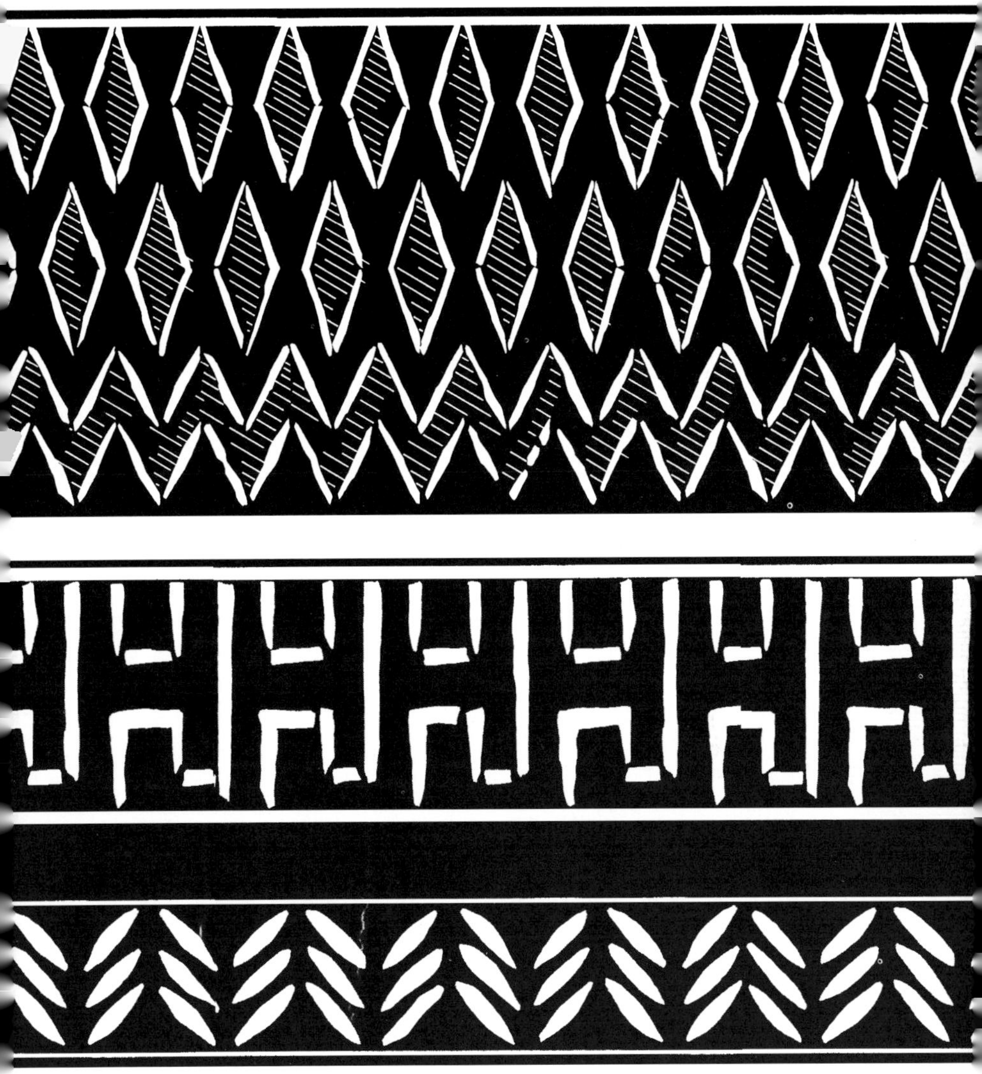

80

Universidad Nacional de La Rioja

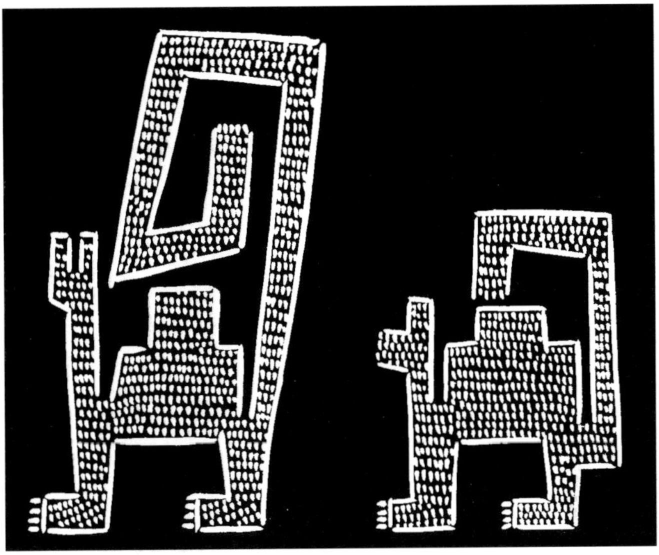

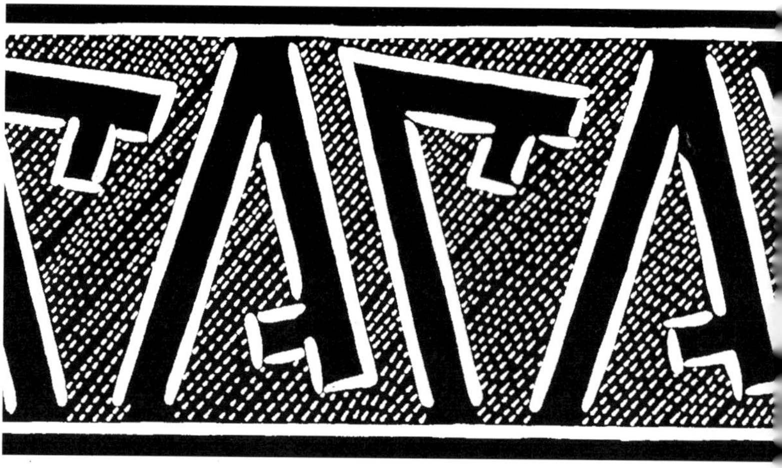

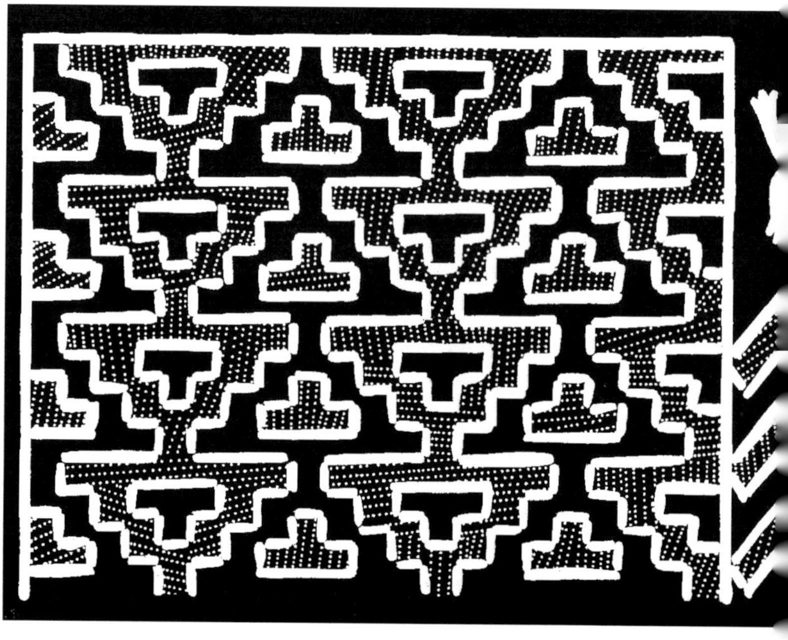

cultura ciénaga

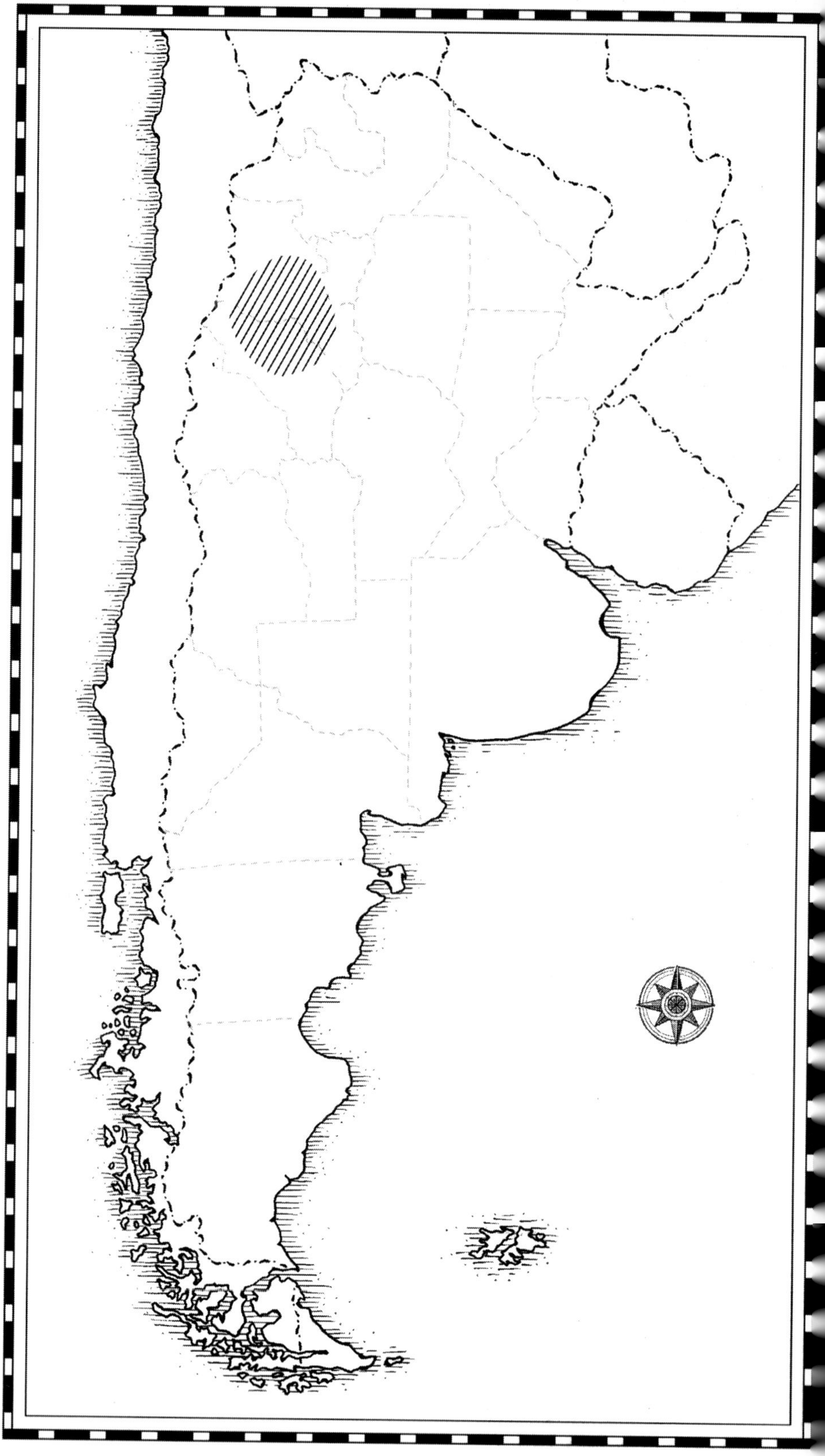

Cultura La Aguada

Aves, cabezas cercenadas , guerreros sacrificadores, seres fantásticos y felinos son los principales protagonistas de la iconografía de La Aguada. Existen tres tipos cerámicos bien diferenciados: el pintado (con colores ocres, rojizos y negro) característico de la región del valle de Hualfín, al centro de la provincia de Catamarca; el grabado (cerámica oscura con dibujos rellenos con pasta blanca), característico del valle de Ambato, al sudeste de Catamarca, posible continuación de la tradición alfarera de Ciénaga; y el pintado característico de Portezuelo, donde sobre una base de color blanquecino se pintaron fondos con negro o rojo determinando las formas por omisión. Los dos primeros tipos aparecen en toda la región ocupada por esta cultura, aunque privilegiando los sitios destacados.

Las escenas de sacrificios humanos estarían representando al chamán –quien posiblemente fuera también el gobernante– decapitando a sus víctimas o portando lanzas y báculos . Los felinos aparecen con atributos no reales y, al igual que los seres fantásticos, se deben al consumo de alucinógenos con fines rituales, que debió ser potestad de ciertos personajes. Seguramente permitía el contacto y diálogo con los seres míticos y, quizá, conjurar la presencia de jaguares mediante la adopción de su imagen y movimientos. Se conocen experiencias actuales con este tipo de sustancias que generan en el subconsciente imágenes similares.

La Aguada tuvo gran influencia en una vasta región del NOA. Un seguimiento iconográfico nos permitió rastrear esa influencia hasta épocas históricas en la ciudad de La Paya, en la provincia de Salta, donde los diseños de muchos ceramios tardíos son clara derivación de su simbología [27].

---

[27] Alejandro Fiadone, 1997.

Varias aves gozaron de algún tipo de veneración. Aparecen representadas con frecuencia, seguramente relacionadas con mitos y leyendas de los que sólo podemos intuir algunos temas a través de resabios de creencias de tiempos posteriores. Es posible que se venerara a algunas por considerarlas símbolo de longevidad, otras como portadoras del alma de los difuntos, también por su perspicacia y valentía, o como motivo de observación para predecir el futuro. Pero son conjeturas.

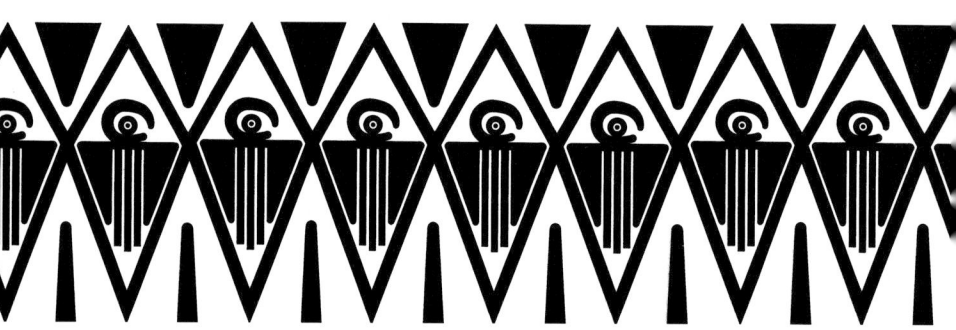

cultura la aguada

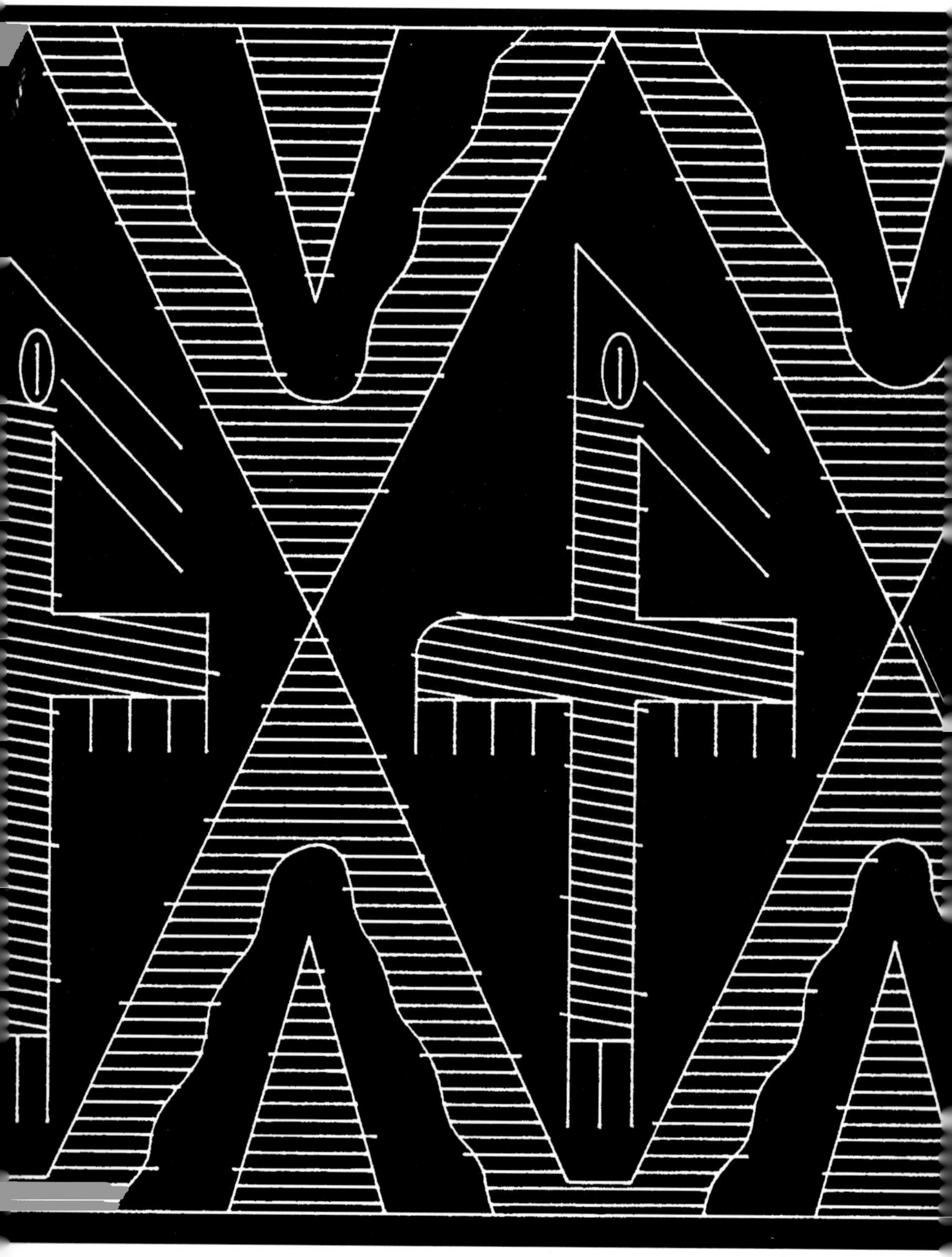

Murciélagos

Es posible que las manos con dedos retorcidos en forma de gancho, que aparecen en muchas imágenes de La Aguada, estén representando las patas de los murciélagos, con sus pelos sensibles y sus fuertes uñas. **[figura k]**

Murciélagos y murciélagos vampiros, como todo ser de la noche, la oscuridad o lo subterráneo, gozarían de respeto por relacionárselos con fuerzas ocultas y contacto con el mundo de los muertos. De allí surgiría el interés por lograr el beneficio de su intermediación entre lo cotidiano y lo oculto.

En varias culturas americanas el murciélago aparece asociado con la muerte, como su portador o emisario. Y también como ejecutor. Teniendo en cuenta la aceptación de mundos 'paralelos', el murciélago, con su poder de corte, estaría simbolizando la división de etapas, el fin de un estado para acceder a otro.

Entre los mapuches, se elegían para las Rogativas jóvenes varones vírgenes, designados 'vampiros machos'. Actuaban como orientadores de las ceremonias mientras mantuvieran su condición, perdiendo ese cargo honorífico cuando la abandonaban [28]. Los guaraníes lo consideraban rey de las tinieblas [29].

Por otra parte, estos animales debieron ser también valorados por asuntos terrenos de comprobación empírica. El guano que se acumula en los pisos de las cuevas, cavernas y bajo los árboles que habitan es rico en nitratos: es muy combustible y generador de altas temperaturas durante su fermentación, por lo que pudo ser útil para calentar hornos cerámicos para cocción en atmósfera reductora. También es un excelente fertilizante.

Los agricultores, aún hoy, lo asocian con la sequía por su costumbre de salir sólo en noches serenas.

---

[28] Guillermo E. Magrassi y Juan Carlos Radovich, 1986. [29] Lucía Galvez, 1995.

Colección Di Tella. Museo Nacional de Bellas Artes.

[figura k]

Los murciélagos insectívoros habrían jugado un papel importante en la preservación de los cultivos, ayudando a exterminar plagas. En su dieta se incluyen ciertas polillas, cuyas larvas se alimentan de la planta del maíz. También debieron conocerse las propiedades antisépticas y anticoagulantes de la saliva de los murciélagos vampiros. La piel de estos animales es muy suave. Aunque no existen evidencias en la Argentina, pudo haberse usado para vestimenta: según Pedro Pizarro en su *Relación del descubrimiento y conquista del Perú* (1571), el Inka Atahualpa tenía un manto hecho con ella.

Rituales invocando murciélagos, como surge de representaciones dibujadas y modeladas en cerámicas o de hachas ceremoniales fundidas en bronce donde se distingue claramente el perfil de la cabeza de estos quirópteros pudieron, además de responder a cuestiones míticas, procurar beneficios a la comunidad con sus virtudes y conjurar el mal que podían producir al transmitir la rabia y la tripasonosis (enfermedad del sueño) contagiando a humanos y auquénidos. Estos últimos, como viéramos al referirnos a la Cultura Ciénaga, de gran importancia en la economía regional.

Dardos y flechas

Aunque muy anteriores en el tiempo, las imágenes de personajes con dardos o lanzas en las cerámicas y pinturas rupestres de La Aguada podrían explicarse por medio de rituales de las culturas del período posterior, en las que habría perdurado esa costumbre. Cuando los europeos llegaron al NOA, observaron que los diaguitas frecuentaban unos sitios a los que llamaban 'mochaderos' (por derivación del quichua 'mocha': adorar, reverenciar). En los mochaderos realizaban ceremonias clavando flechas, dardos o estacas en el suelo y manchando sus extremos con sangre de algún animal.

Esas ceremonias se realizaban, entre otras cosas, para oficiar alianzas guerreras, en las que cada grupo participante enviaba una flecha como señal de aceptación [30]. El padre Bernardo de Torreblanca cuenta en su *Relación histórica de Calchaquí* (1696) que el falso Inka Pedro Bohorquez, durante el alzamiento que lideró entre 1656 y 1664 "llevó, cuando fuimos, grande cantidad de flechas. Y al día siguiente, después que llegamos, las repartió. Y yo no hice por entonces reparo, sino después que hice reflexión de la costumbre de los indios, que de aquella manera hacen su conjuración para romper la guerra; y así es frase común entre los Indios, recibieron la flecha, esto es, admitieron la guerra, se confederaron".

En algunas de las representaciones de las cerámicas se ven figuras de mujeres participando del ritual [31]. Esto podría estar asociado con la costumbre, aún presente en algunos pueblos del altiplano y de Perú, de realizar matrimonios para concretar alianzas.

---

[30] Teresa Piossek Prebisch, 1976. [31] Alberto Rex González, 1998.

[figura l]

[figura l] y **[figura m]** Recreaciones imaginarias, basadas en las escenas representadas en las cerámicas, de cómo pudo ser la indumentaria lucida por los chamanes de La Aguada.

[figura m]

Colección Rosso. Museo Ambato, provincia de Córdoba.

Colección Rosso. Museo Ambato, provincia de Córdoba.

Colección Mario Broderson.

Colección Di Tella. Mueso Nacional de Bellas Artes.

Colección Rosso. Museo Ambato, provincia de Córdoba.

Las imágenes de felinos panza arriba pueden derivar de la observación de la naturaleza o tener una explicación ritual. Los felinos se ponen panza arriba en actitud de rendición o sometimiento forzado o voluntario. Las hembras en celo juguetean panza arriba con el macho para atraerlo. El puma se vale de la curiosidad del guanaco joven para cazarlo; procura mostrarse patas arriba y cuando el guanaco se acerca a mirarlo, lo atrapa [32]. Un jaguar que ingresa por error o sin intención de pelea al territorio de otro, se pone panza arriba para demostrar sus intenciones pacíficas.
En lo concerniente a lo ritual, de épocas históricas sabemos que quienes tenían la capacidad de

'transformarse' en jaguares ('uturuncos' en el NOA, 'capiangos' en la Región Mesopotámica, 'yaguareté-abá' entre los chiriguanos y guaraníes) iniciaban su metamorfosis colocando en el suelo algún fragmento del cuerpo de estos animales que llevaban siempre con ellos (un hueso, un trozo de piel, etc.). Después se recostaban boca arriba sobre él y comenzaban a lanzar manotazos al aire ('zarpazos') iniciándose así la transformación [33].

32 Clemente Onelli, 1922. **33** Perla Montiveros de Mollo, 1996.

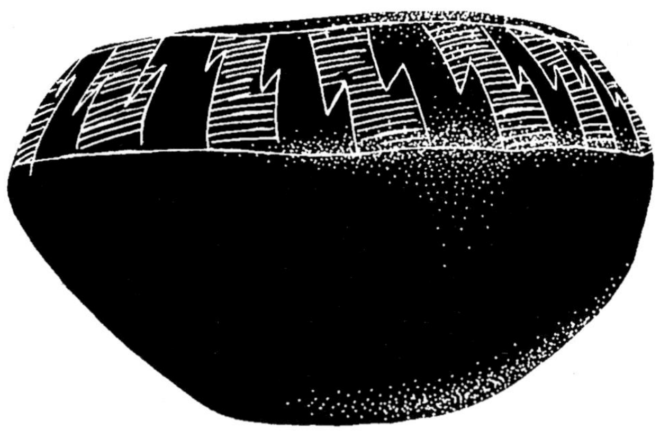

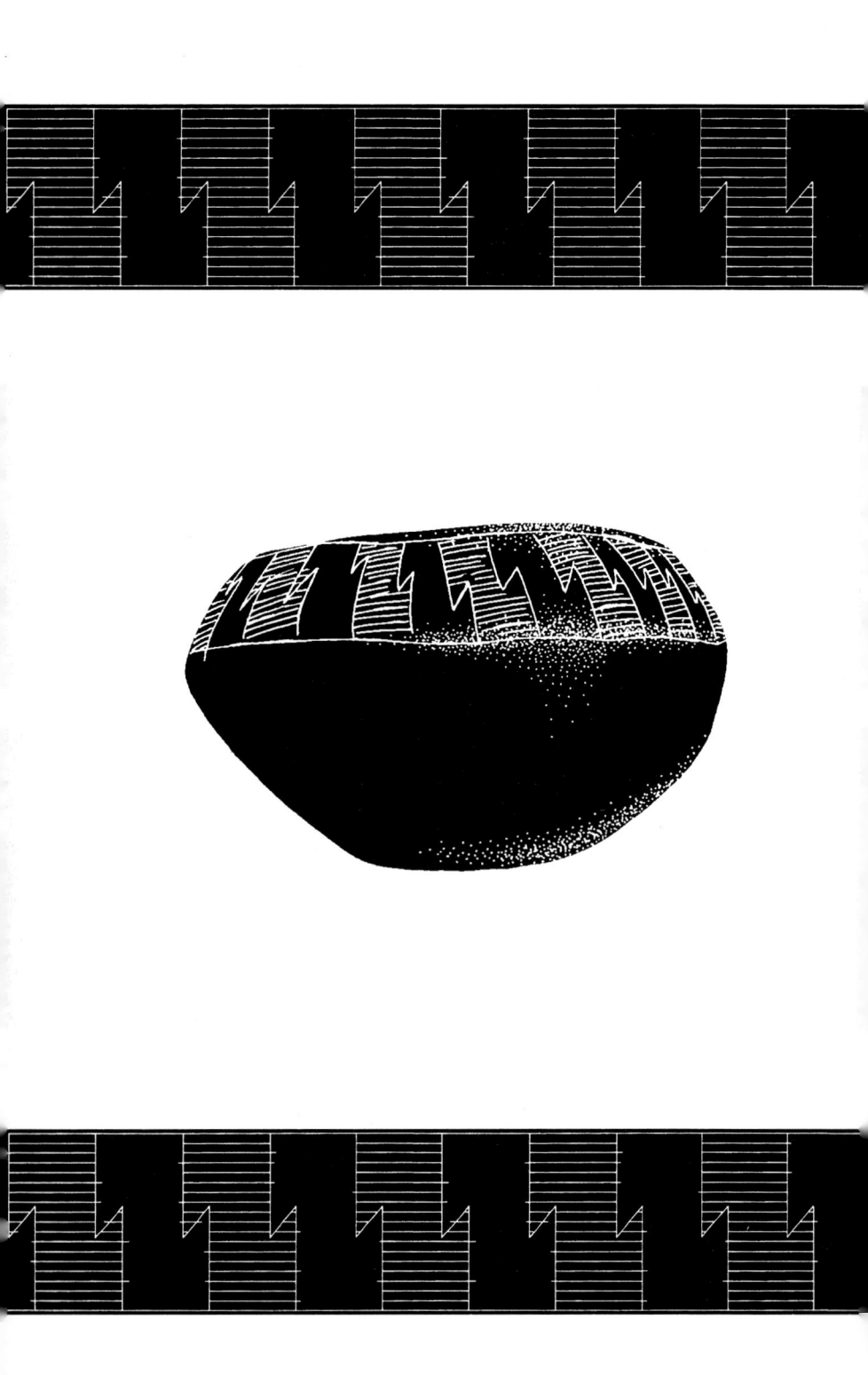

Colección Di Tella. Museo Nacional de Bellas Artes.

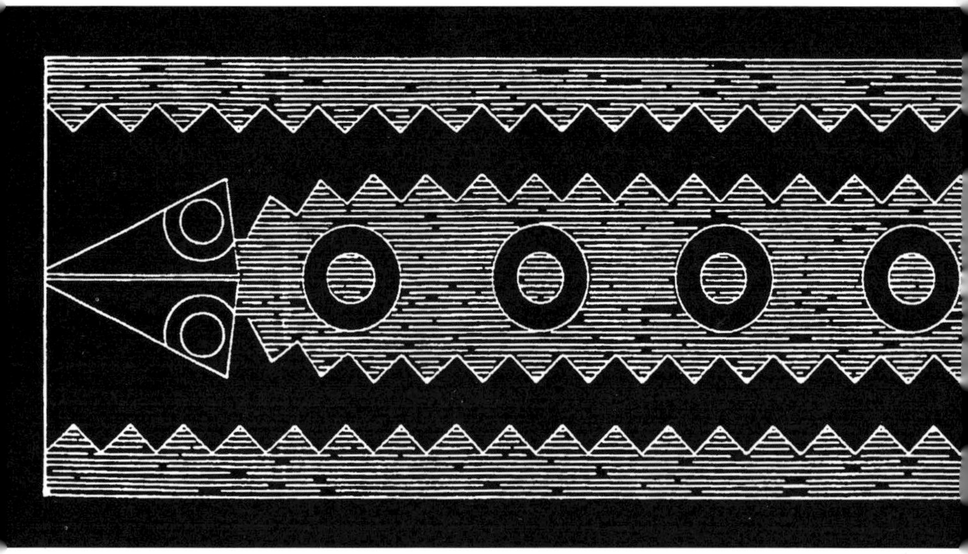

cultura la aguada

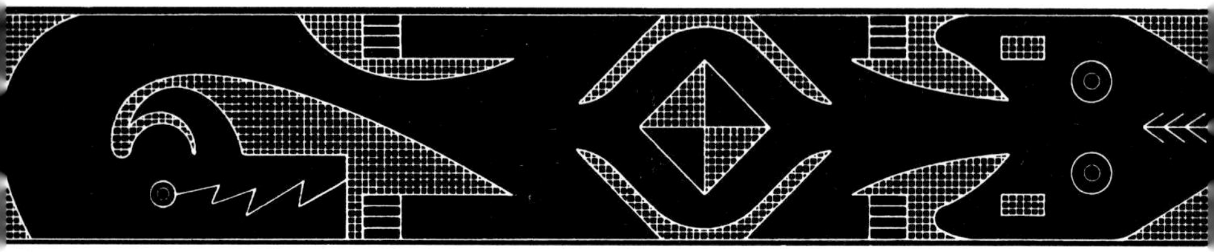

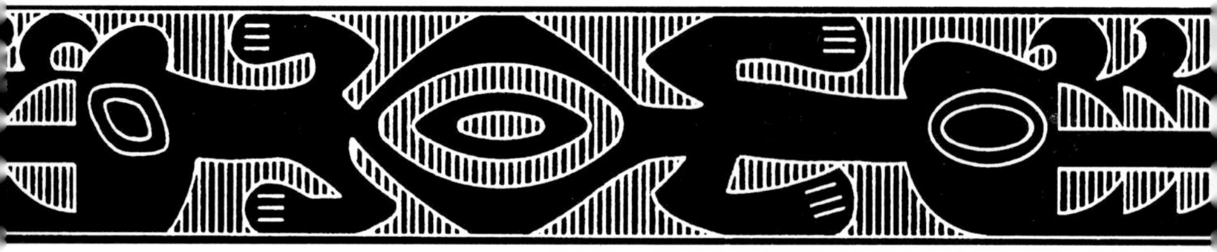

cultura la aguada

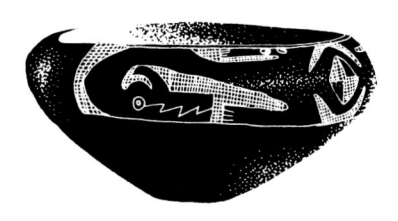

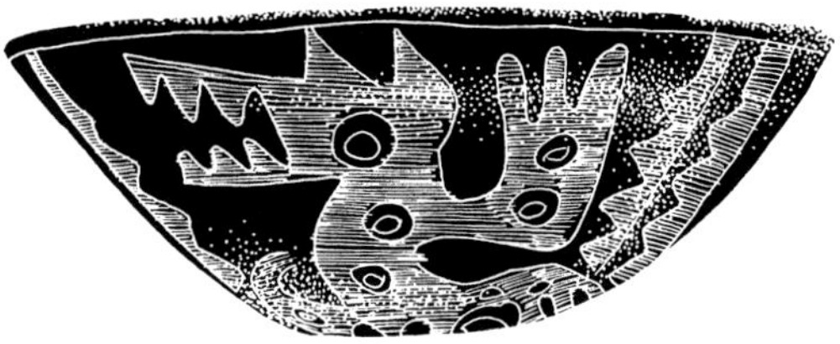

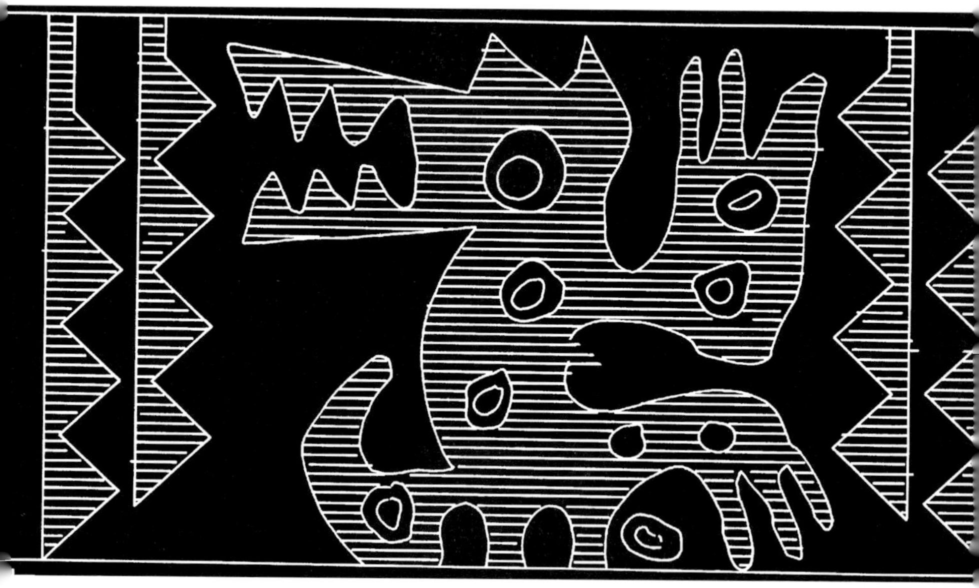

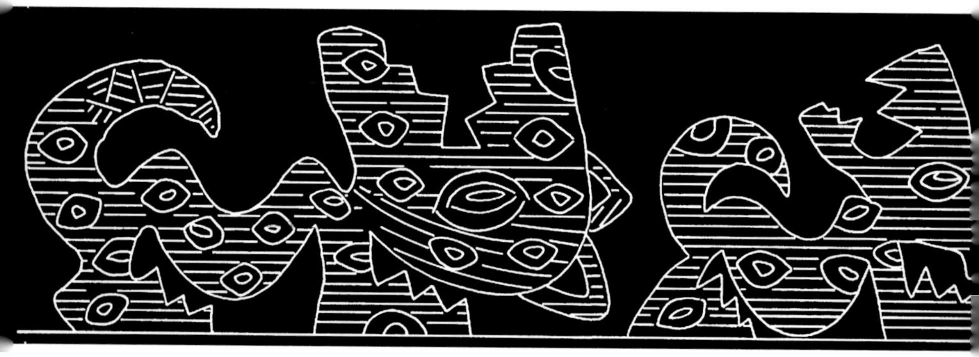

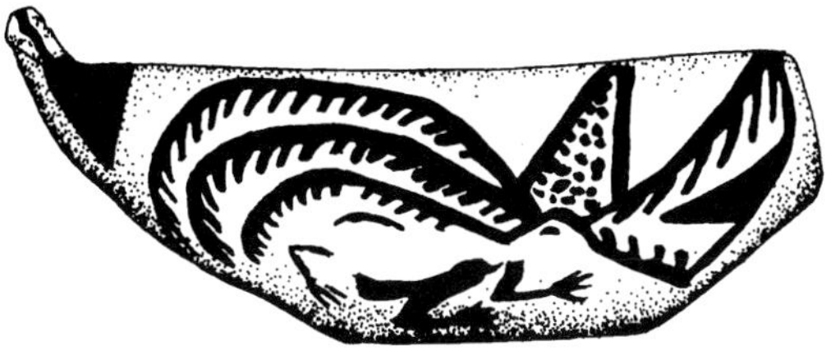

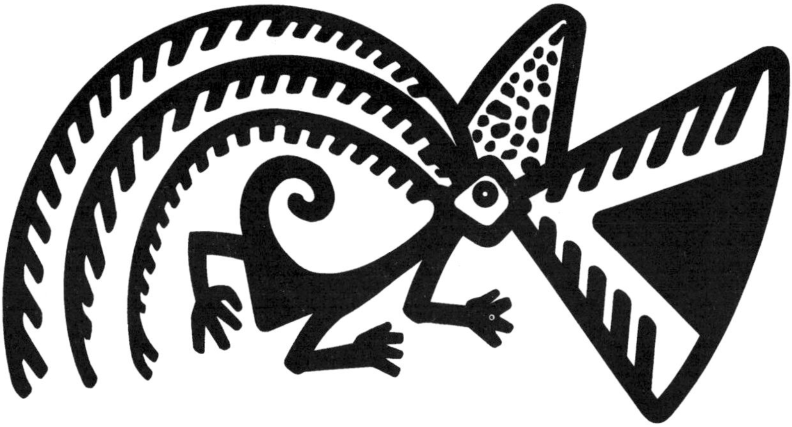

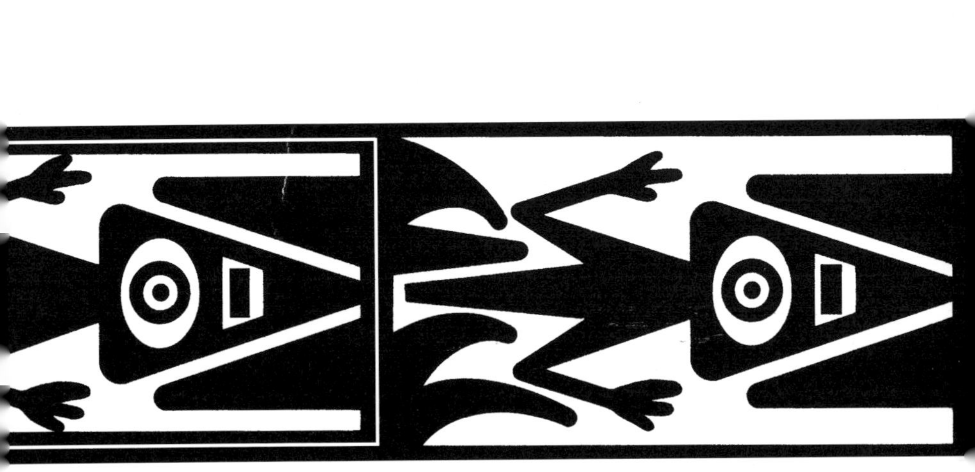

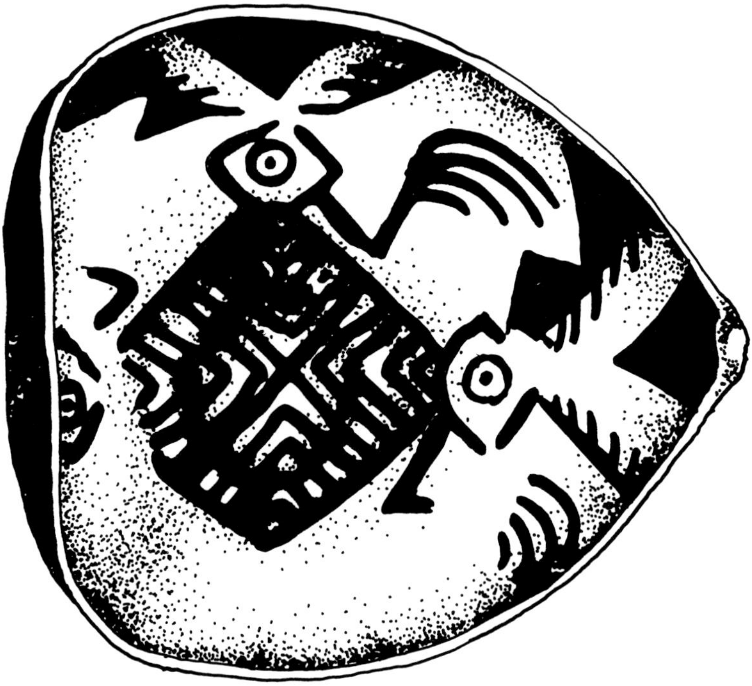

cultura la aguada

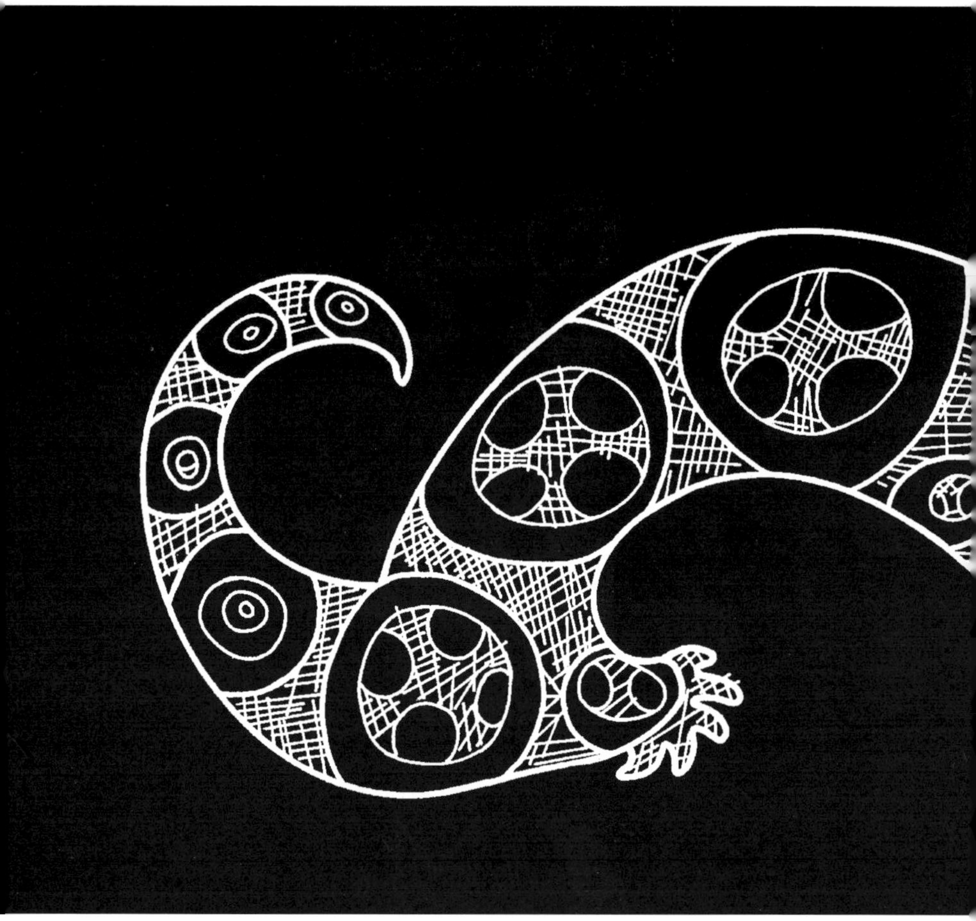

cultura la aguada

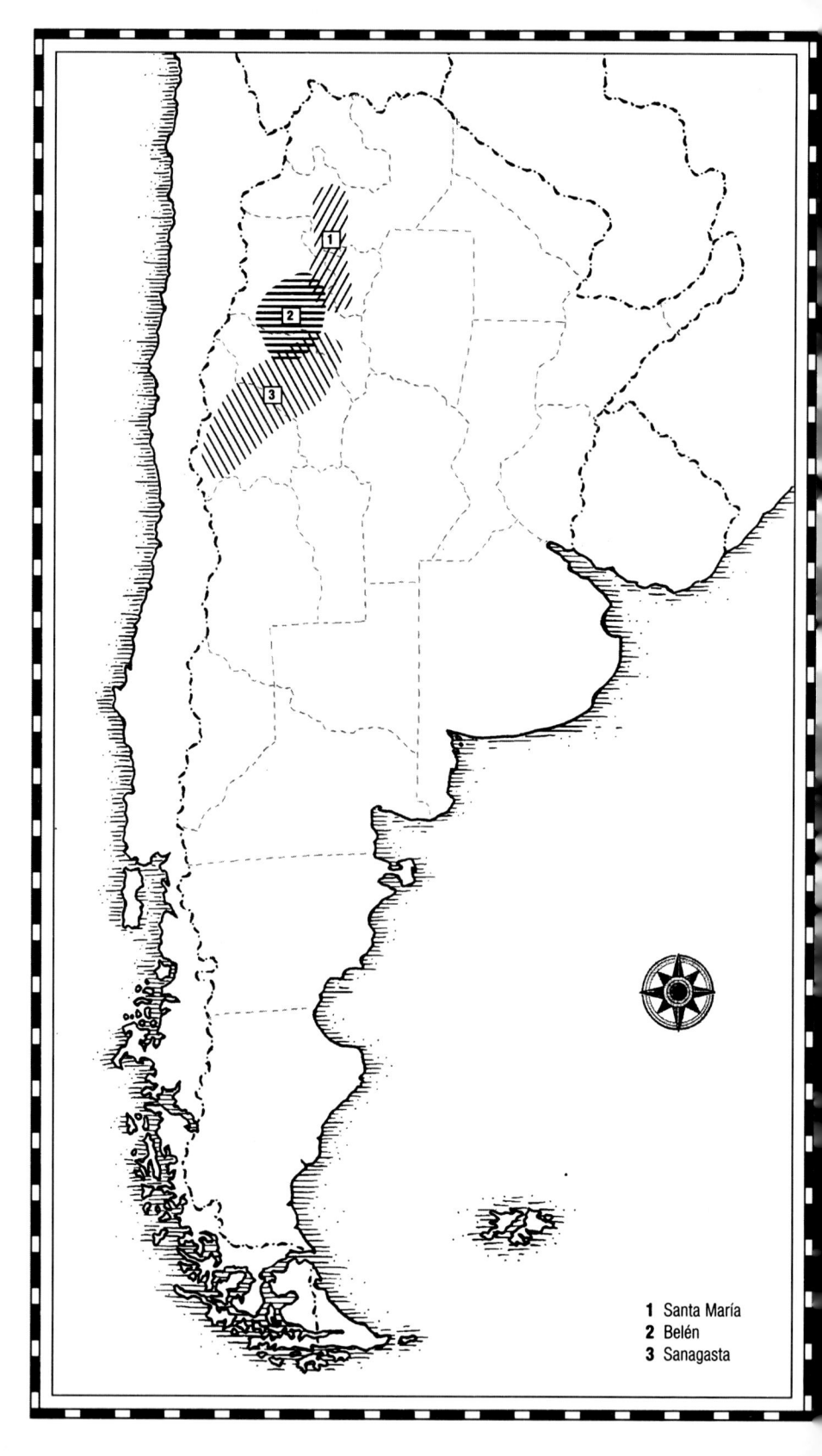

1 Santa María
2 Belén
3 Sanagasta

Culturas Santa María, Belén y Sanagasta

Esta trilogía estaba conformada por los pueblos que dieron origen a los que vulgarmente se conoce como diaguitas. Si bien sus modos de vida y religión eran similares, sus lenguas –o quizá dialectos de un mismo origen– eran diferentes: calchaquí, cacano o diaguita y capayán, respectivamente. Sus orígenes, aunque inciertos, también serían diferentes: mientras Santa María y Belén tendrían buena parte de su ascendiente en pueblos andinos del norte, el de Sanagasta sería de origen cuyano [34]. Sus cerámicas, aunque asociables en cuanto a técnica, presentan elementos decorativos que las diferencian.

Una cuarta entidad cultural, San José, representaría la transición entre el Período Medio (o Formativo Medio) y esta trilogía del Período Tardío (o de Desarrollos Regionales). En sus cerámicas se ven símbolos asociables con La Aguada y con Santa María, Belén y Sanagasta.

En **Santa María** la profusión de dibujos es inagotable: geometrizaciones, guardas, anfisbemas , humanos, seres felinizados, figuras anatrópicas, aves y grecas de aspecto ingenuo; en las más diversas combinaciones y con el aparente obsesivo intento de no dejar huecos libres de decoración sobre la superficie de las piezas.

En **Belén** las decoraciones son menos cargadas y se reiteran figuras de chinchillones, serpientes con cuerpo de dos volutas y una

---

[34] Salvador Canals Frau, 1973. Esta teoría es discutida en la actualidad.

cabeza surgiendo de ellas, suris y saurios con cuerpos reticulados. En **Sanagasta** la decoración es abstracta, resultando difícil determinar su origen. Para algunos derivaría de aspectos de diseños de La Aguada y para otros estaría imitando las vainas del Cebil o el Algarrobo. A nuestro entender, muchos de los dibujos derivarían de modos de representación del caparazón del quirquincho.

En estas culturas las representaciones no eran caprichosas, pretendían transmitir información por medio de códigos, donde cada símbolo tenía algún significado preciso que difundía un conocimiento.

La inclusión de una cruz en el interior del cuerpo de algún animal, por ejemplo, estaría indicando una asociación, un rasgo de unión. Así, un batracio y un suri marcados con una cruz estarían asociados por una idea común [35]. La presencia de batracios estaría también vinculada con experiencias medicinales de comprobación empírica, ya que sus secreciones se utilizaban por sus propiedades antibióticas y potenciadoras de otras sustancias [36]. Las serpientes se asociaban con mitos de fecundidad y fertilidad.

Los seres, reales o imaginarios, respondían a configuraciones determinadas por cada especie o por narraciones específicas. Un análisis minucioso de relatos mitológicos y de la fauna permitiría comprender mejor qué quieren decirnos estos signos.

---

35 Héctor Greslebin, 1958. **36** Tobías Rosemberg, 1951.

Santa María

Escalonados, grecas, serpientes y espirales

Estos símbolos fueron usados en toda América, en innumerables variantes. Se han hecho diversas interpretaciones y quizá su explicación no sea una sola. Fueron adoptados por los diferentes pueblos y culturas bajo diversas circunstancias: contacto cultural, imposición pacífica o forzada, necesidad de expresión; de modo que una determinada morfología puede asociarse con un significado original o con nuevas y múltiples variantes de uso.

Los **escalonados,** generalmente constituidos por un triángulo con dos lados rectos y uno en zigzag, se asocian con los tres estratos cósmicos que la mayoría de las culturas adoptara como referente; con diversas subdivisiones, según el caso. Los modelos en los que la imagen es menos geometrizada o con más de tres escalonamientos, suelen derivar de abstracciones de fauces y garras de seres míticos: quizá también están asociadas con lo cósmico, constituyendo símbolos de doble lectura.

Las **serpientes** se vinculan con cultos agrarios, con la fertilidad de la tierra. A veces sus formas se ven integrando líneas ondulantes, derivadas de maneras de representar a los batracios, relacionados con el agua y las lluvias. **[figura e]** página 50.

Las **espirales y grecas** suelen asociarse con el agua y cultos agrarios o de fertilidad. Se las ha comparado con el recorrido de los canales de riego en los campos de cultivo, que en sitios con depresiones eran terrazas dispuestas en espiral; o con la forma de algunos de esos cultivos. Entre los indígenas de México y el sur de los Estados Unidos, las espirales eran representación de los torbellinos producidos por las tormentas. Por otra parte, con el consumo de ciertos alucinógenos se producen en el subconsciente 'fosfenos' en forma de espiral [37].

Espirales y grecas están presentes en pinturas rupestres de toda América, incluyendo el NOA, los aleros de Cerro Colorado (Córdoba) atribuidos a los comechingones y cuevas y aleros de la cordillera en la Región Patagónica. En regiones amazónicas y andinas, una espiral doble aludía a fuerzas naturales y espirituales en permanente movimiento y oposición, concentrándose y desenvolviéndose (bien/mal; día/noche; desgracia/bienestar). Es posible que en muchos casos las formas espiraladas representaran recorridos chamánicos, a la manera de laberintos rituales, utilizados para arribar a un fin absoluto (como podría ser una tormenta) mediante la experiencia metafísica que implicaba el recorrido ritual. Ya fuera con la mirada, señalándolo con el dedo o con la mano, o siguiendo su recorrido en el suelo [38].

En la Cultura Tiahuanaco (norte de Bolivia y sur de Perú) las espirales y escalonados conformaban el símbolo del ídolo de Copacabana (Kjopa Kawaña). Su adoración perduró entre los inkas y hasta épocas hispánicas, y muchos de estos diseños pueden estar aludiendo a él [39].

---

[37] Felipe Cárdenas, 1998. [38] Sig Lonegren, 1991. [39] Gil Coimbra, 1944 y José Antonio Pérez Gollán, 1986.

cultura santa maría

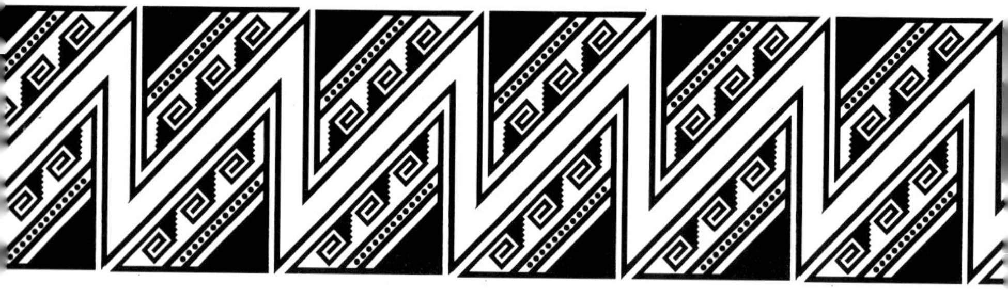

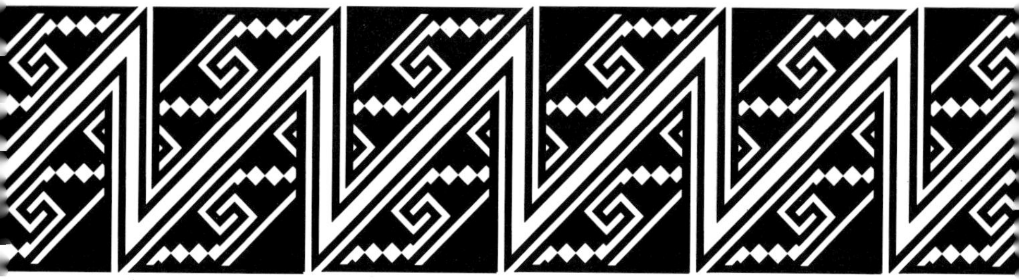

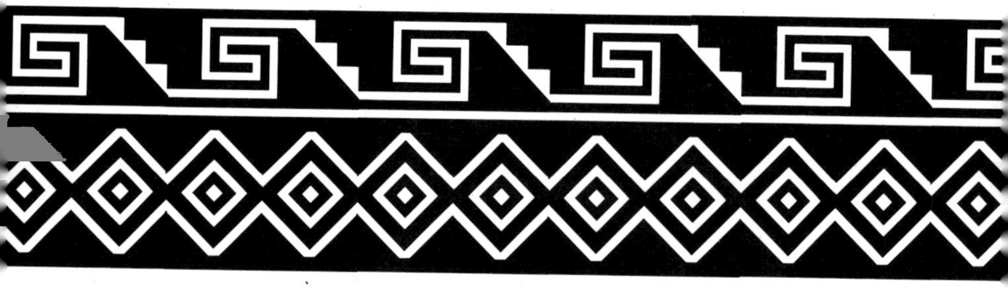

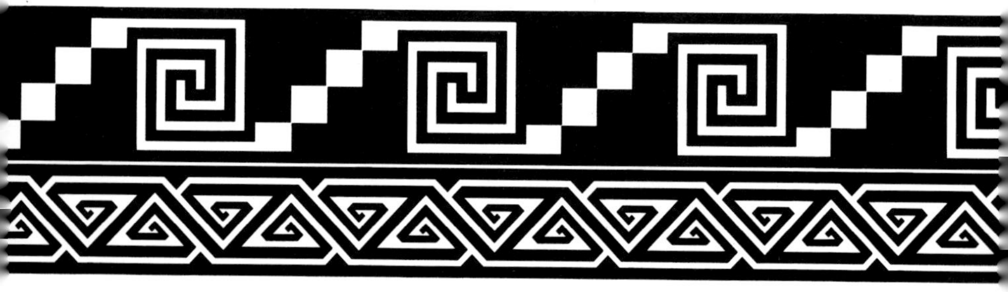

cultura santa maría

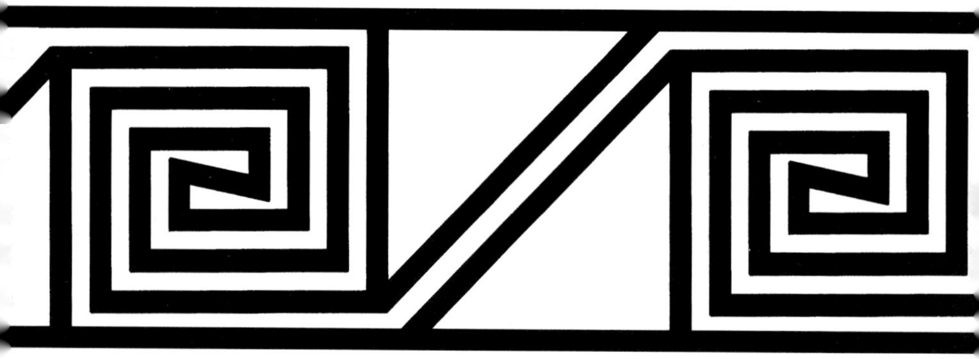

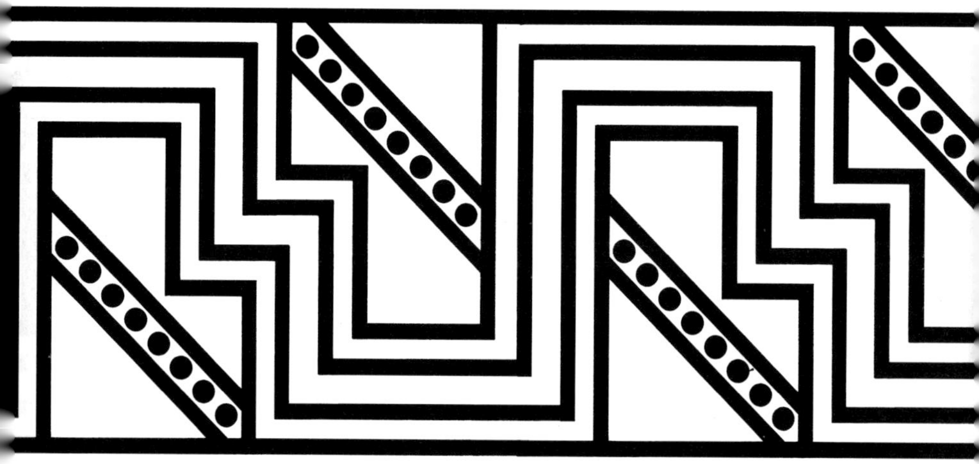

cultura santa maría

cultura santa maría

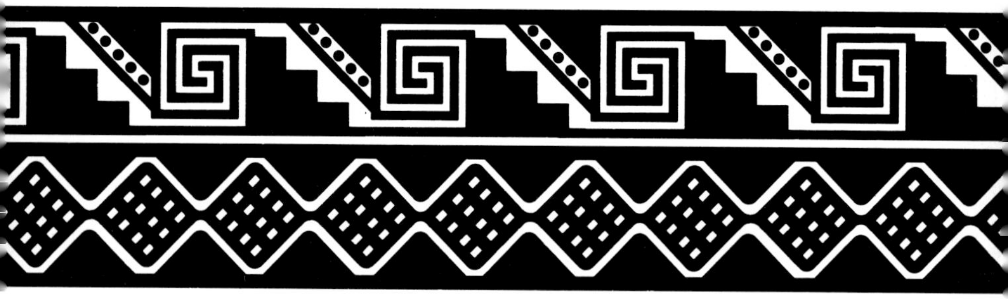

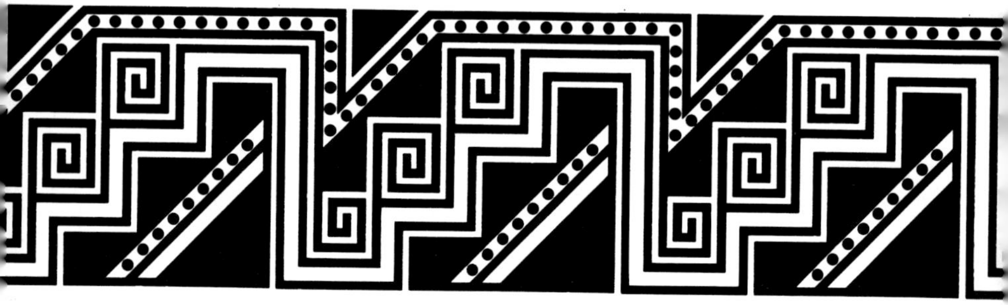

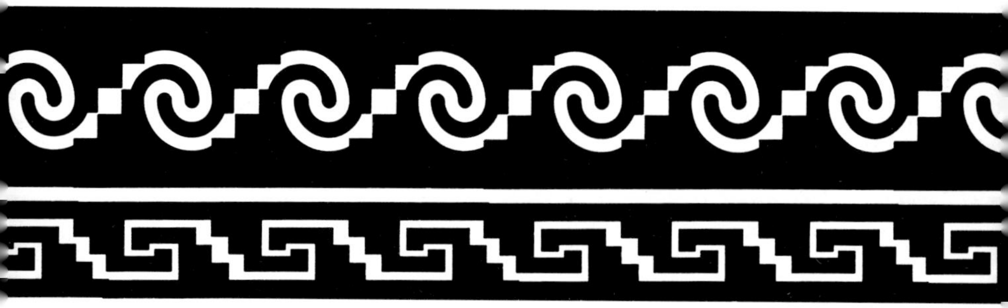

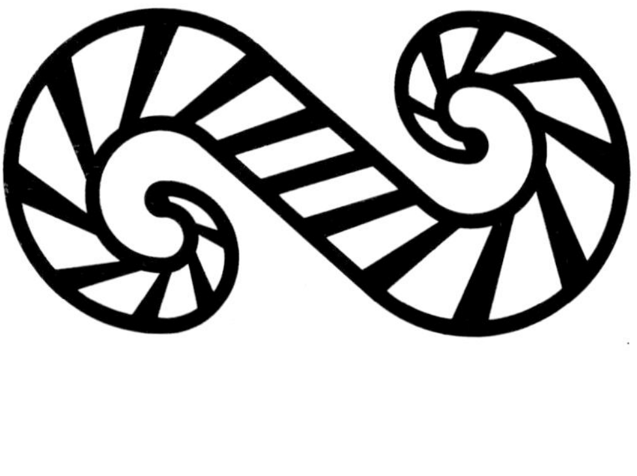

cultura santa maría

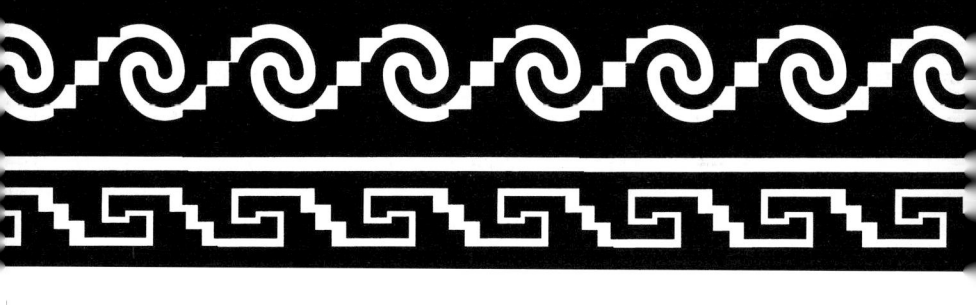

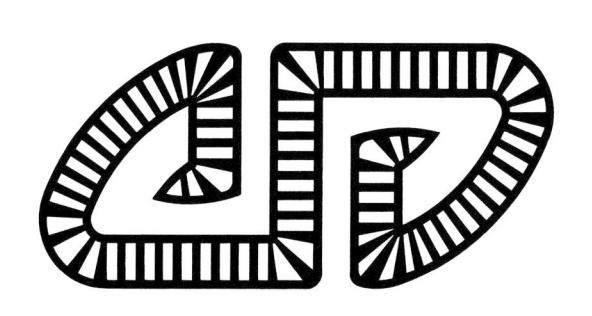

129

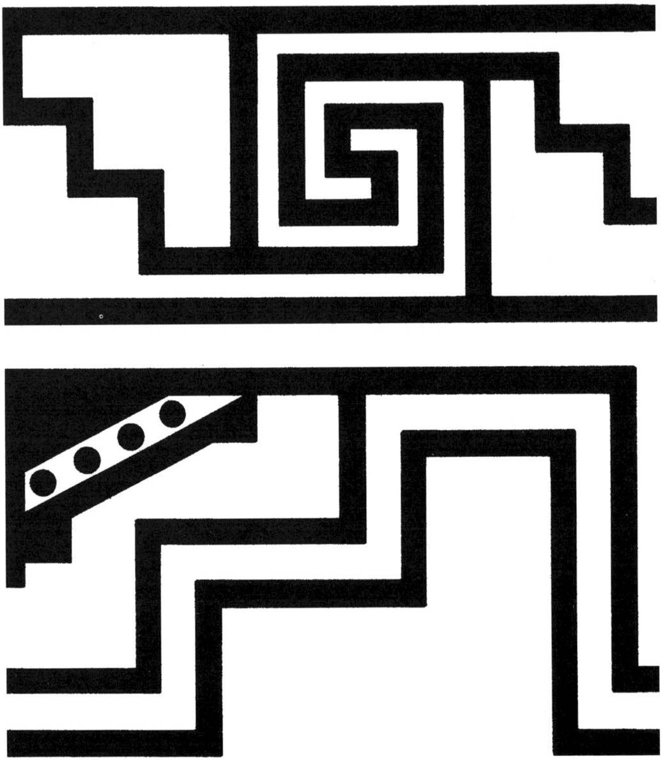

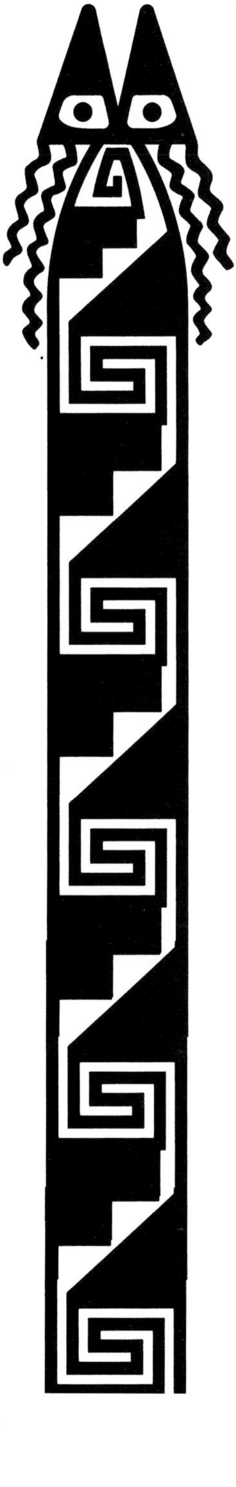

132

cultura santa maría

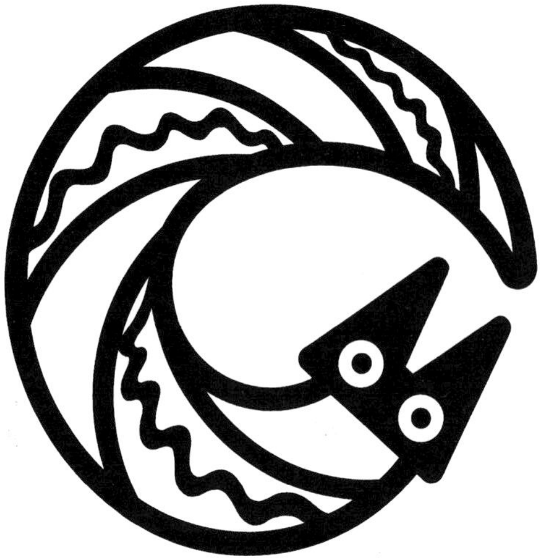

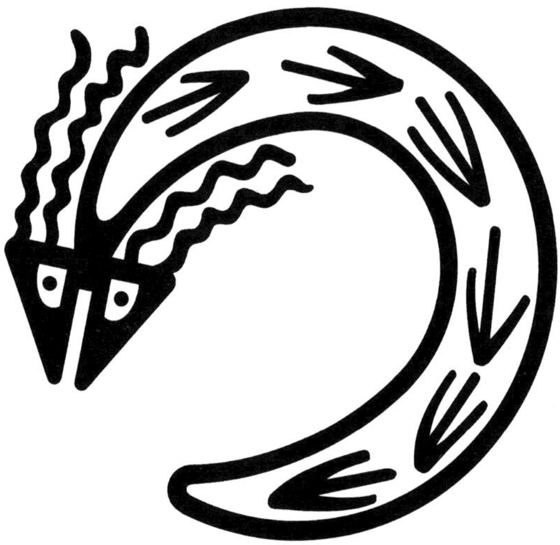

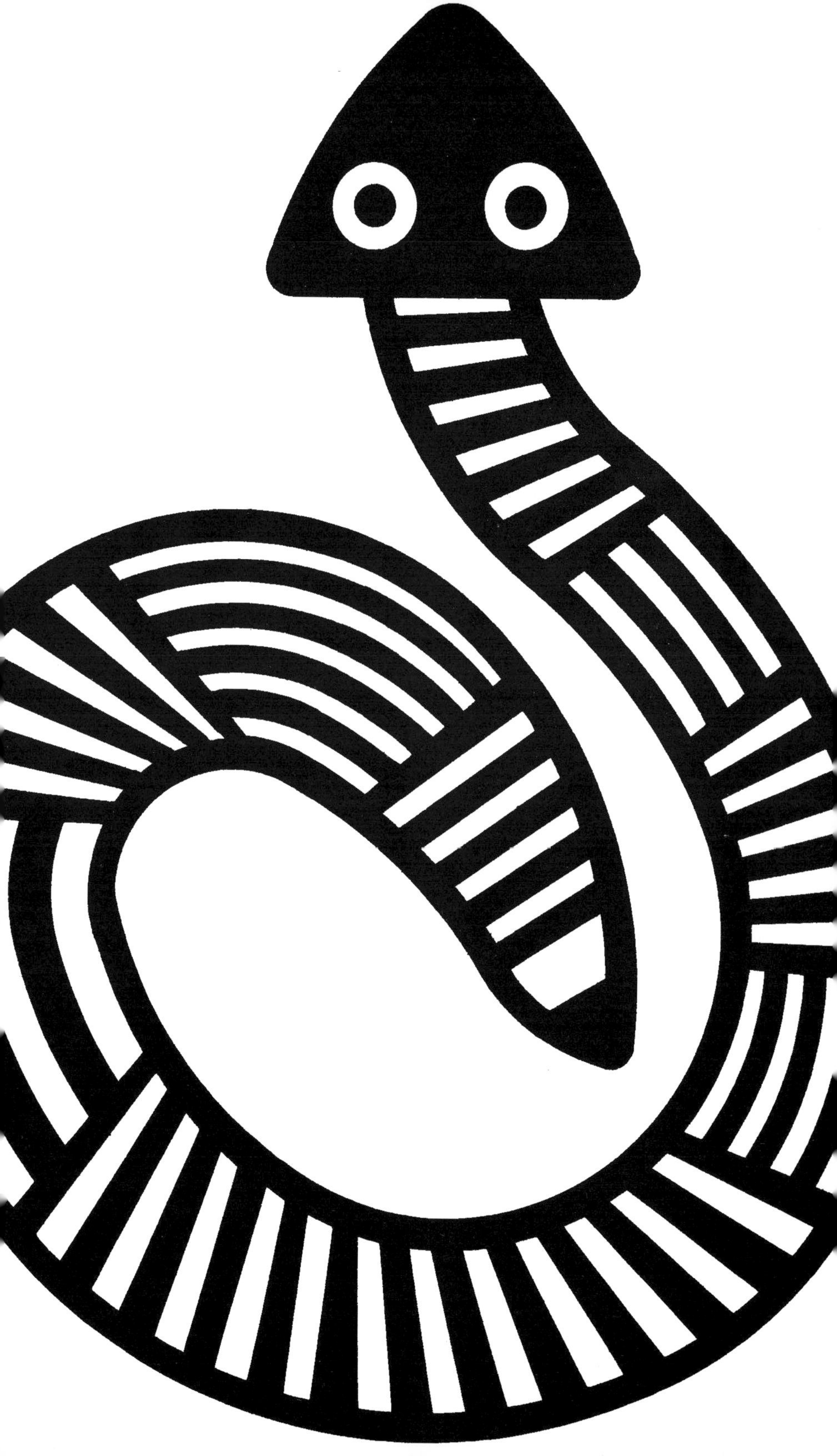

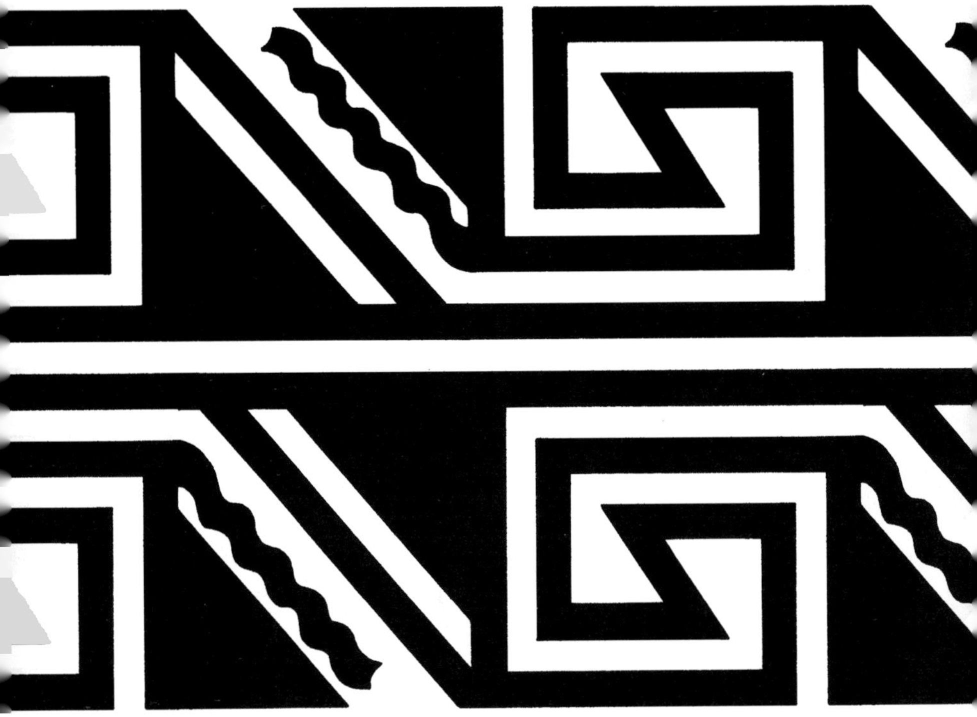

cultura santa maría

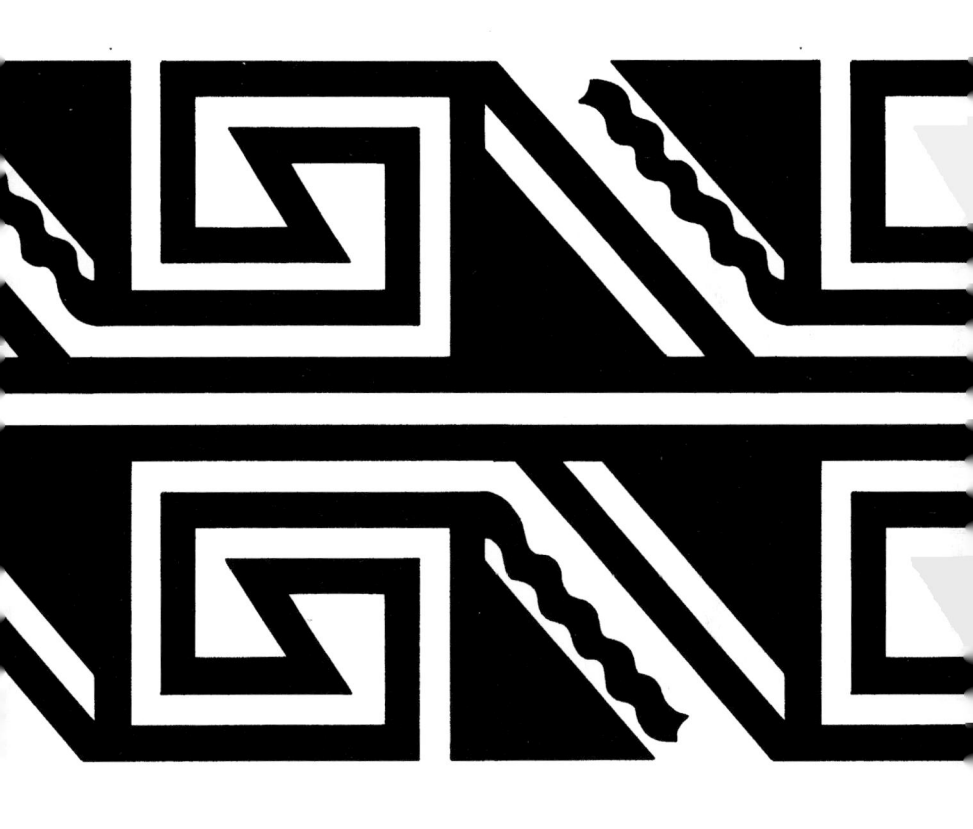

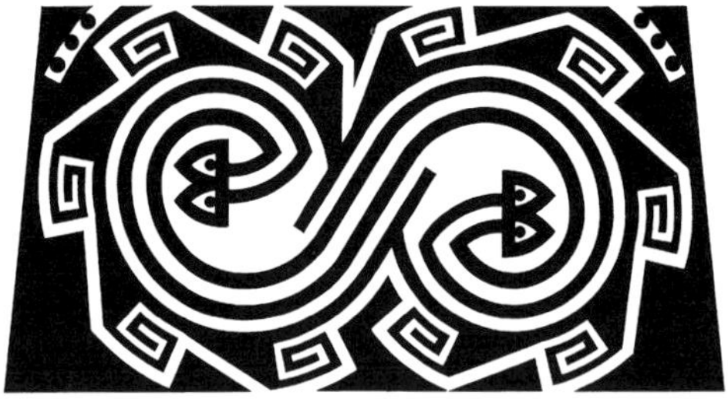

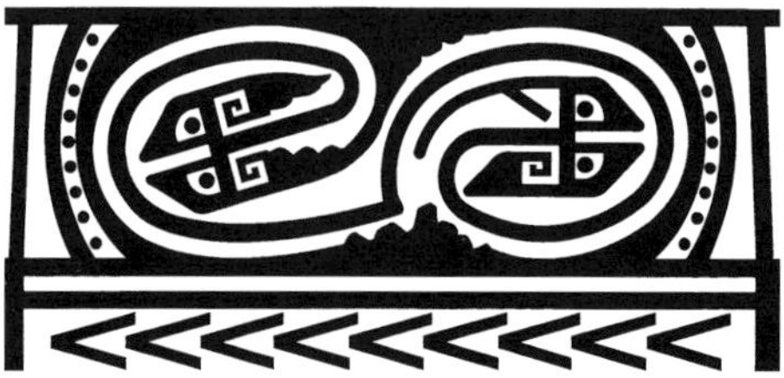

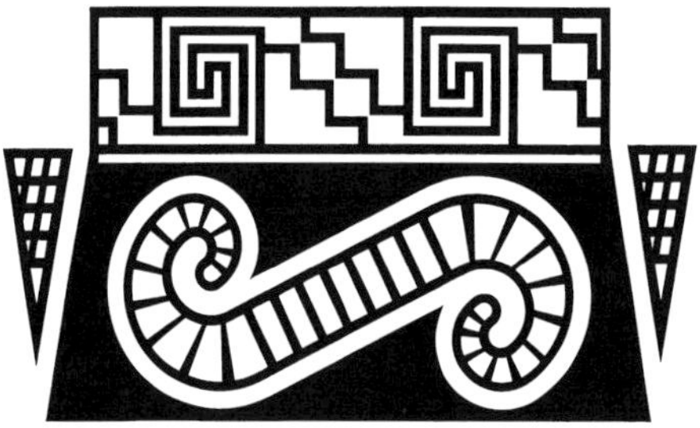

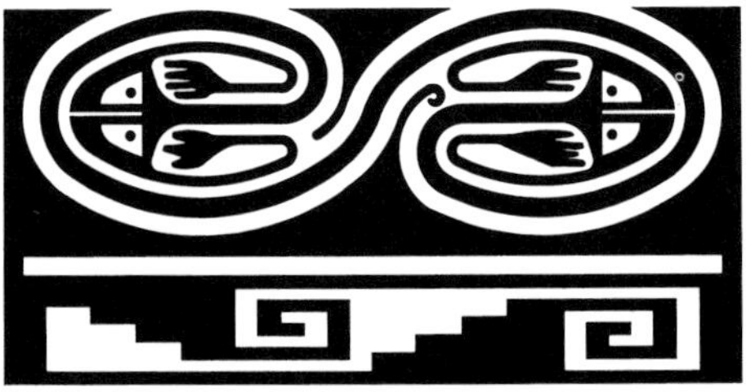

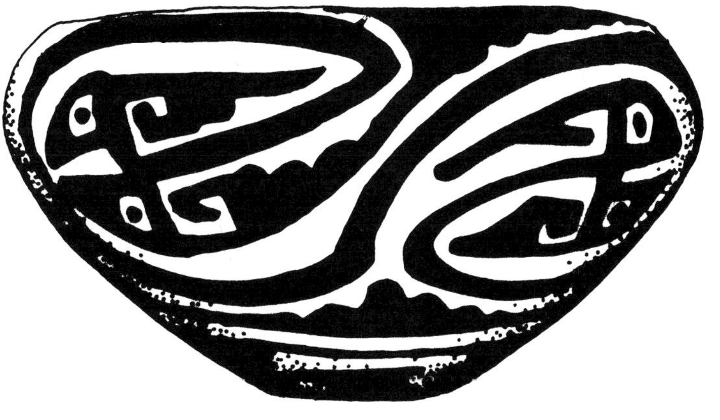

El avestruz

Existen varias especies de avestruz: la de las llanuras arenosas de Brasil, Perú y norte de Chile llamada por los guaraníes 'ñandú'; la de las zonas llanas del NOA a la que conocemos por su nombre indígena suri ; la de bajo porte habitante de la Patagonia llamada por los tehuelches del sur 'oóiu'; y otras de las llanuras pampeanas, conocidas con su nombre mapuche 'choique'.

Ciertos gambeteos, descriptos como bailes, que estas aves realizan antes de las tormentas, motivaron que los antropólogos las asociaran con las lluvias. Llegándose a definir al avestruz, que aparece frecuentemente pintado en las cerámicas, como representación de la nube. Y a la serpiente —que a veces cuelga de su boca— como el rayo, basándose en cultos peruanos de adoración a las fuerzas naturales [40]. El Lic. Juan Polo de Ondegardo explica en su *Relación de los adoratorios de los indios de los cuatro caminos que salían del Cuzco* (1571): "... es común adorar al sol, la luna, estrellas, el lucero de la mañana, y de la tarde, las Cabrillas y otras estrellas. Los serranos particularmente adoraban el relámpago, el trueno, el rayo, el arco del cielo, las tempestades".

Si bien los bailes son ciertos y la asociación con las tormentas posible, los avestruces eran apreciados por otras cualidades, a las que en todo caso habría que sumar la de predecir las lluvias.

Los machos pelean entre sí, y con las hembras, para reunir el mayor número de ellas. El vencedor se asegura el mejor sitio para nidificar, incubando los huevos de varias de sus hembras a la vez y son muy celosos en la defensa del nido. Estas actitudes hacen que se lo considere un animal viril y valiente, cualidades por las que se lo respeta y admira.

La mayoría de los avestruces que aparecen en las cerámicas responden a la imagen del macho cortejando a la hembra: el cuello erguido, las patas algo flexionadas, las alas bajas y semiabiertas. En esa posición ensaya arremetidas con las que pretende conquistar a la hembra [41]. La línea serpenteante saliendo de su pico, a veces con cabeza y otras sin ella, podría ser una figuración del sonido que emite el macho en celo, similar a un fuerte mugido. La representación de la voz mediante bandas o líneas saliendo de la boca fue un recurso practicado por diversas culturas de América. La serpiente, símbolo de fecundidad, estaría vinculando al sonido con ese simbolismo.

En algunas regiones del NOA aún perduran los samilantes, hombres vestidos con plumas de avestruz que danzan en determinadas festividades. También existen allí pinturas rupestres representando ceremonias de iniciación donde se ven suris acompañando la escena.

Los cronistas cuentan que, en Santiago del Estero, se realizaban ceremonias en memoria de los difuntos con presencia de avestruces, en la creencia de que las almas de los difuntos transmutaban a los suris. Un avestruz muerto era también regalo u ofrenda que se hacía a los chamanes [42].

Tonocotes, lules y vilelas vestían plumas de avestruz para ir a la guerra, seguros de que así se imbuían de su valor. Otro tanto hacían los charrúas de Entre Ríos enrolados en el regimiento de *Dragones de la Muerte,* del caudillo Pancho Ramírez. En señal de bravura usaban una pluma de avestruz en sus morriones. También los gauchos *Infernales* de Martín M. de Güemes llevaban una pluma blanca de avestruz como símbolo de valor. Bartolomé Mitre, en su *Historia del General Belgrano,* afirma que la pluma de avestruz se convirtió en distintivo de las montoneras del Litoral desde su uso por los gauchos del caudillo Estanislao López en Fraile Muerto (1818).

En el sur, los tehuelches consideran a la Cruz del Sur como la huella de la pisada del choique, que para eludir a un cazador subió al cielo trepando por el arco iris.

40 Adam Quiroga, 1901 y Héctor Greslebin, 1958; compartido por Eric Boman, Samuel Lafone Quevedo y Juan B. Ambrosetti. **41** Francisco Javier Muñíz, 1885. **42** Padre Diego de Torres, 1927.

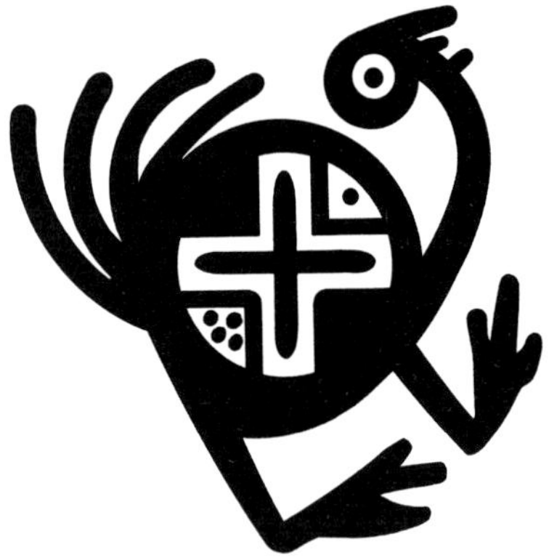

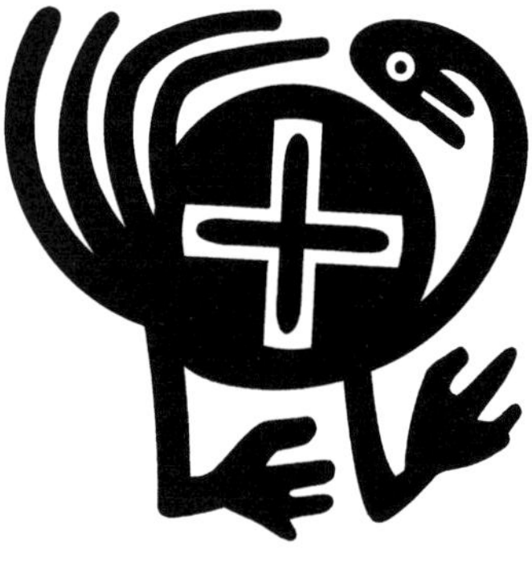

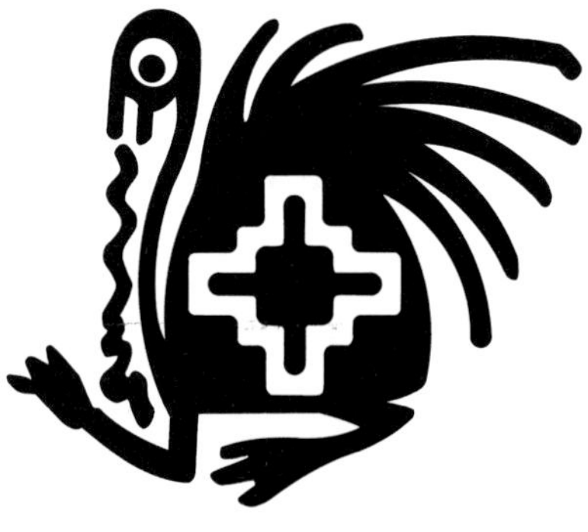

cultura santa maría

Los suris en celo producen
fuertes sonidos haciendo
vibrar sus fosas nasales.
(F. J. Muñiz, 1885)

cultura santa maría

146

Figura anatrópica (de doble lectura). La cabeza tiene mandíbulas y pico; si se tapa el pico se ve a un animal intentando morderse la cola, si se tapan las mandíbulas, se ve un avestruz. Esta forma de representación de las imágenes deriva de la Cultura La Aguada.

Serpiente de tres 'ojos': algunos dibujos que aparentan ser serpientes bicéfalas tienen cuerpo dentado o aserrado, cabezas triangulares sin partición en dos triángulos (como suelen verse representados estos reptiles), y círculos cefálicos semejando ser tres ojos.

Estos seres podrían tener inspiración en la naturaleza. Sus características responden a las de un parásito intestinal, donde el dentado podría estar imitando las fragmentaciones de los cuerpos de esos gusanos y los tres 'ojos' podrían ser las ventosas con las que se sujetan a las paredes del intestino. Las lombrices intestinales son frecuentes en el estómago de los avestruces, a veces en abundancia*. Francisco P. Moreno comenta que en su viaje a la Patagonia (1876/77) al abrir un avestruz recién cazado se encontró con que "alimentaba en sus intestinos una lombriz cilíndrica bastante desarrollada". Encontrar lombrices dentro de los aparatos digestivos de los avestruces debió ser una experiencia bastante frecuente entre los indígenas de diversas regiones, experiencia que quizá tuviera implicancias místico-religiosas.

---

* Francisco Javier Muñíz, 1885

La cruz

La cruz fue empleada en toda América con carácter cósmico-religioso en la decoración de ceramios, textiles, cueros y cestos. Fue un signo recurrente en la pintura rupestre, en templos y menhires, y en la estructuración de ceremonias. Tal proliferación hizo pensar a los primeros europeos en la posibilidad de apóstoles o evangelizadores que, precediendo a los conquistadores y adelantados, hubieran llevado la palabra de Dios al 'Nuevo Continente'. El historiador y obispo de Panamá Lucas Fernández de Piedrahíta, en su *Historia general de las conquistas del Nuevo Reyno de Granada* (1688), afirma que el apóstol San Bartolomé estuvo en América en tiempos bíblicos. El asunto de los apóstoles precolombinos aún se discutía a mediados del siglo XX [43].

La cruz, que con frecuencia puede verse en ceramios del NOA en el interior del cuerpo de batracios y suris, en las alas de algunas aves, o aislada, se interpretó en principio como simple rosa de los vientos. Cada brazo representaría una fuerza natural: el viento, la nube, el rayo y el trueno. De la intersección de los brazos, el cruce de estos elementos, se produciría la lluvia.

Sin embargo, la cruz respondía a asuntos más complejos y profundos. Su diseño representa una cuatripartición cósmica, donde el cruce de los brazos define las mediatrices de cuatro cuadrantes. El centro cuadrangular representa el sitio de partida, la propia situación espacial y centro ritual; el lugar desde donde la comunidad organizaba su situación en el Universo.

En el Popol Vuh, libro sagrado de los quichés de Guatemala, el asunto se explica así: "Habiéndose echado las líneas y paralelas del cielo y de la tierra, se dio fin perfecto a todo, dividiéndolo en paralelos y climas. Todo puesto en orden quedó cuadrado y repartido en cuatro

---

[43] Presbítero Eduardo Pérez Bravo, 1964.

partes como si con una cuerda se hubiera todo medido, formando cuatro esquinas y cuatro lados".

El Imperio Inkaico se estructuró desde el Cuzco, 'ombligo del mundo', con aquel concepto; donde cada Suyu responde a un cuadrante cósmico con determinadas características.

Los mapuches y las comunidades mapuchizadas de la Pampa y la Patagonia también se rigieron por la cuatripartición. Aún la respetan en sus rituales y en su principal ceremonia, la Rogativa o Nguillatún. El kultrún, tambor chamánico, lleva pintada en su membrana esta representación del cosmos. (Ver representación del cosmos mapuche en el capítulo correspondiente.)

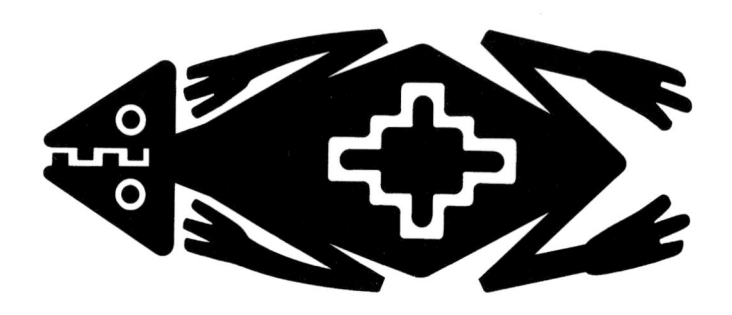

cultura santa maría

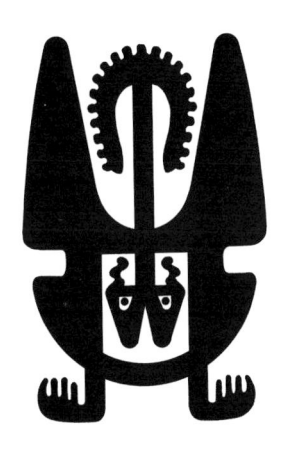

Unkus

Los personajes retratados participando de una ceremonia, chamanes o gente común, aparecen de frente con sus brazos en alto.
En una pintura rupestre de Antofagasta (Catamarca) se ve a un pastor de llamas con su rebaño asediado por un felino, levantando los brazos para intentar espantarlo. ¿Estarían los personajes con unkus espantando algún mal?
La actitud de levantar los brazos es, a la vez, gesto abarcativo y de protección. Función que ejercían los chamanes con la comunidad, encargándose de conjurar los males terrenos y sobrenaturales.
En ceremonias mapuches, los participantes recitan rogativas y gesticulan con los brazos empujando la oración hacia el cielo, para que llegue a oídos de los dioses [44].

---

[44] Gregorio Álvarez, 1981. [45] Boleslao Lewin, 1963.

Cómo se hacía un unku

1 Se tejía una pieza de tela más larga que ancha, con una abertura en forma de tajo longitudinal en el centro.
2 La tela se plegaba longitudinalmente, haciendo coincidir los extremos.
3 Se cosían ambos costados, dejando un tramo sin costura de cada lado, entre la última puntada y el pliegue de la tela.
4 Al vestir la prenda se pasaba la cabeza por la abertura central y los brazos por las aberturas laterales, de modo que el pliegue de tela caía sobre los hombros y parte de los brazos, formando dos mangas holgadas. Los bordes solían reforzarse con otras telas cosidas encima.

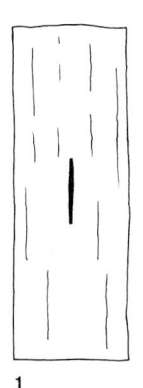

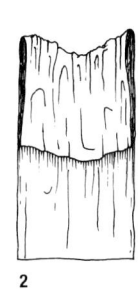

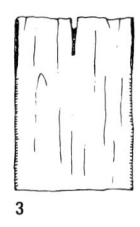

Los unkus podían tener diferentes largos de cuerpo: desde faldones cortos a largos hasta los tobillos. Las telas podían ser lisas o decoradas, dependiendo de la riqueza y jerarquía de su dueño. Según un cronista anónimo, el Inka Túpac Amaru (1740-1781) poseía un unku de lana corto, de color morado, bordado en oro [45].

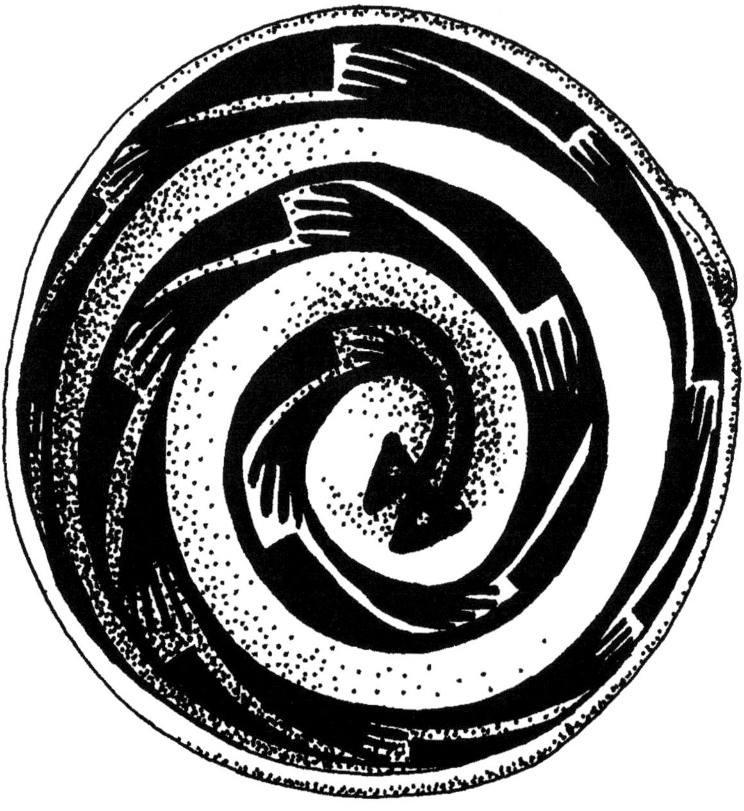

cultura santa maría

155

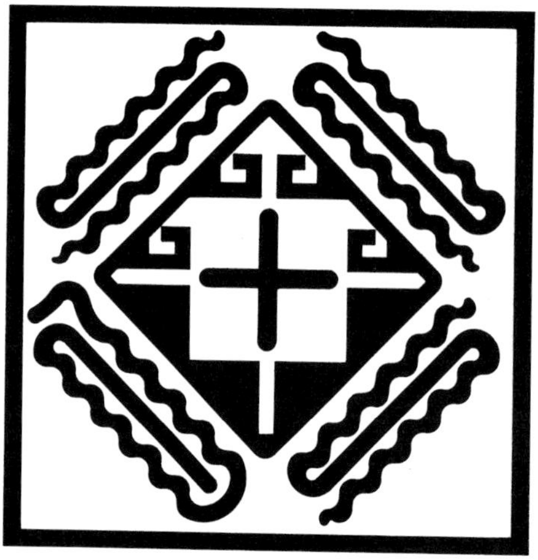
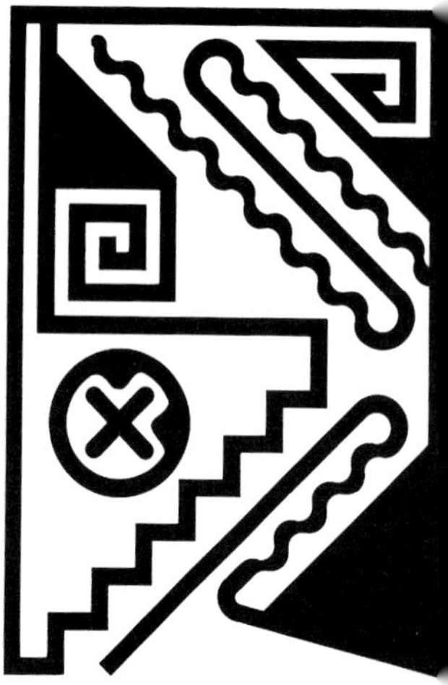
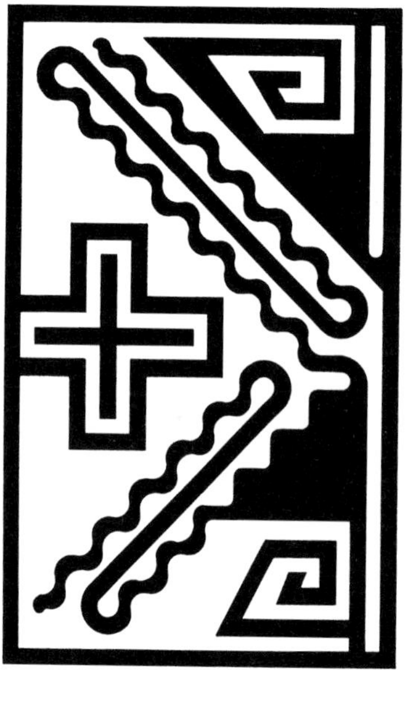
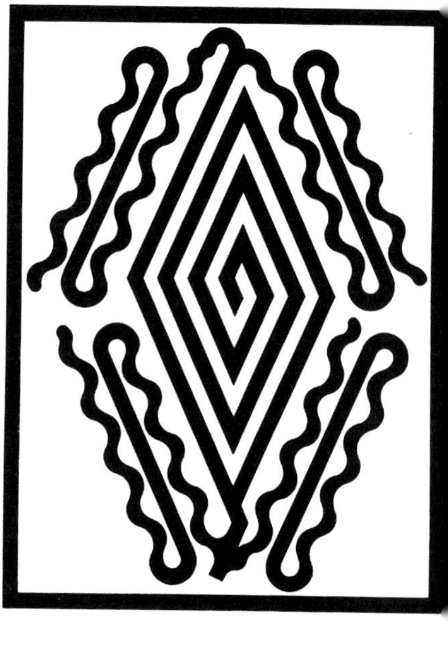

Abstracciones de figuras de batracios (ver **[figura e]**, página 50) dispuestas en el interior de un puco en forma de cruz cósmica-ritual.

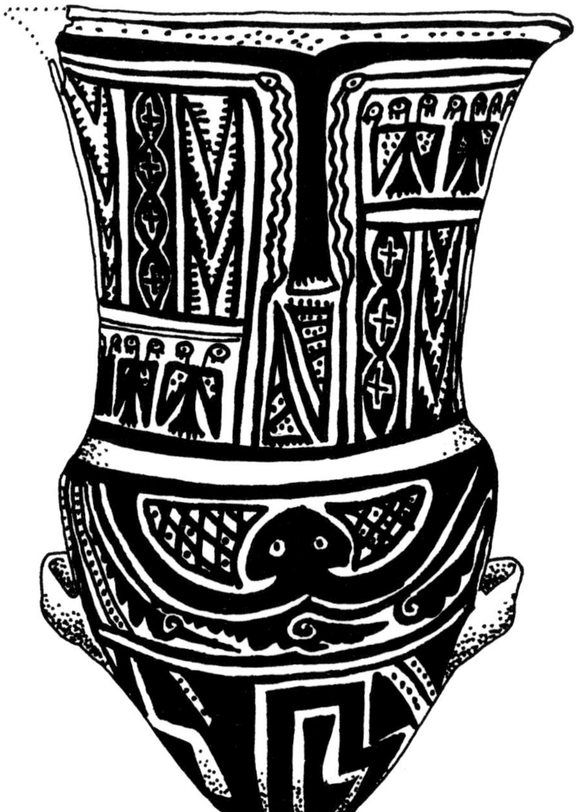

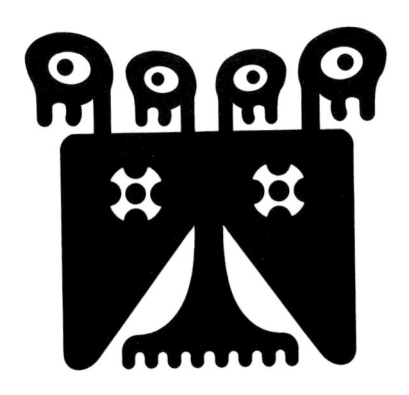

cultura santa maría

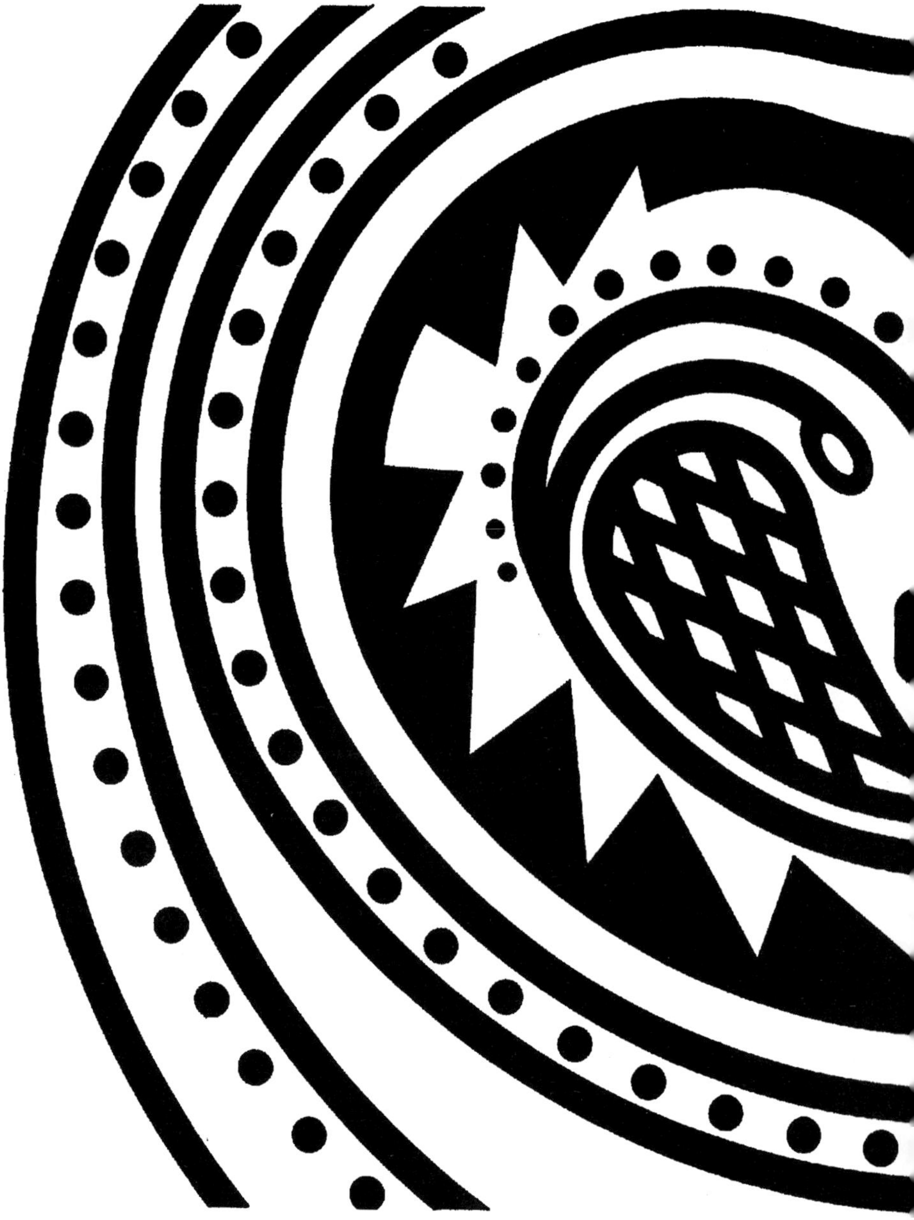

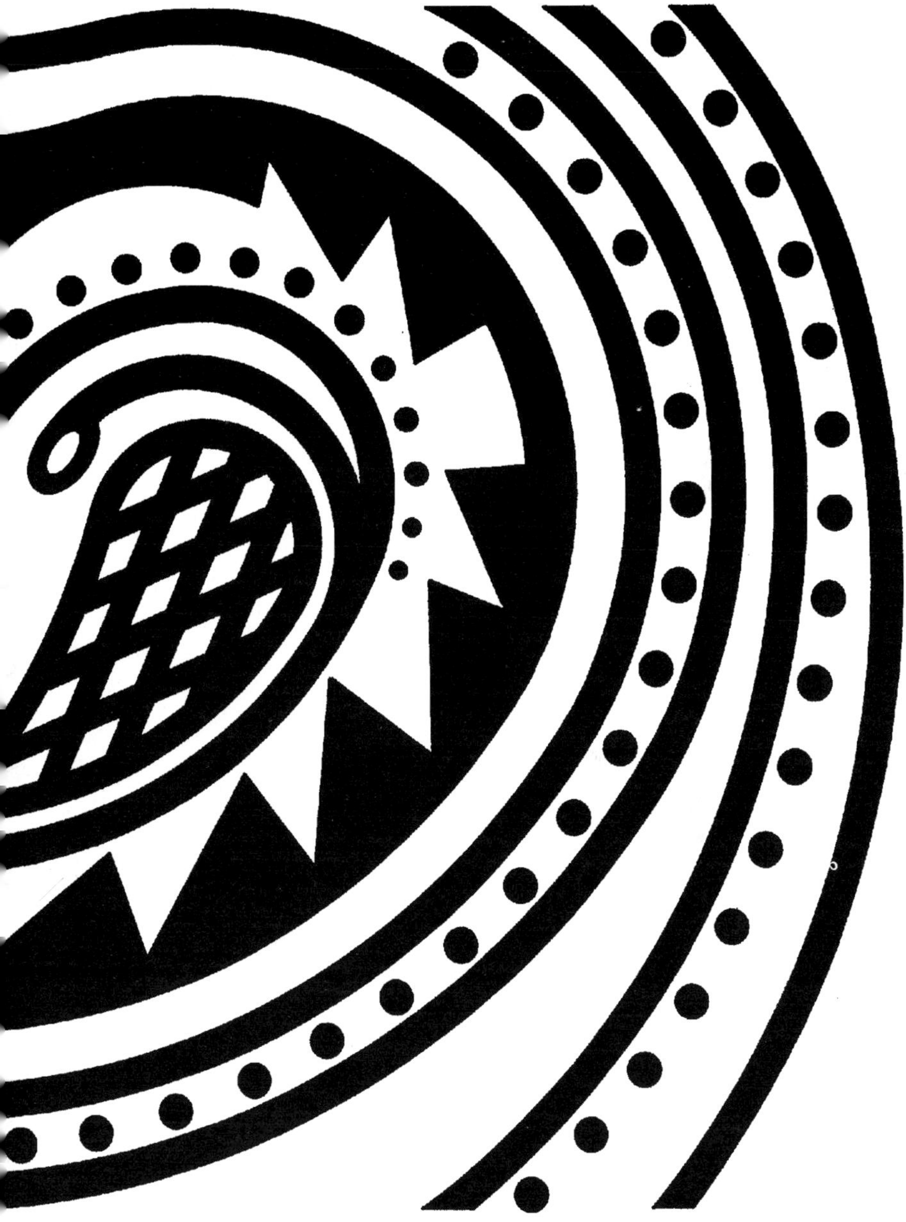

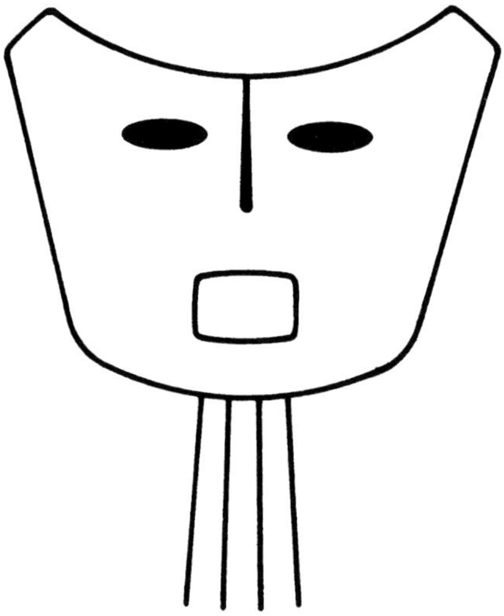

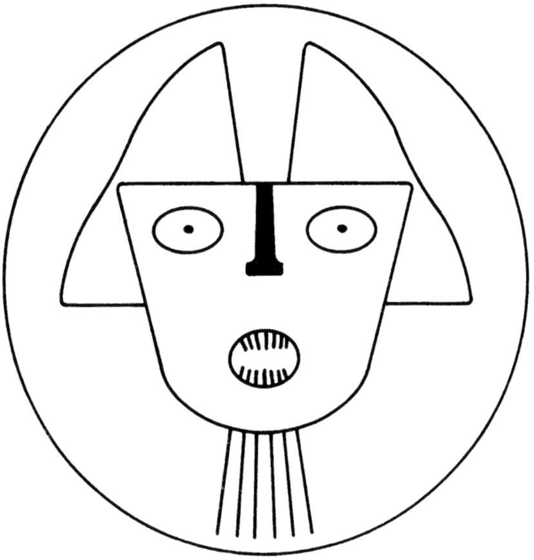

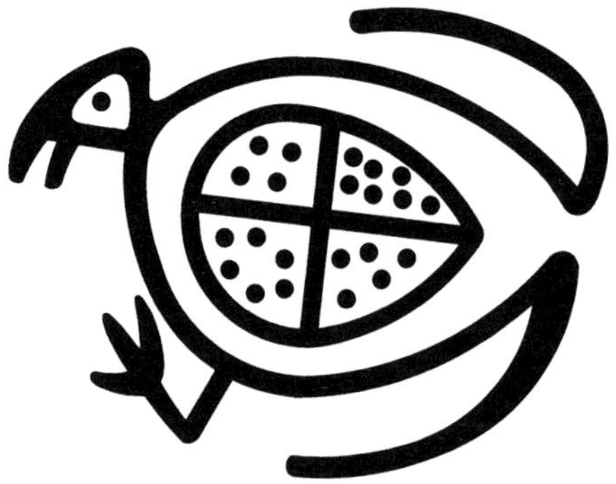

cultura santa maría

166

cultura santa maría

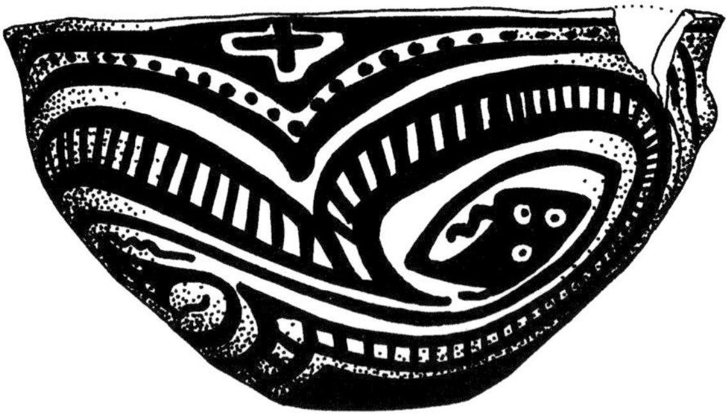

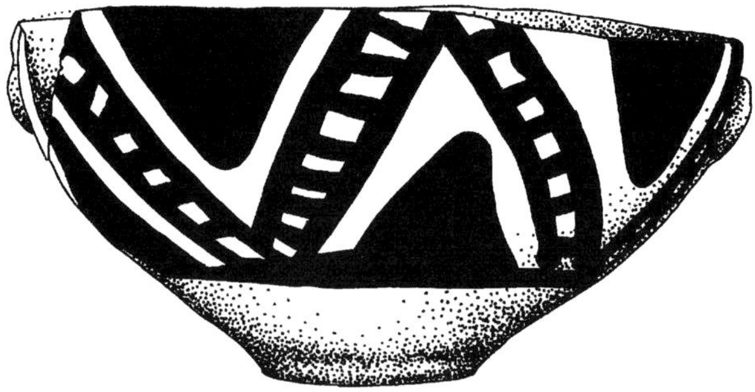

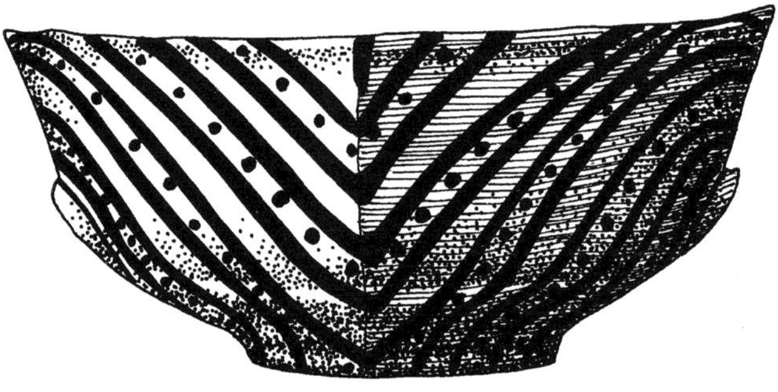

1, 2 Diseños derivados del símbolo de las fauces, cuya evolución se explica en la **[figura i]**, página 55.

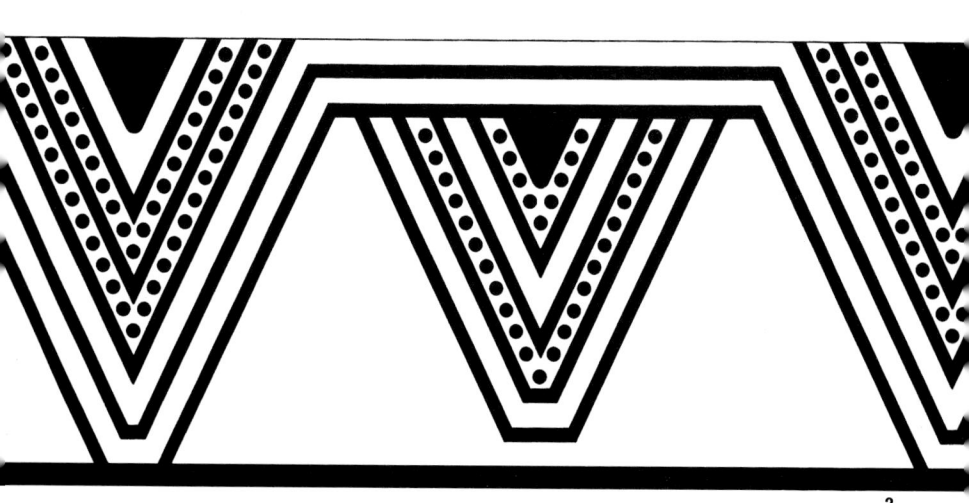

1, 2 Diseños derivados del símbolo de las fauces, cuya evolución se explica en la **[figura i]**, página 55.

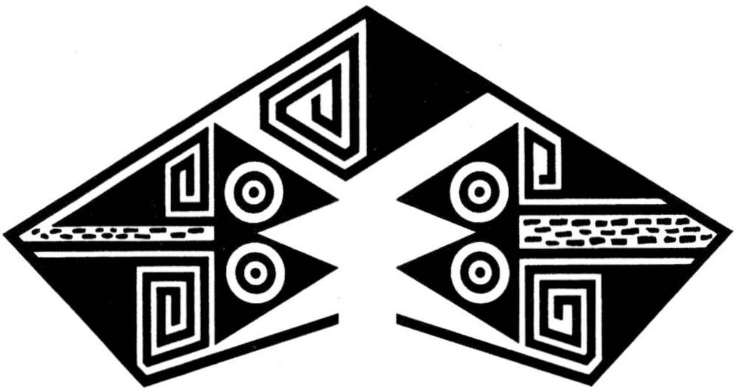

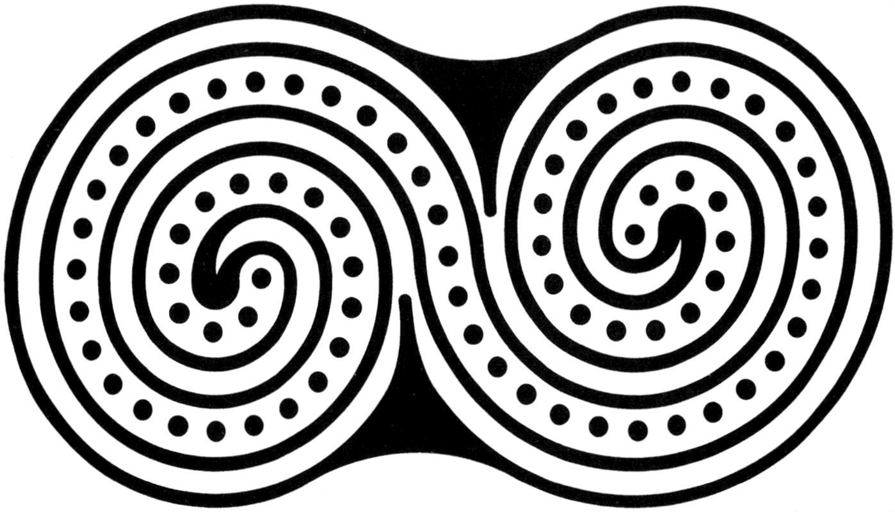

Diseño derivado del símbolo de las fauces, cuya evolución se explica en la **[figura i]**, página 55.

Belén

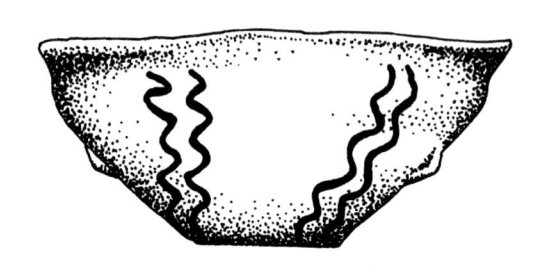

cultura belén

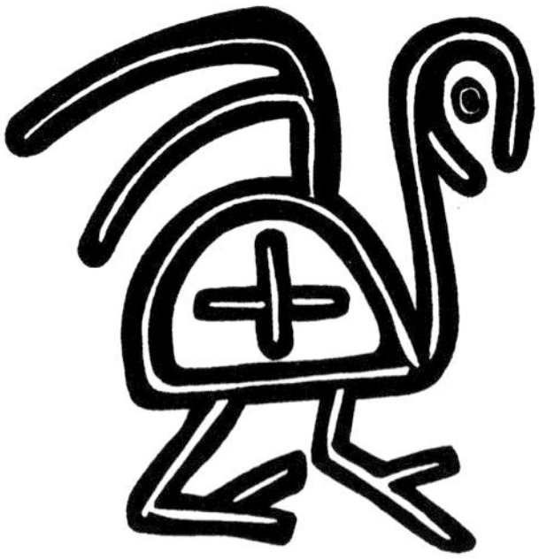

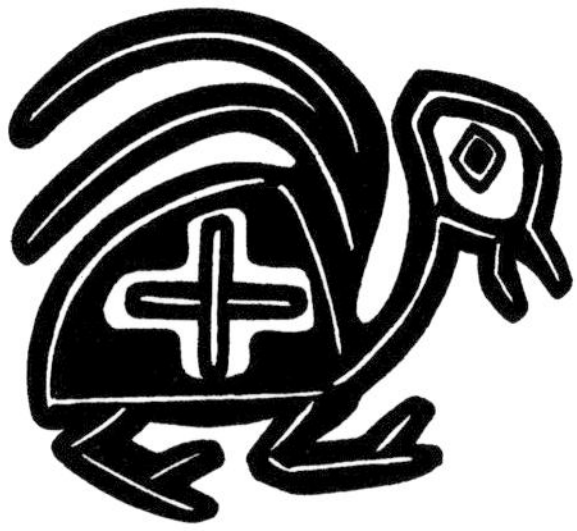

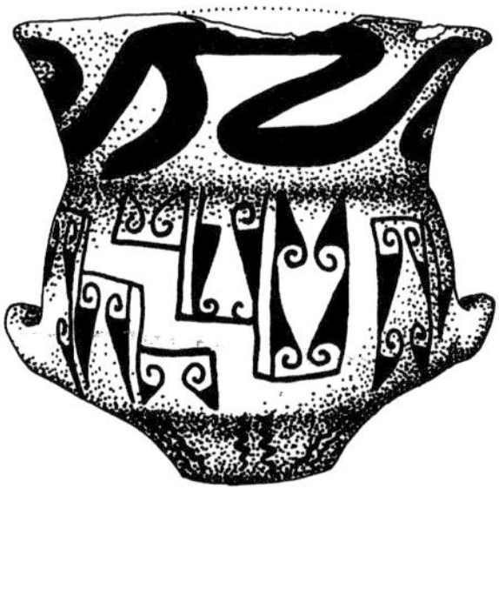

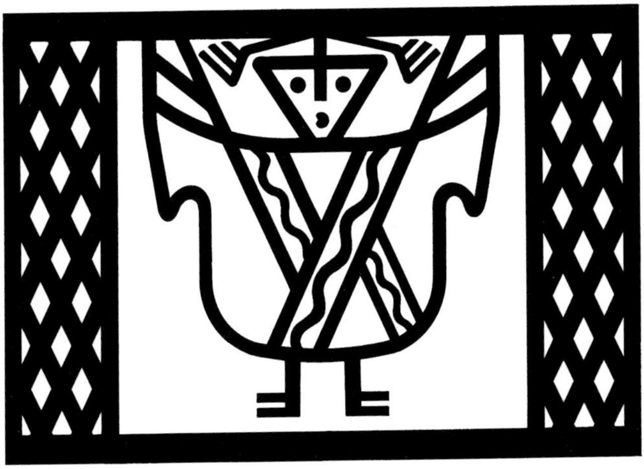

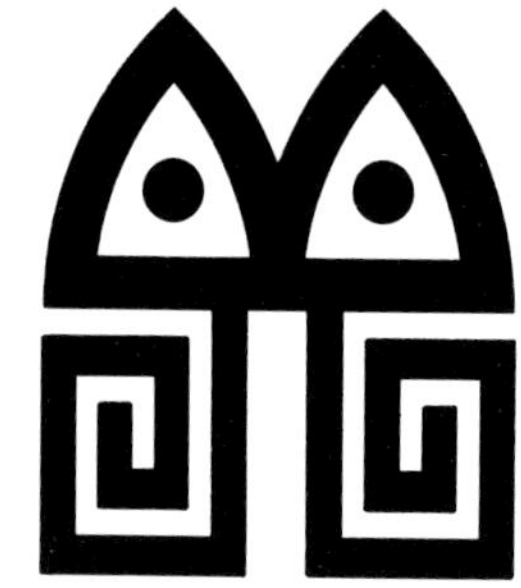

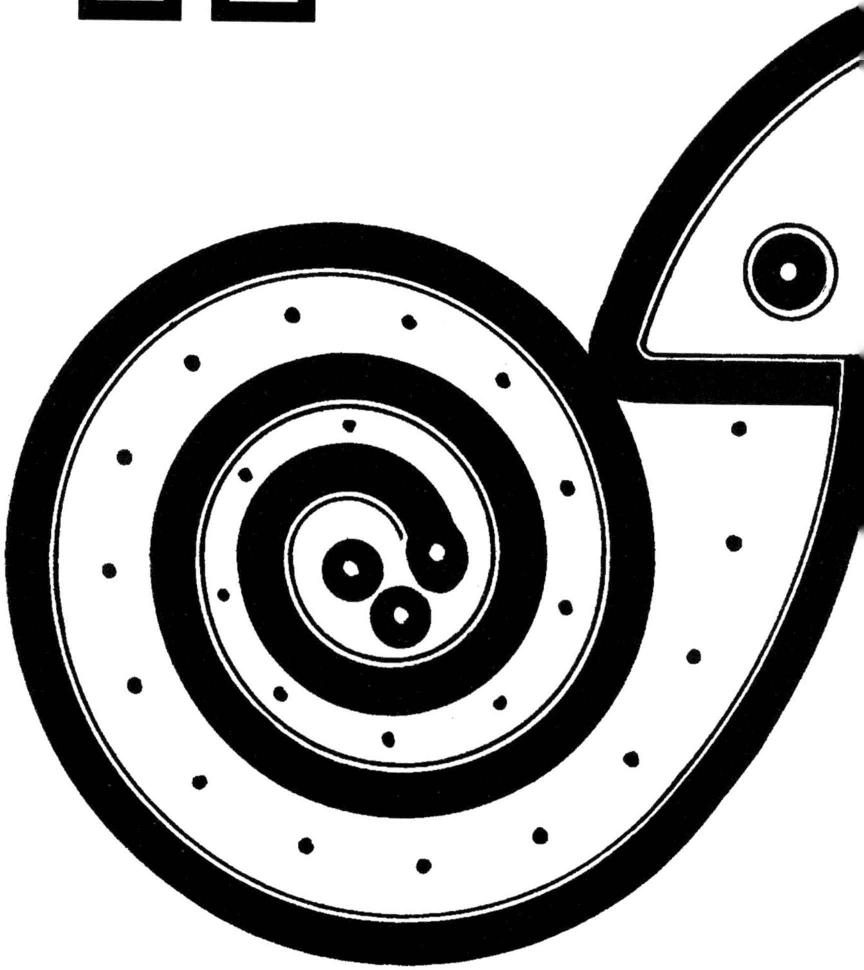

cultura belén

Sanagasta

1

2

1 Quirquincho
2 Caparazón del quirquincho vista de arriba, representada en un ceramio de la Cultura Santa María.
3 Vasija de la Cultura Sanagasta. La decoración de su cuello presenta los bordes del caparazón del quirquincho. En sucesivas abstracciones y después de un proceso de mecanización, esta representación pudo derivar en los dibujos típicos de esta cultura: "Toda operación manual llega, después de un período, a movimientos fluidos de forma simple, (...) el comportamiento motor se adecua al principio de simplicidad" [46].
En ambos dibujos, el interés parece estar puesto en los bordes del caparazón. Lehmann-Nitsche, en *Dibujos primitivos* (1909), decía: "El espíritu primitivo no dibuja lo que ve, lo que observa, sino lo que sabe, lo que le parece de importancia".

El quirquincho, al vivir en cuevas bajo tierra, debió asociarse con el mundo 'de abajo' y sus fuerzas ocultas, y posiblemente haya gozado por ello de algún culto particular. Guillermo Enrique Hudson en *Un naturalista en el Plata* (1892), relata de qué manera un armadillo pampeano, similar al quirquincho, mata a una víbora echándosele encima, haciendo oscilar su cuerpo hacia atrás y adelante y lacerándola con los bordes de su caparazón hasta partirla en dos.

Este poder de corte y la asociación con 'lo de abajo' lo posicionan, como al murciélago (ver capítulo La Aguada) como un intermediador entre lo terreno y lo subterráneo.

---

[46] Rudolf Arnheim, 1983.

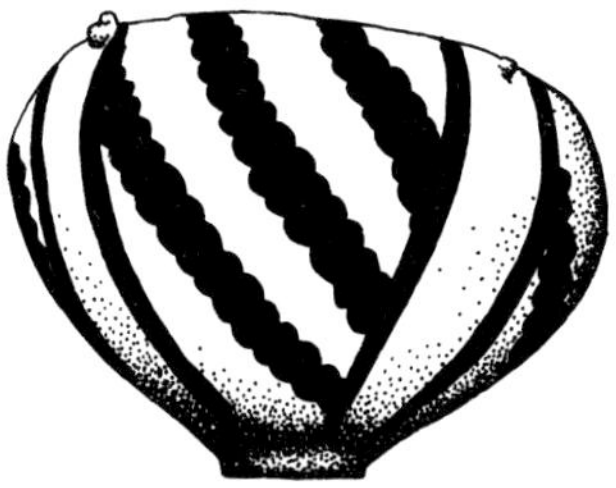

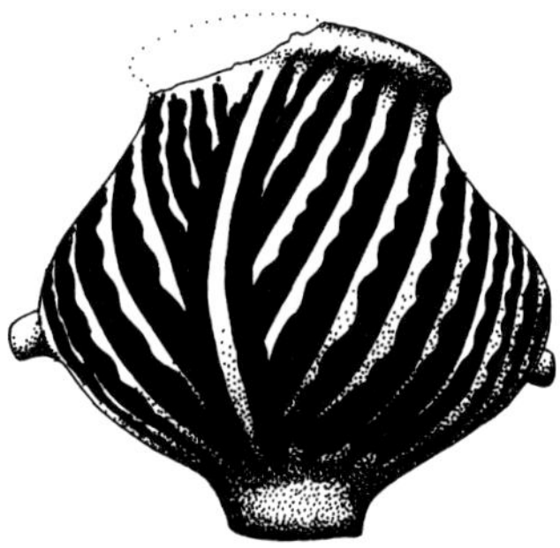

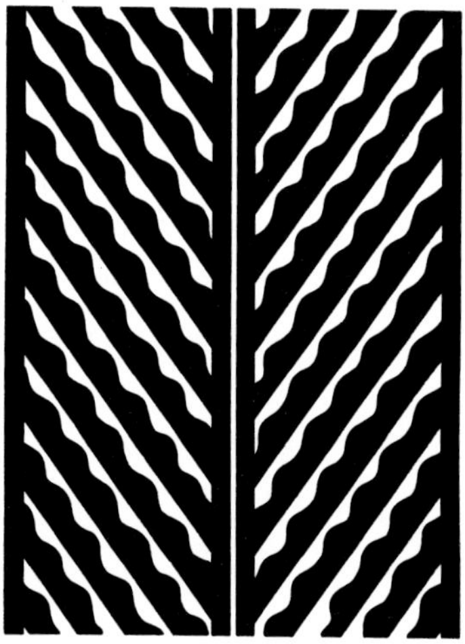

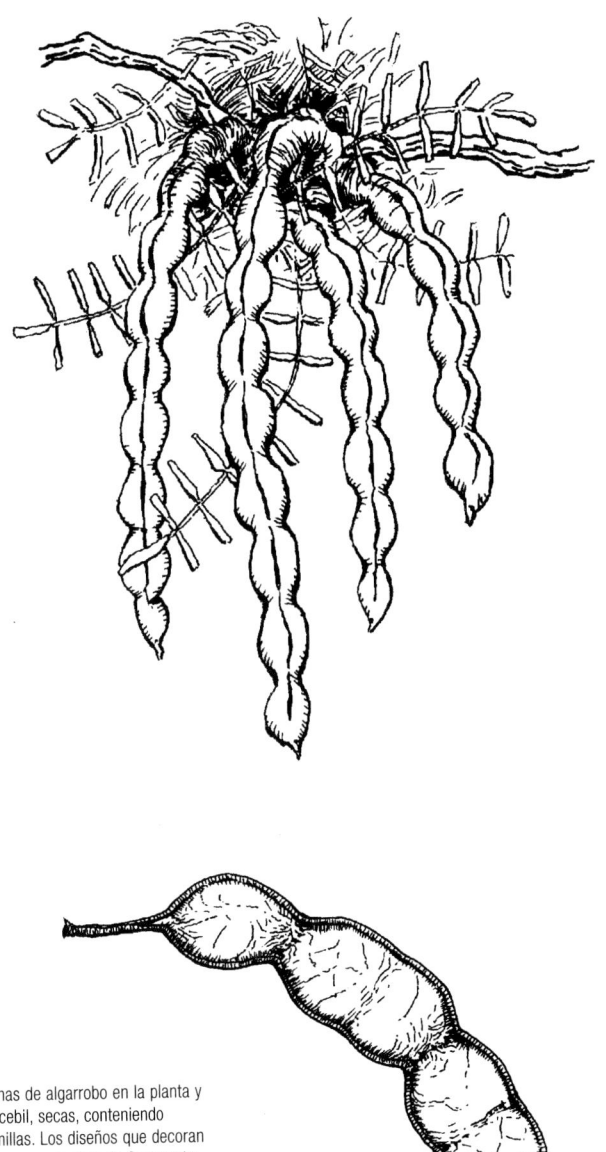

Vainas de algarrobo en la planta y de cebil, secas, conteniendo semillas. Los diseños que decoran algunas cerámicas de Sanagasta podrían derivar de abstracciones de sus formas. Ambas plantas servían para preparar sustancias de gran importancia ritual. Con el algarrobo se elaboraba la aloha, bebida fermentada de alta graduación alcohólica y el cebil se usaba para producir alucinaciones.

184

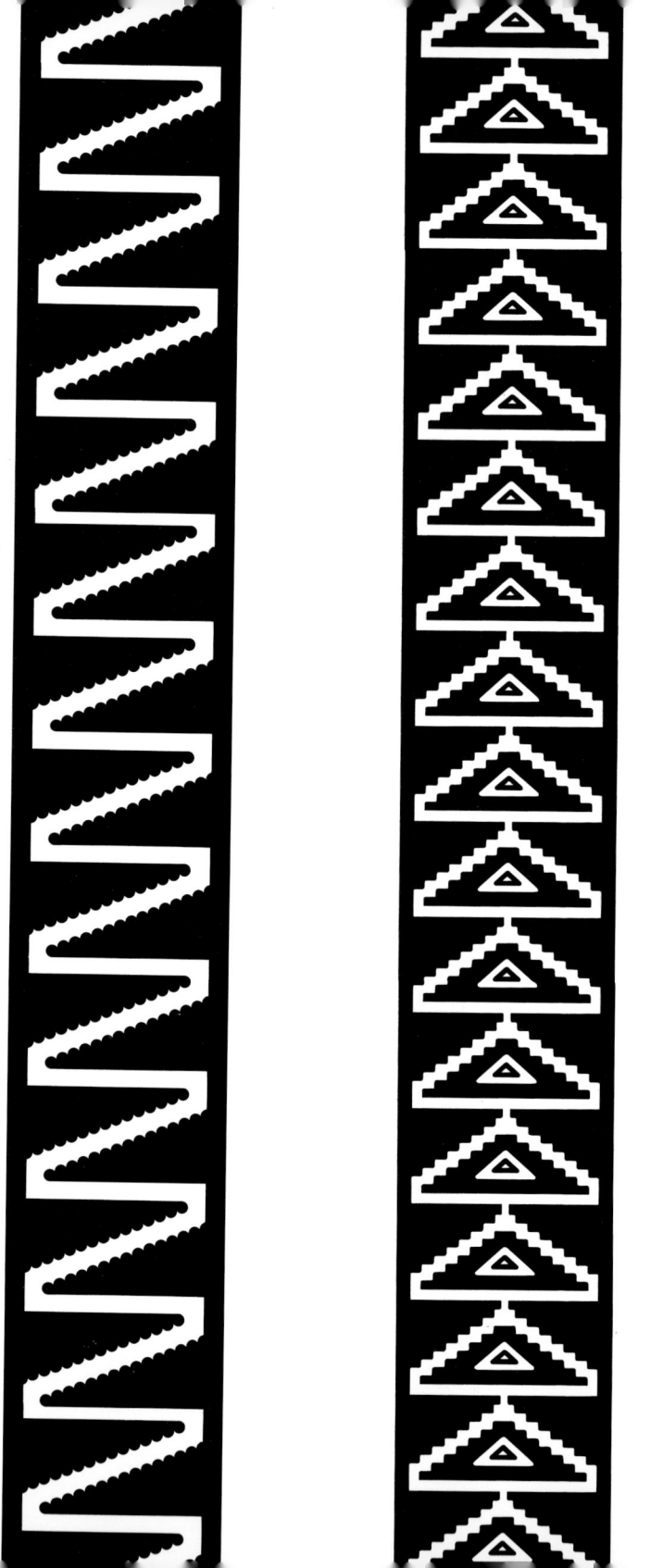

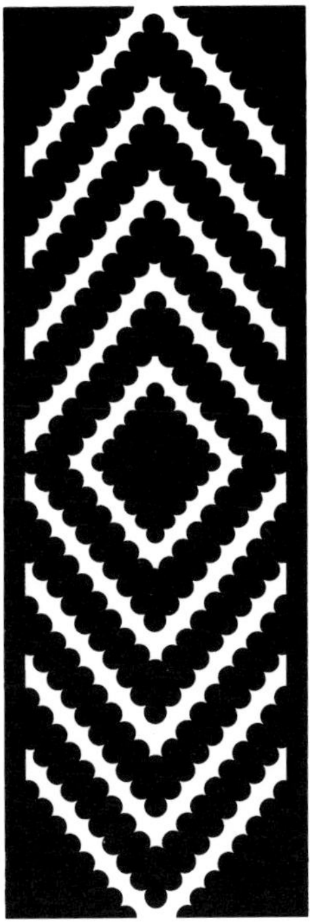

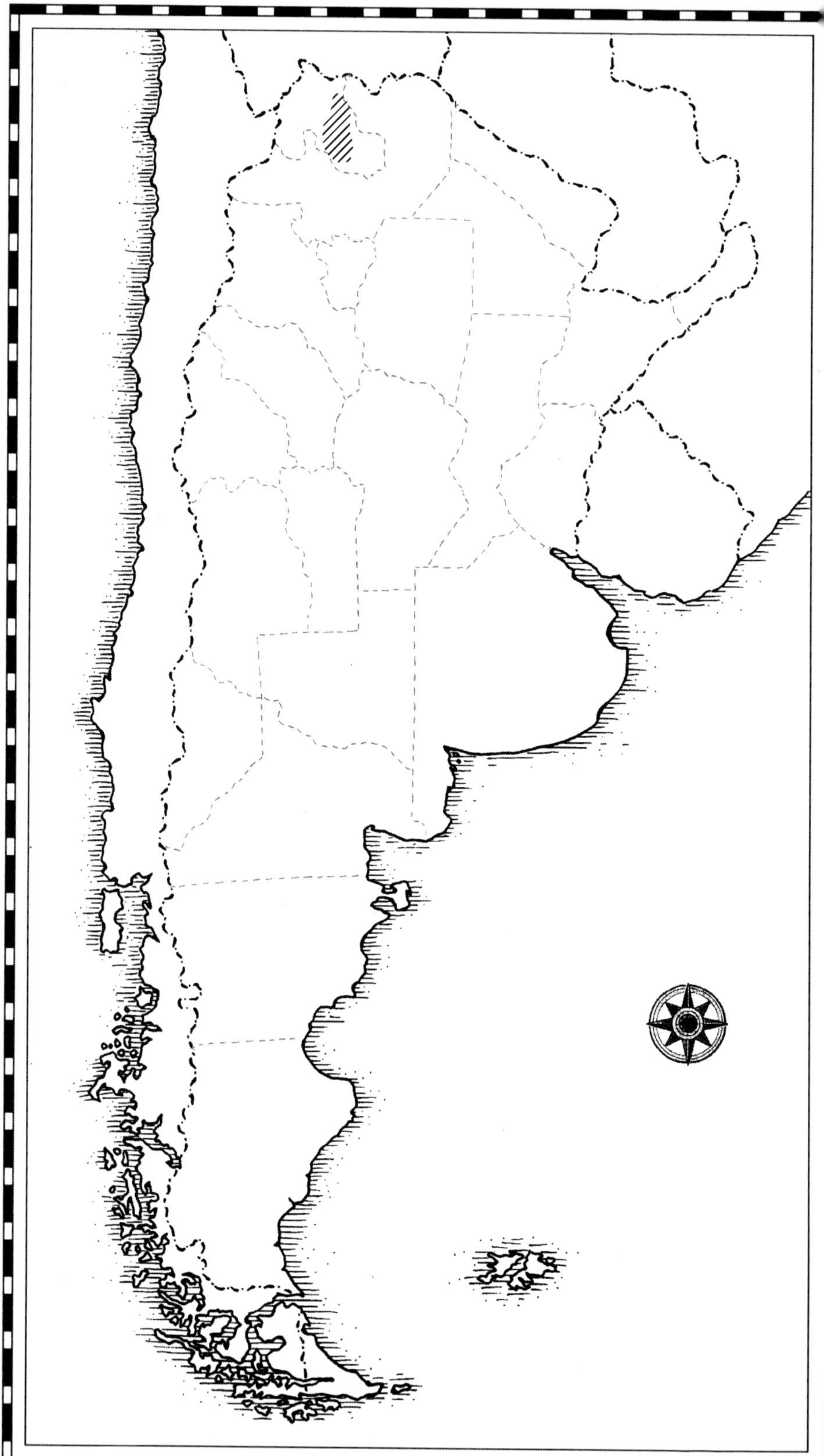

Cultura Humahuaca

Los portadores de esta cultura fueron los omaguacas que, como habitantes de una zona de paso de caravanas y migraciones, recibieron todo tipo de influencias, incluyendo la del Imperio Inkaico que se asentó en sus ciudades y estableció su supremacía política y militar. Es poco lo que se sabe de estos pueblos en materia de diseño. Lo que ha llegado hasta nosotros está fuertemente contaminado por la influencia cultural del Imperio, y lo anterior presenta una estética bastante empobrecida.
Las calabazas de las que tomamos los símbolos que reproducimos no escapan a esa característica, a pesar de que muchas de ellas pertenecen a épocas anteriores al arribo de los Inkas a la región [47]. Eran utilizadas como escudillas para comer y beber. Los dibujos están pirograbados sobre las cortezas de las cucurbitáceas y, dado que las hay con la superficie lisa, suponemos que las decoradas tendrían alguna significación especial. Es probable que sirvieran para beber chicha o aloha en determinadas ceremonias, o fueran usadas en ocasiones especiales.
La estilizada figura del suri, retratado en las más variadas y simpáticas poses, sí parece ser un rasgo típico de esta cultura; mientras que las geometrizaciones responden a las influencias mencionadas.

---

[47] María Isabel Hernández Llosas, 1986.

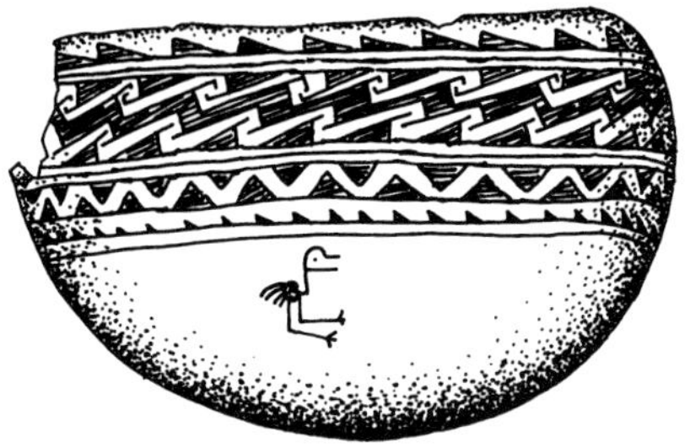

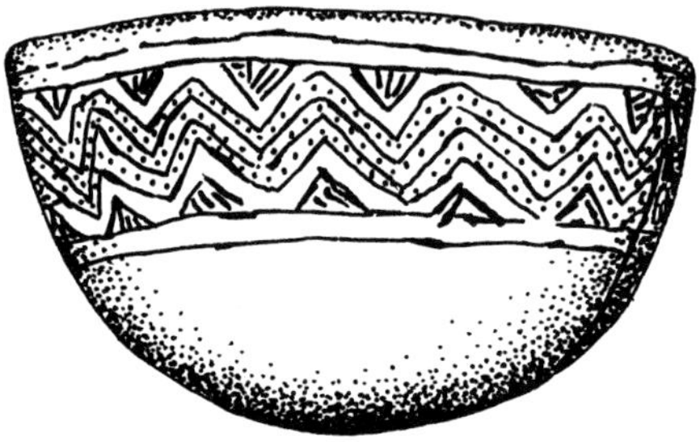

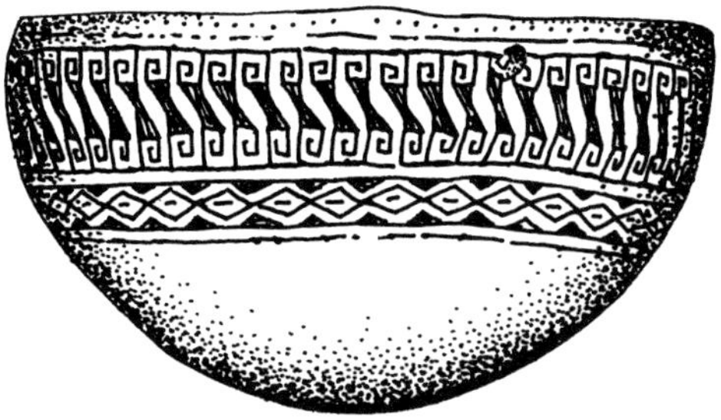

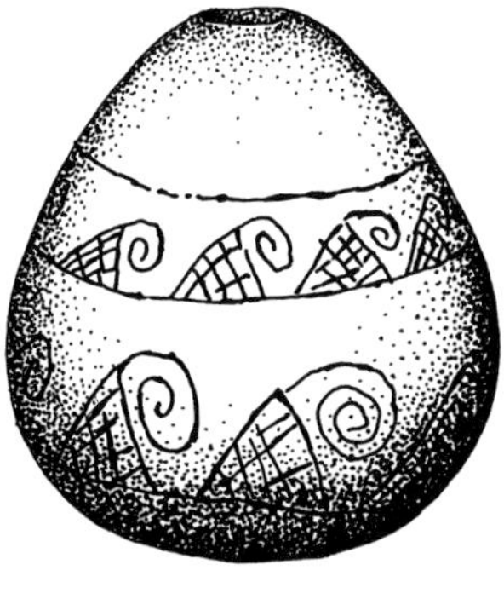

cultura humahuaca

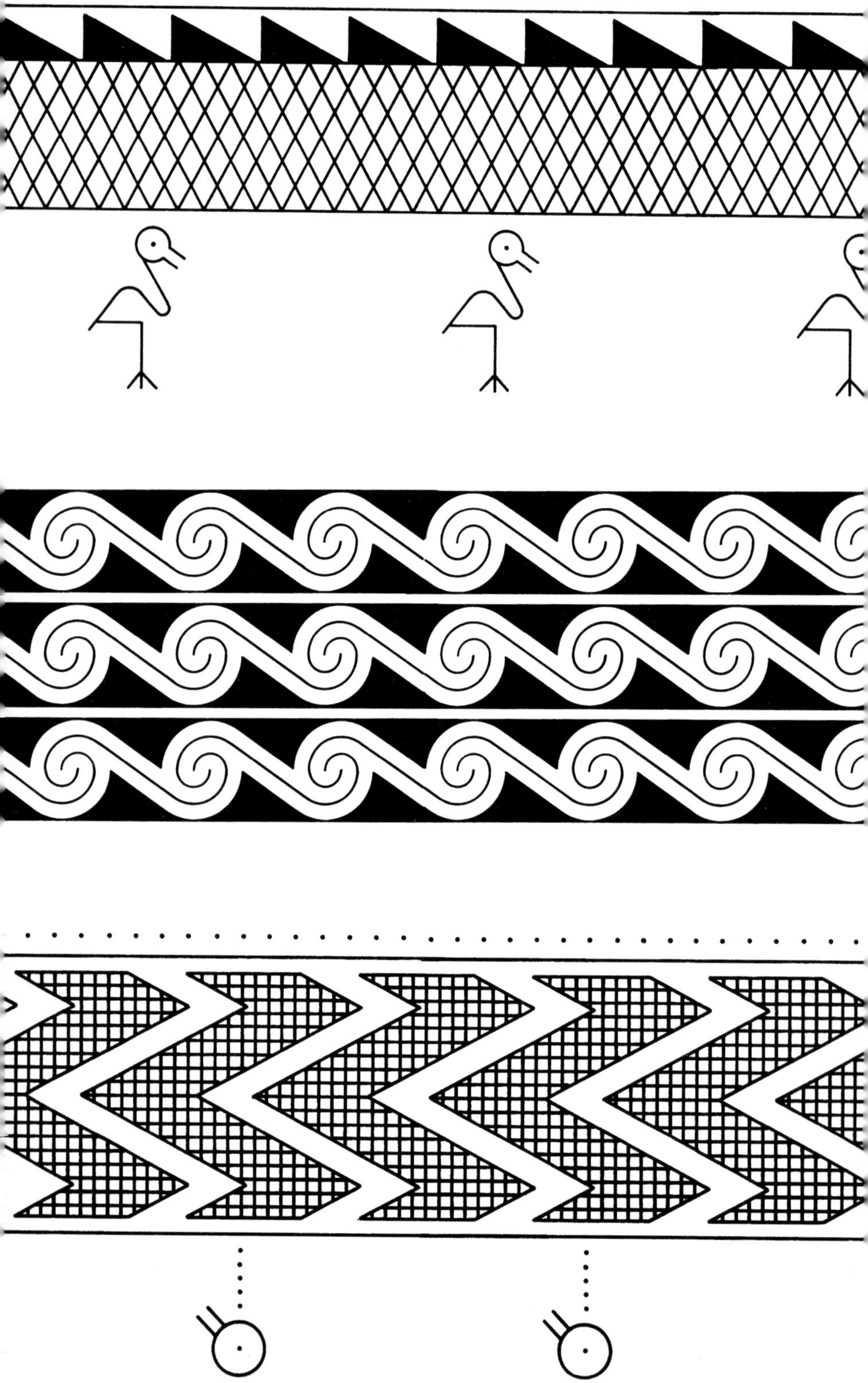

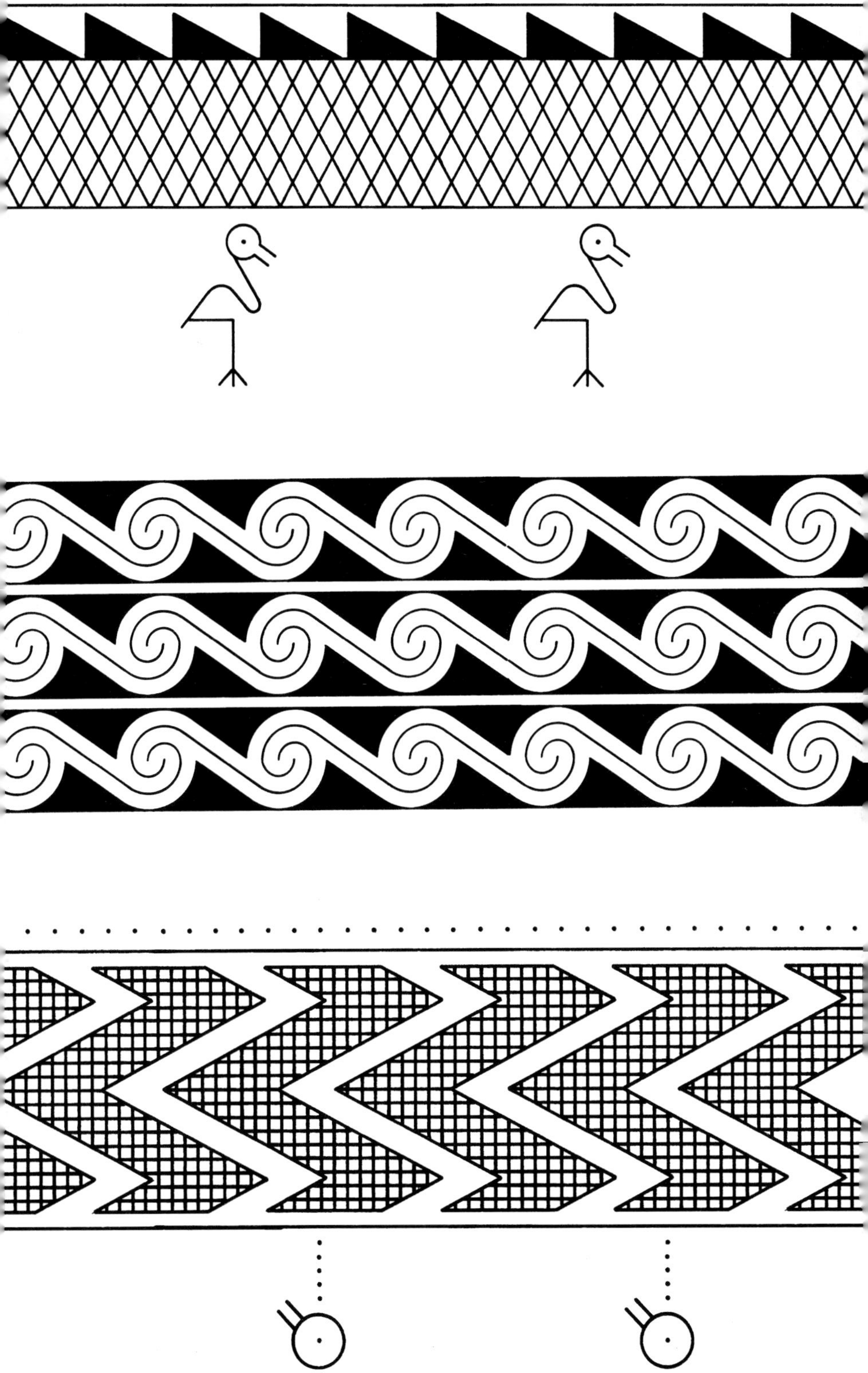

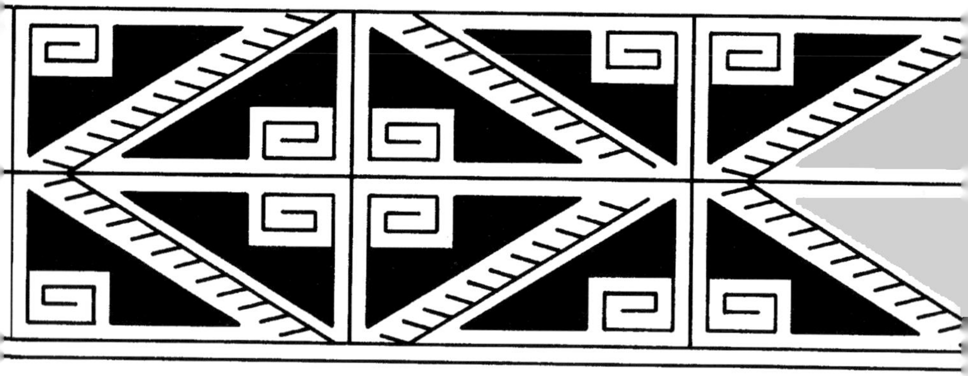

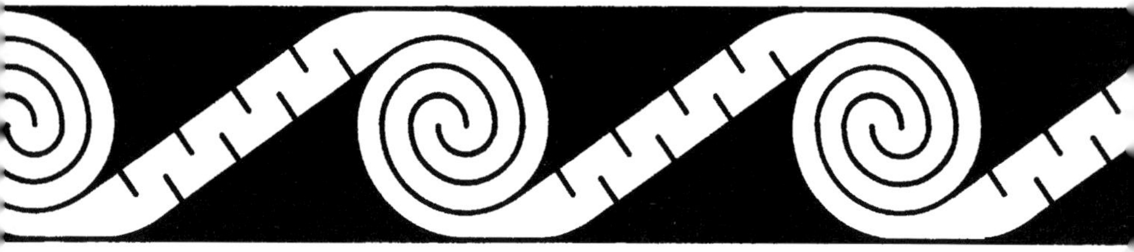

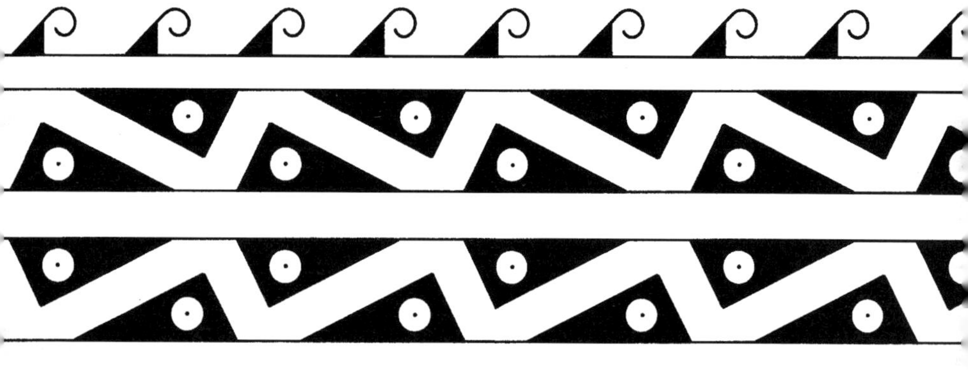

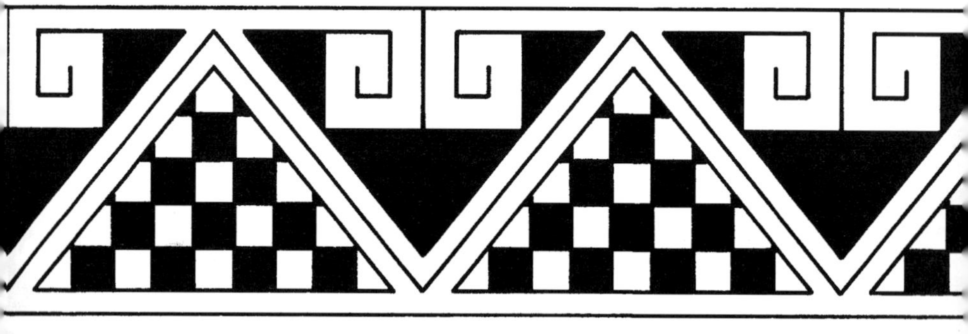

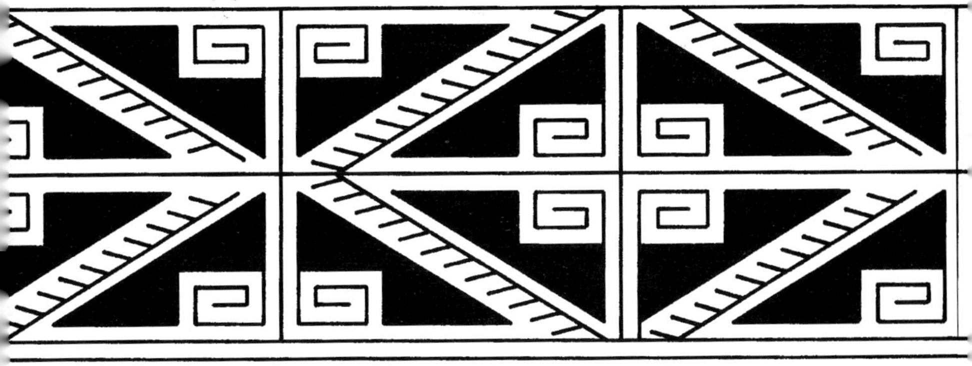
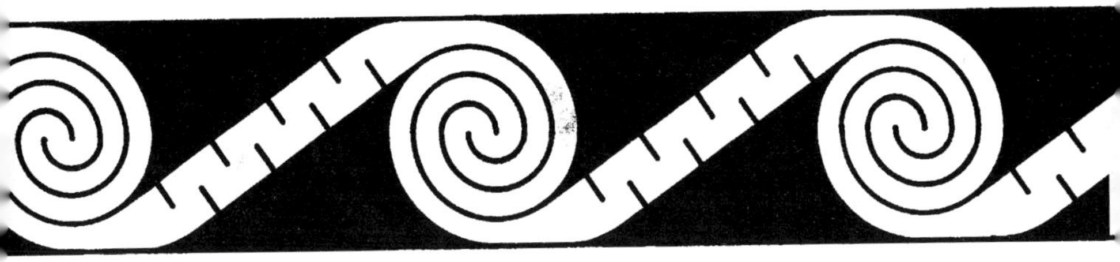
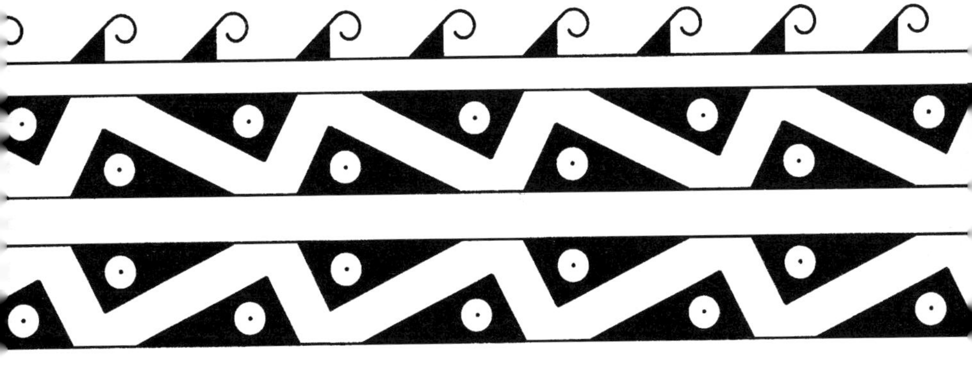

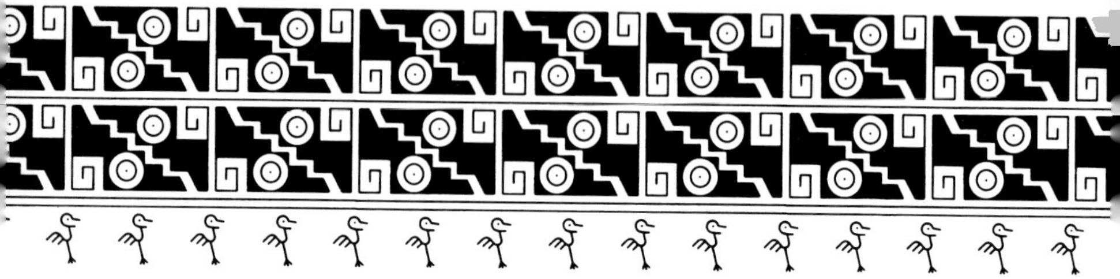

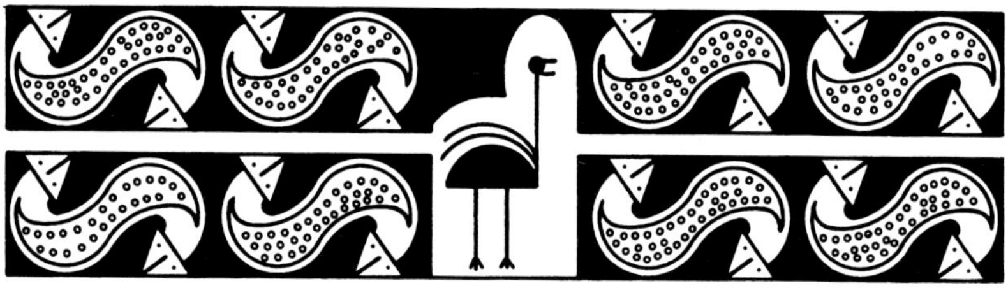

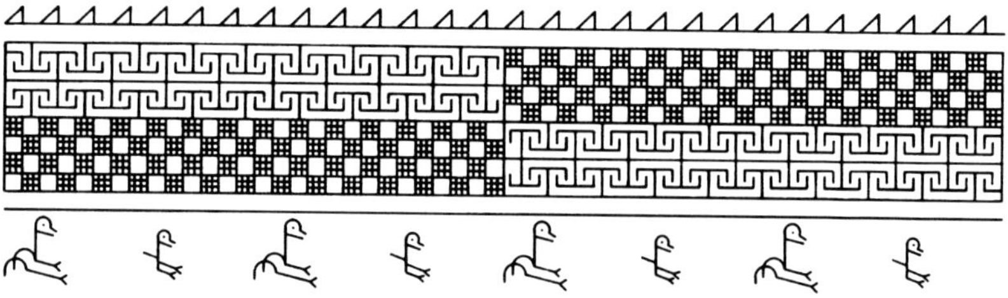

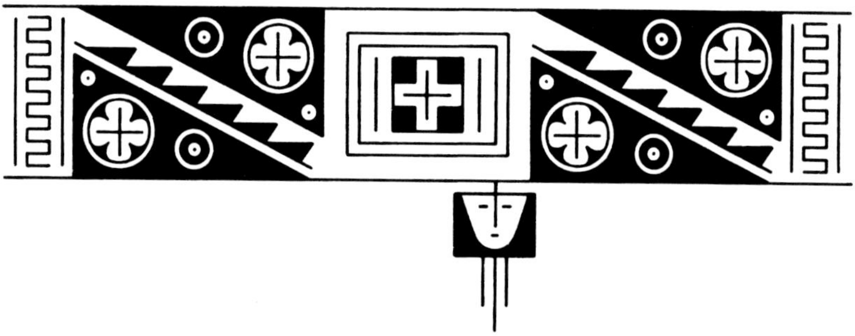

cultura humahuaca

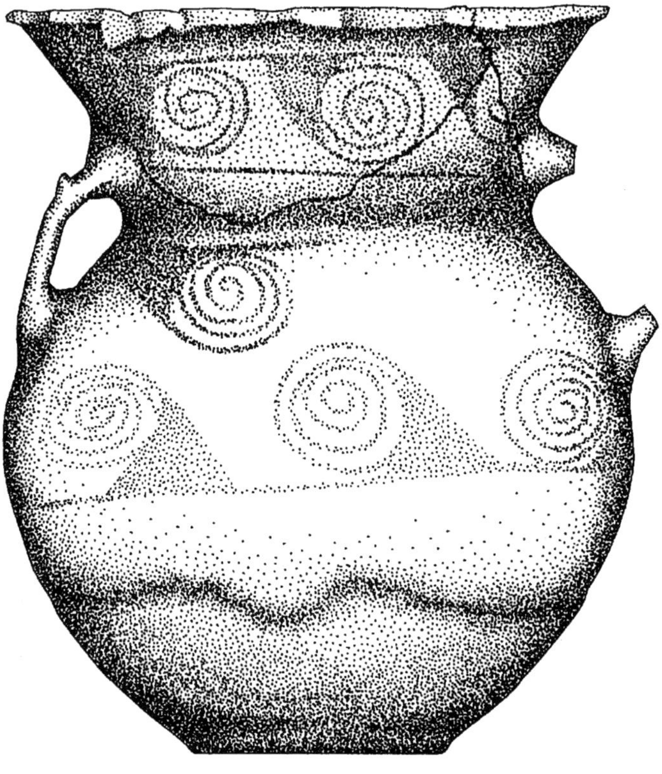

cultura humahuaca

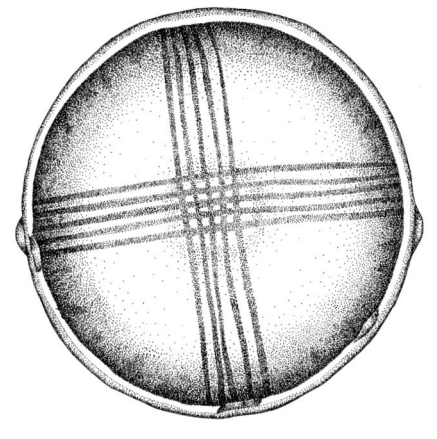

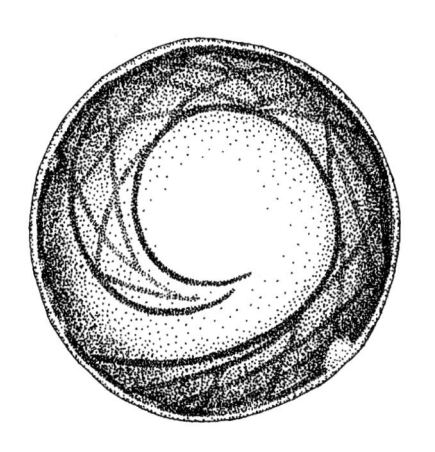

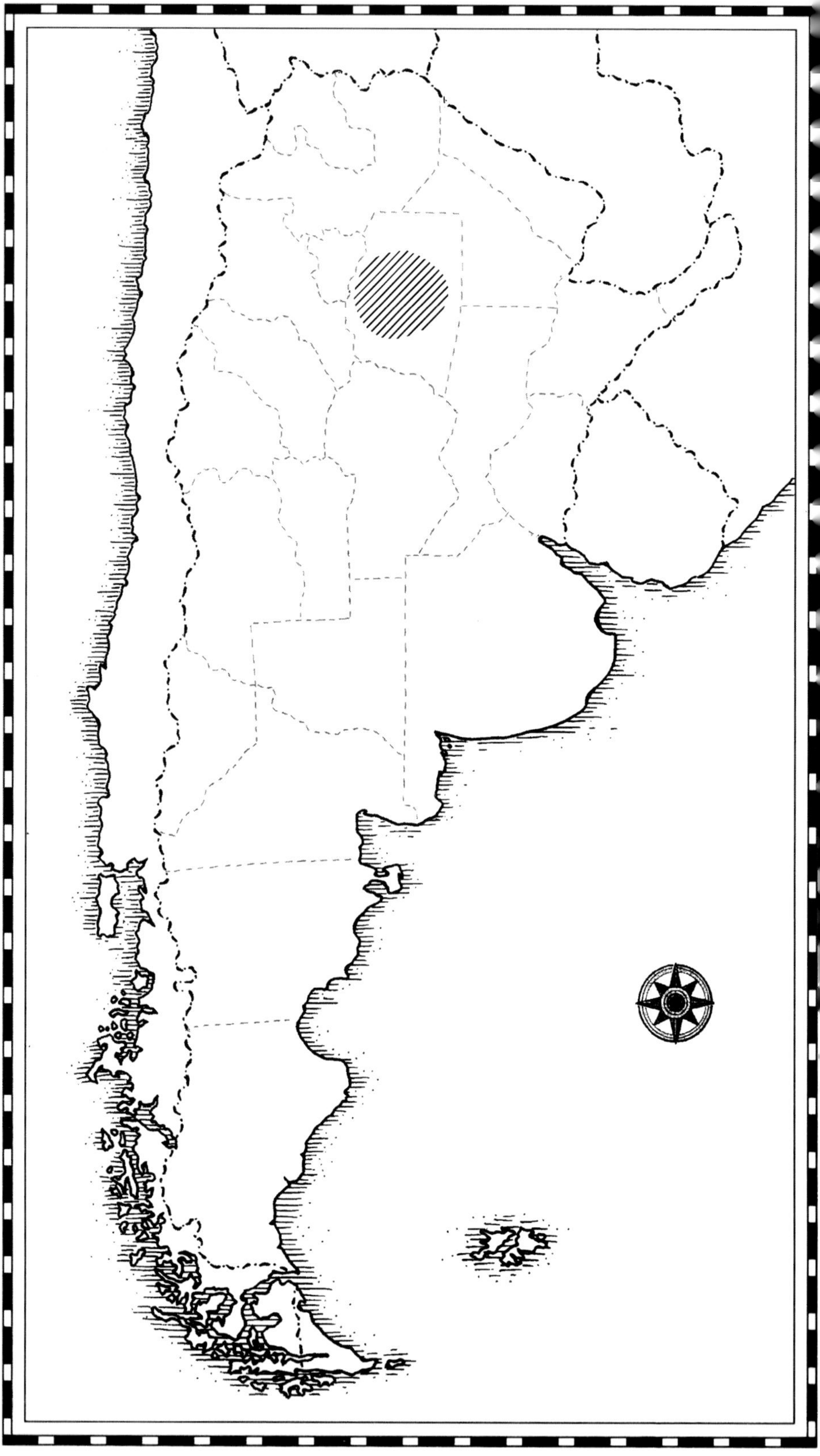

Cultura Santiagueña

"Al sur de los Chiriguanos vivían las tribus salvajes del Chaco (...) que sólo accidentalmente se relacionaron con los pueblos de los Andes, y que no tienen historia", decía en 1912 un arqueólogo francés refiriéndose despectivamente a todos los pobladores de la selva. Pero en 1927 los hermanos Emilio y Duncan Wagner iniciaron excavaciones sistemáticas, descubriendo cientos de piezas de cerámica y otros objetos que hablaban de la presencia de una cultura comparable a las más complejas del NOA. La Cultura Santiagueña fue y sigue siendo un enigma, a tal punto que no faltó quien, basándose en la forma de candelabro hebreo de algunas de sus abstracciones, aventurara que se trataría de alguna de las tribus perdidas de Israel, ensayando incluso relaciones idiomáticas entre el hebreo y el quichua santiagueño de tiempos históricos y actuales [48].

Los tonocotes –con influencias diversas, ya que su territorio servía de paso a otros grupos que pretendían acceder a los valles del NOA– habrían sido los portadores de esta cultura. Sumado a su contacto con los habitantes de esa región, el resultado fue una prolífica cultura con elaboradas piezas de cerámica de formas y manufacturas características de las regiones andinas y particular simbología propia, donde abundan las representaciones ornitomorfas.

Los principales estilos o tipos cerámicos generados en diferentes puntos de esta región fueron los hoy conocidos como Las Mercedes,

---

[48] Bernardo Graiver, *Historia de la humanidad en la Argentina*. Buenos Aires, 1980.

iniciado hacia el año 300 y asociable con manifestaciones técnicas de la Cultura Ciénaga. Las Lomas (iniciado entre el 800 y 1000) incorpora la figura de un ave (quizás un búho), y evoluciona hacia los conocidos como Llajta Mauca y Sunchituyoc, a los que a su vez siguió el Averías, contemporáneo con aquéllos entre el 1200 y el 1600.

Un último estilo fue el denominado Yocavil, cuyas piezas se encontraron también en el NOA y la Puna, lugares a los que habría llegado por intercambio o comercio; y en ciudades españolas, como Santa Fe de Cayastá en la provincia de Santa Fe (1573-1650) [49].

Sobre qué pretenden simbolizar estas aves, hay muchas dudas y teorías. Entre los pueblos de las selvas existen numerosas leyendas sobre aves. Una habla de un yacú que al ser herido por una flecha anuncia a la primera pareja de humanos sobre ciertos peligros [50]. Otra cuenta cómo un hombre abandona a su hermana en la copa de un árbol, debido a los desprecios de los que era objeto, transformándose la mujer en el cacuy. Otra relata la historia de una pareja de amantes de diferentes tribus y de cómo la mujer, llorando la muerte de su pareja, se convierte en el urutaú. Otra leyenda habla del caburé venciendo a una gran serpiente que asolaba las selvas, consagrándose 'rey de las aves' [51]. Para los lules, los eclipses de sol eran producidos por una gran ave que se interponía entre la tierra y el sol [52], y asumían que cuando los hechiceros entraban en trance enviaban sus almas fuera del cuerpo en forma de pájaro [53]. Finalmente está la leyenda del cachirú, divinidad maligna en forma de ave que arrebata el alma de los moribundos [54].

Los dibujos de las cerámicas santiagueñas podrían estar representando a una de estas aves, o a cada una de ellas, inspirados en estas leyendas u otras similares.

---

[49] A. R. González, 1980. [50] André Metraux, 1930. [51] Robert Lehmann-Nitshe, 1925.
[52] Pedro Lozano (1733), 1941. [53] André Metraux, 1944. [54] Adolfo Colombres, 1986.

Colección Instituto Nacional de Antropología y Pensamiento Latinoamericano.

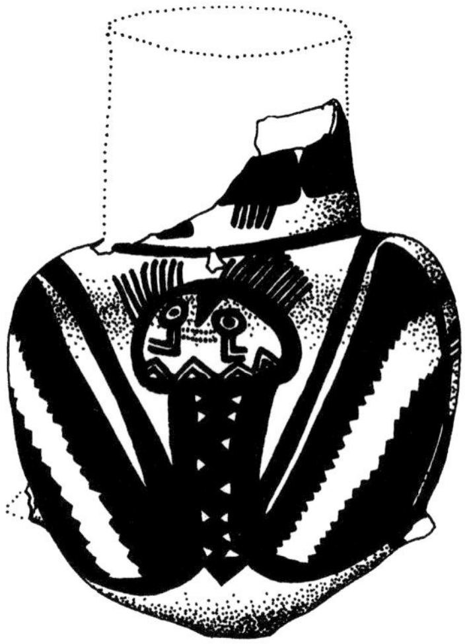

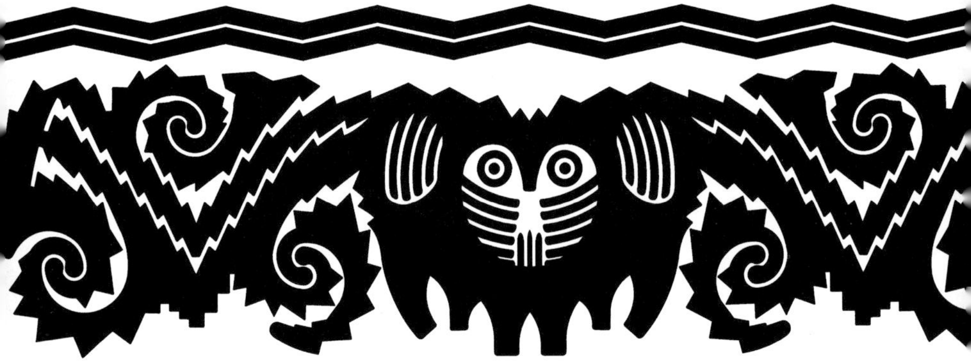

cultura santiagueña

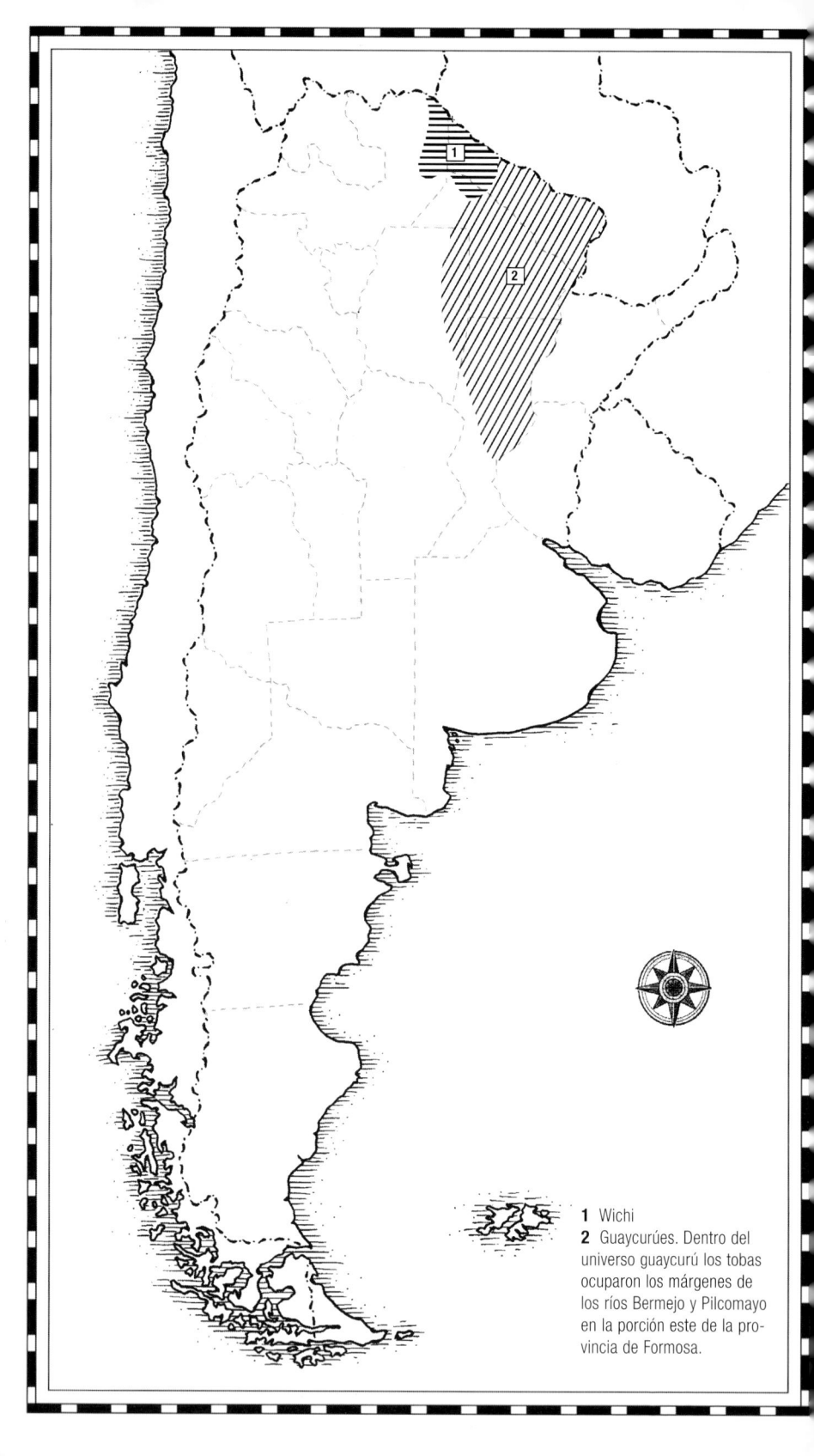

1 Wichi
2 Guaycurúes. Dentro del universo guaycurú los tobas ocuparon los márgenes de los ríos Bermejo y Pilcomayo en la porción este de la provincia de Formosa.

Culturas Wichi y Toba

Los bolsos de gran tamaño o más pequeños, llicas, tejidos en fibras vegetales, son una antigua tradición de los pueblos seminómades surgida de la necesidad de llevar consigo sus pertenencias o de almacenar frutos y piezas de caza. En los diseños, el geometrismo es determinante y los únicos elementos utilizados son la línea recta o la sucesión de escalonados, con los que las tejedoras logran infinidad de variantes.

Cada diseño tiene un nombre y una significación que dependen de su forma y colorido. En la actualidad, cada grupo es capaz de reconocer los propios, comprobándose que a veces se da a dibujos iguales significados distintos, lo que podría estar indicando una pérdida de los significados originales y la adjudicación de nuevas interpretaciones en cada comunidad.

Los convencionalismos compositivos son ancestrales y se basan en elementos de la naturaleza: una sucesión de bandas paralelas continuas puede representar el lomo del quirquincho o semillas de algarrobo; líneas quebradas pueden representar las patas de los loros; los rombos se asocian con frutos útiles, manchas de jaguar o pisadas; los triángulos se asocian con uñas, patas, orejas, escamas o aletas; los hexágonos con el caparazón de las tortugas. Otras figuras sirven para evocar caras de iguanas, ojos de búhos, víboras, cangrejos, etc., eligiéndose la parte de la anatomía que es más apreciada o que impresiona más.

Figura p

Tejidos Wichi

Las telas de fibra vegetal, elásticas e imputrescibles, ofrecían a quienes las utilizaban una doble protección: una relacionada con lo material y otra con tradiciones alegóricas.

En lo material, los tejidos resguardaban el cuerpo de las laceraciones que podían causar las espinas y hojas aserradas de las plantas de la selva o el monte. Las faldas eran usadas en todo momento y las camisetas se vestían para ir de cacería o a la guerra, donde además ayudaban a protegerse de las armas del enemigo. En las contiendas solían usarse tejidos con el dibujo correspondiente al animal o vegetal 'patrón' de cada banda, del que cada grupo tomaba su nombre [55].

En cuanto a las tradiciones; los diseños que decoraban los tejidos, faldas, camisetas y bolsos actuaban como amuletos cuyo objeto era defender al portador del ataque de animales, aumentar la percepción de los sentidos o transferir coraje; según el ser que representaran.

[55] Enrique Palavecino, 1944.

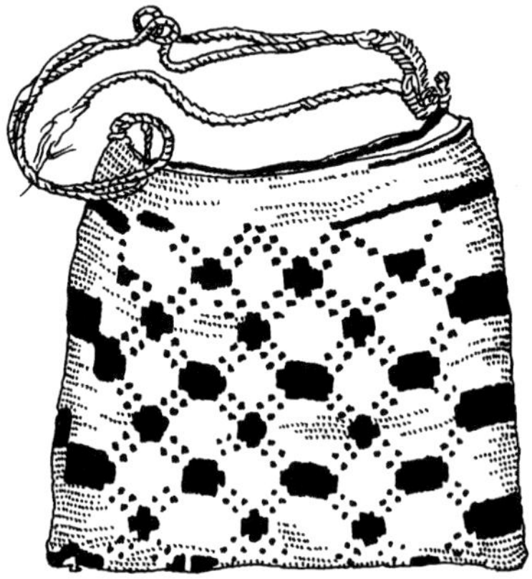

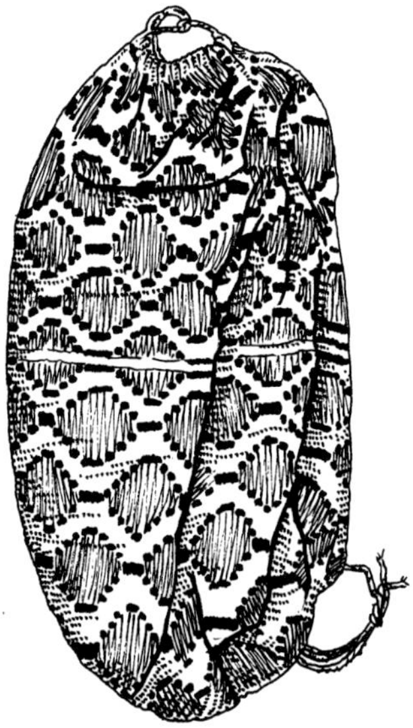

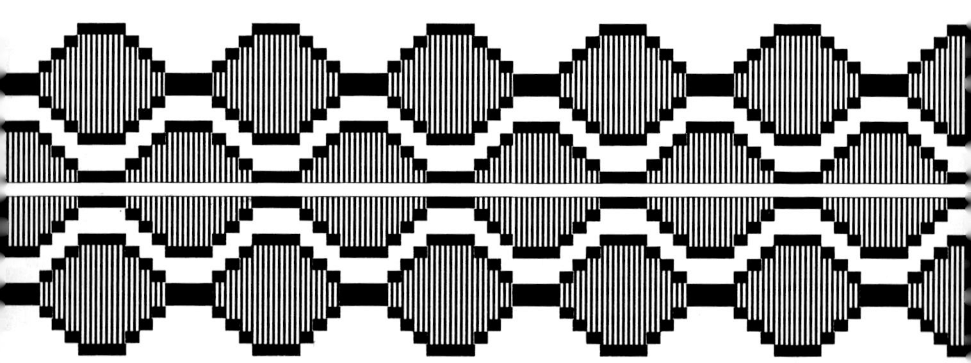

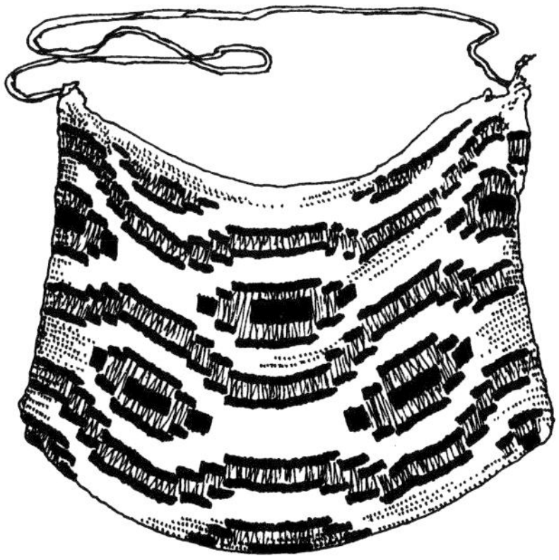

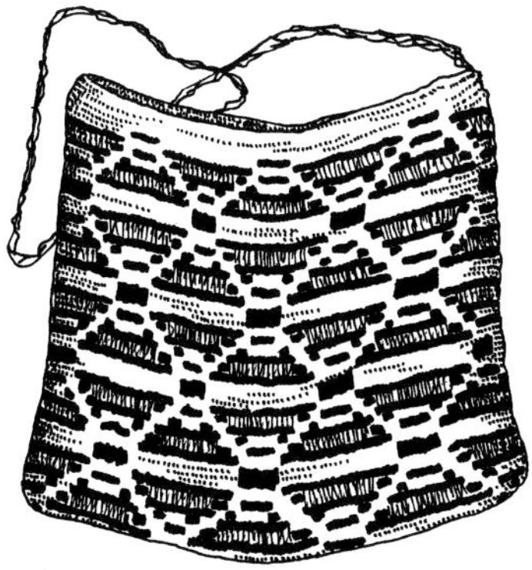

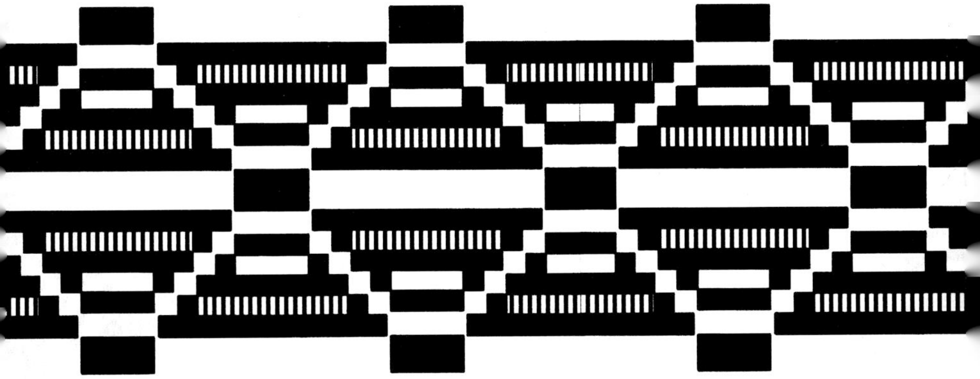

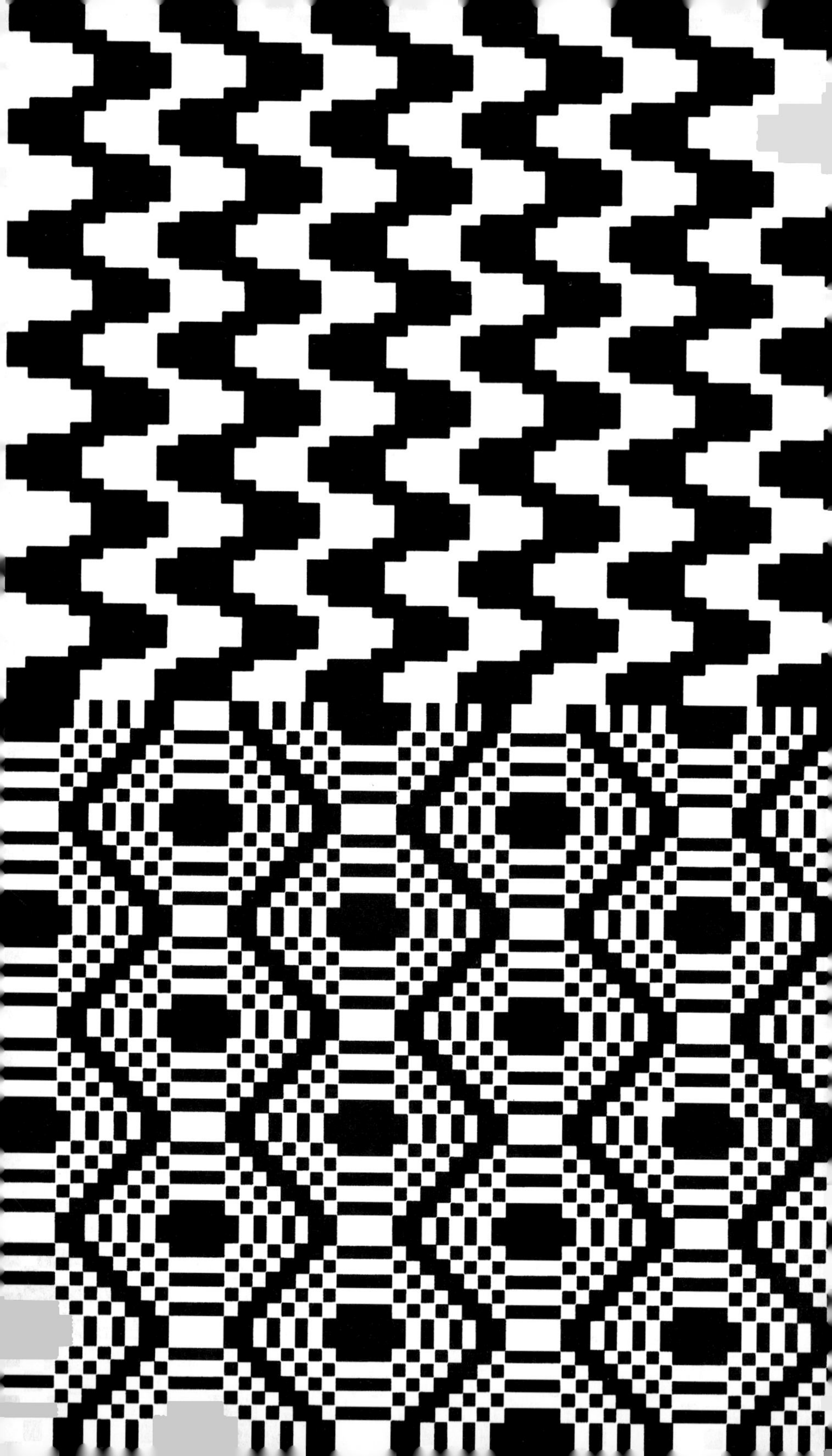

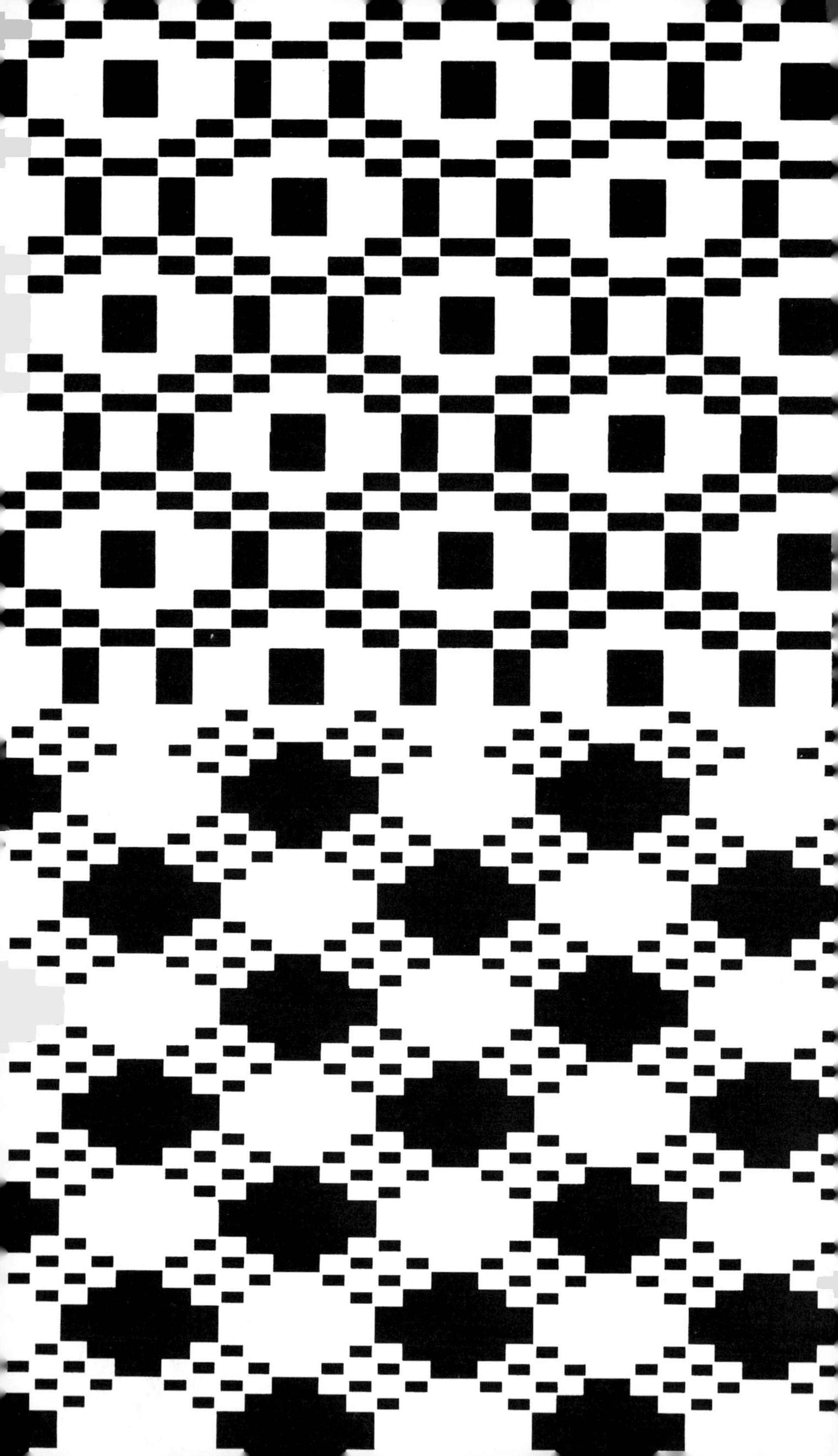

culturas wichi y toba

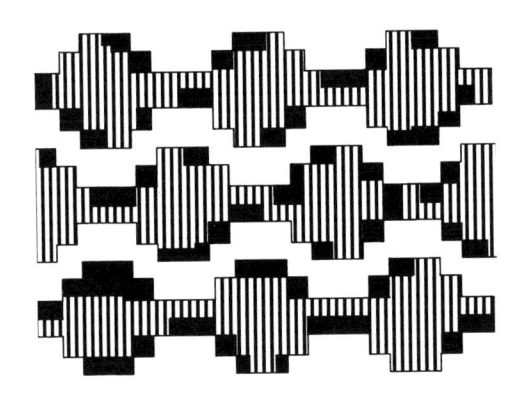

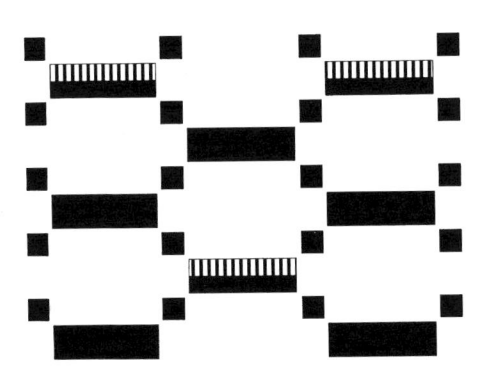

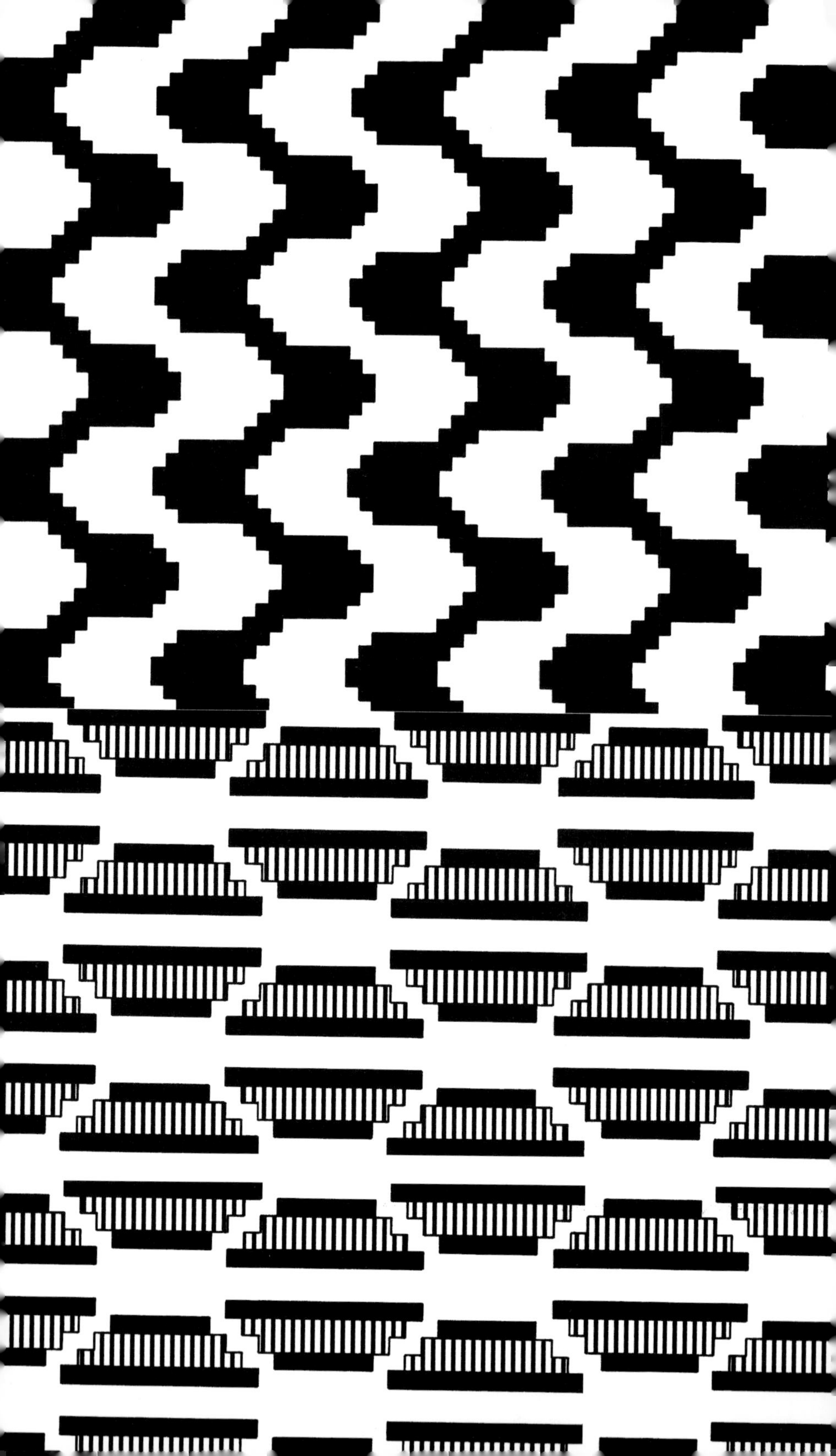

culturas wichí y toba

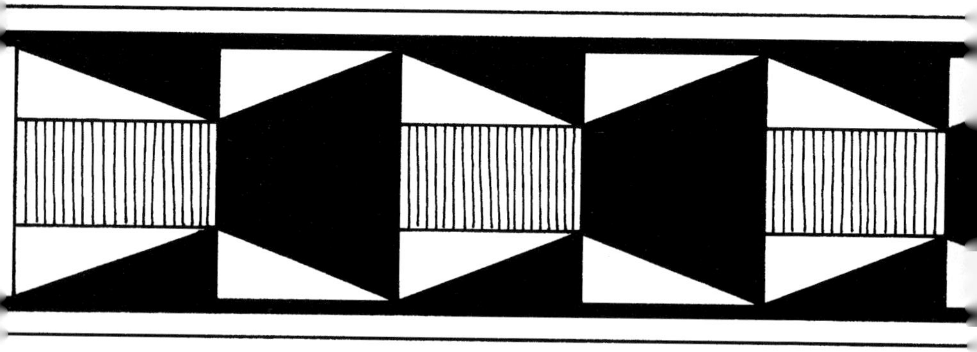

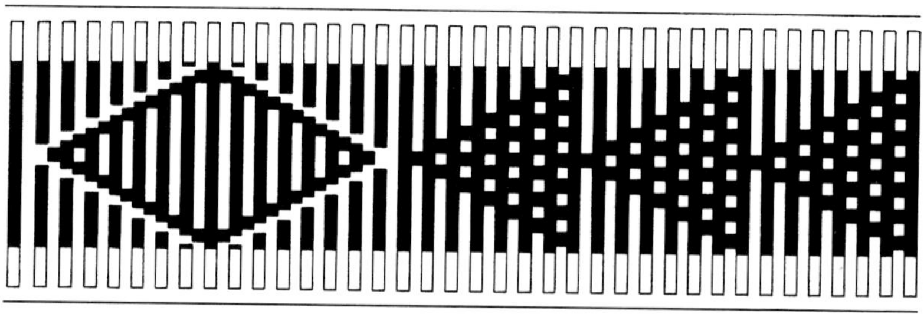

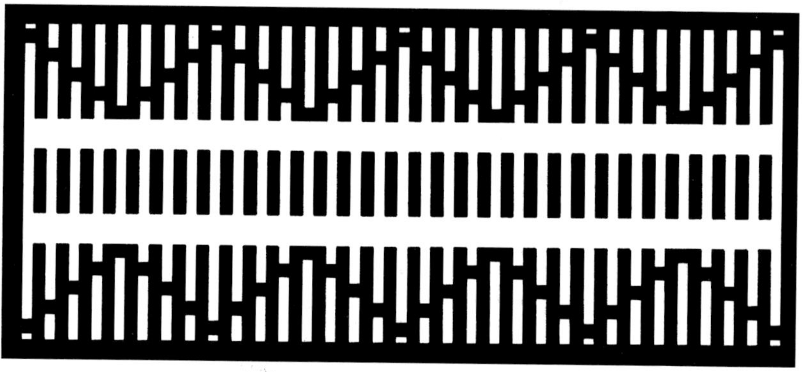

culturas wichi y toba

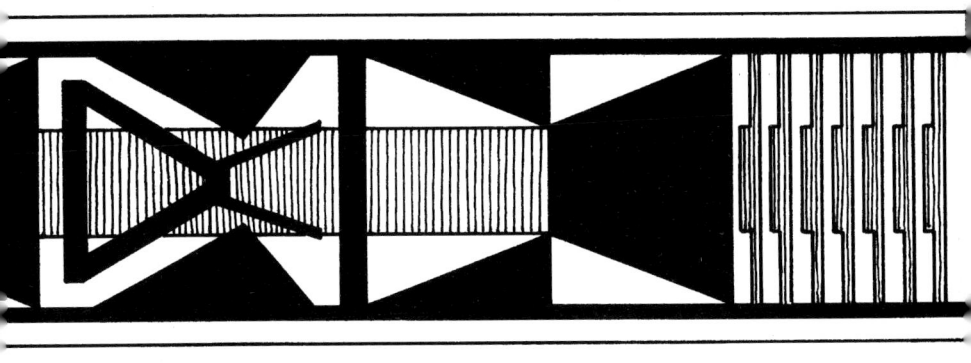

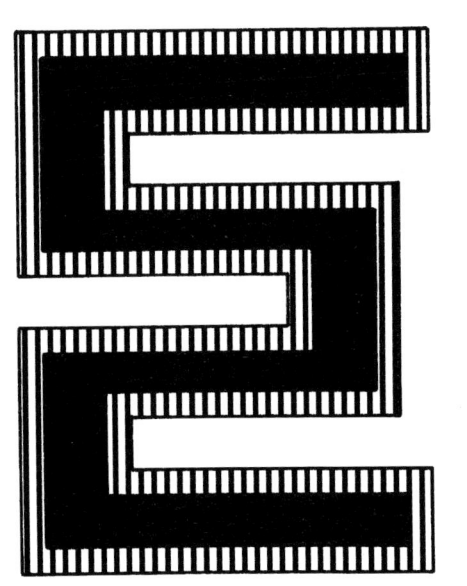

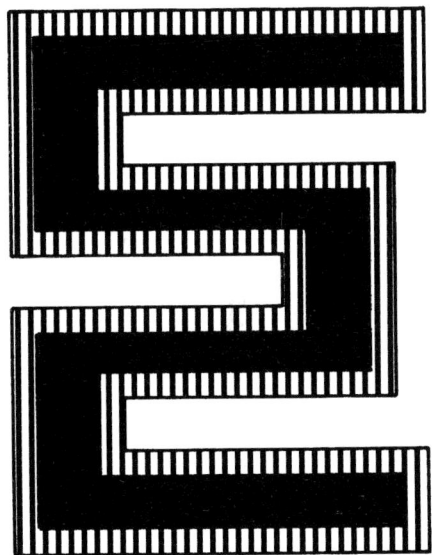

Tobas

Los tobas, parcialidad de los guaycurúes del Chaco oriental y norte de la provincia de Santa Fe, ocuparon el curso medio e inferior de los ríos Bermejo y Pilcomayo y parcialmente el curso superior de este último. Las campañas militares para dominarlos hicieron que algunos grupos se retiraran al interior de la selva, en el centro de la provincia de Chaco. Los tobas y sus parientes los pilagá fueron los últimos indígenas en ser dominados en la Argentina. Las operaciones militares contra ellos finalizaron en 1936 [56].

---

[56] Carlos Martínez Sarasola, 1992.

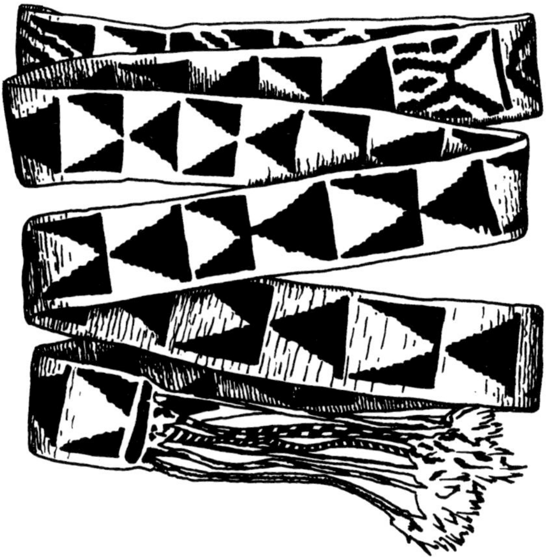

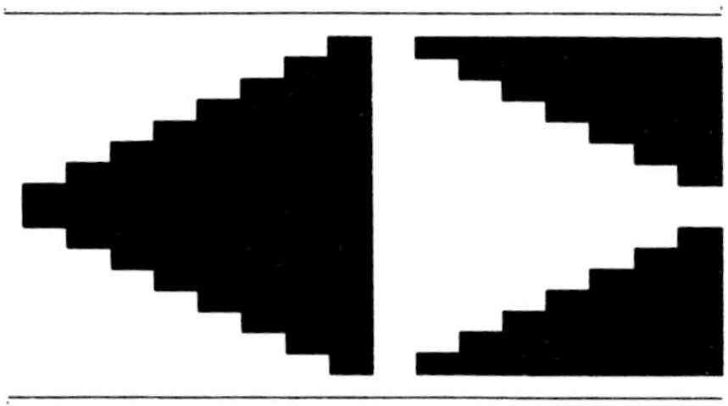

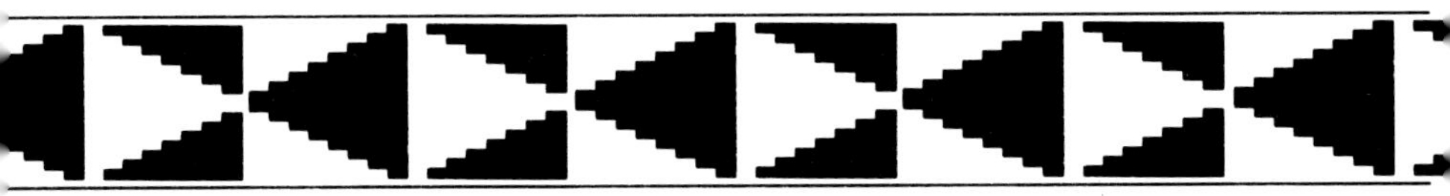

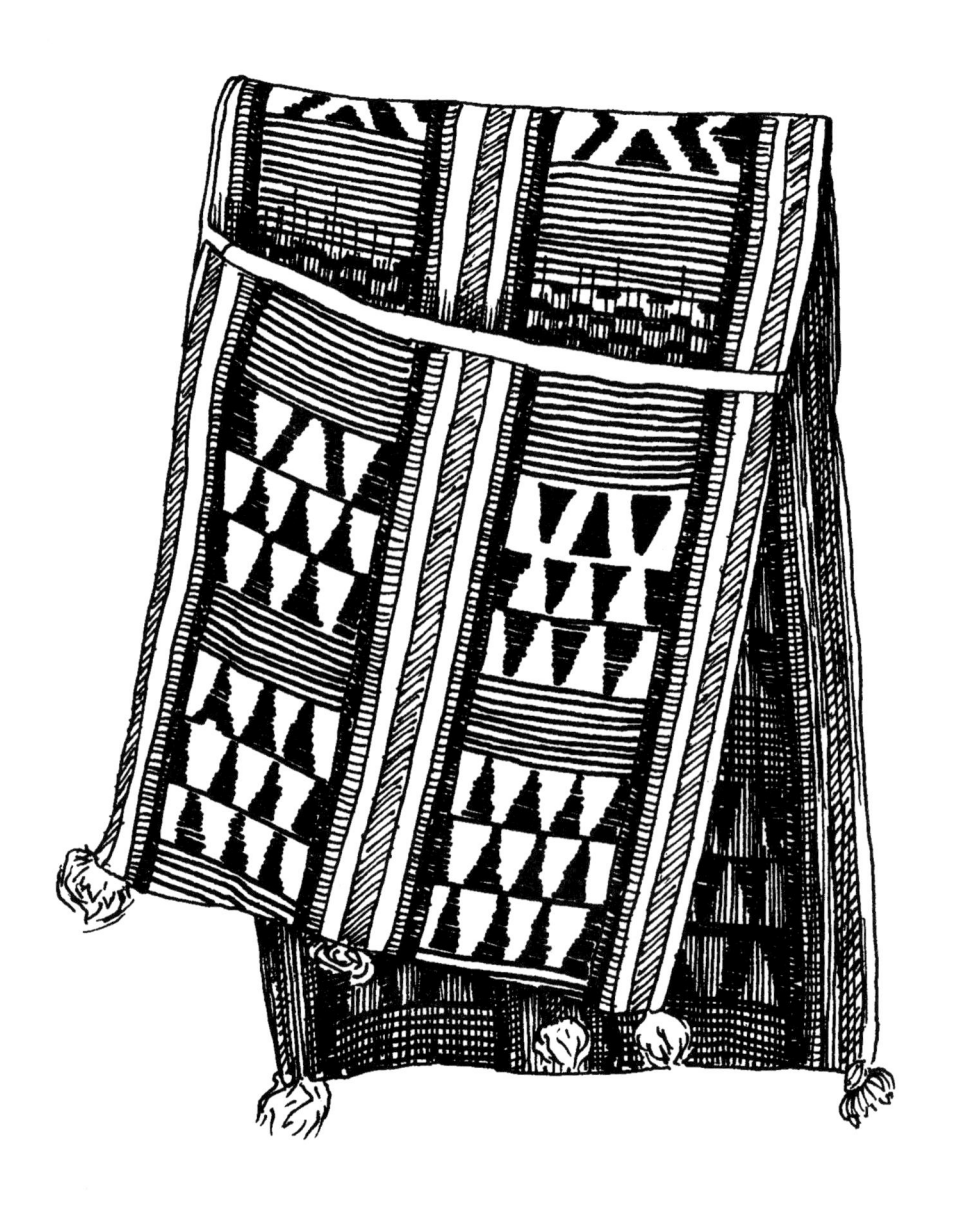

Alforjas tejidas en lana de oveja. Este material fue adoptado por los tobas en época hispánica. Los colores de los tejidos variaron con respecto a los de fibra vegetal, pero los diseños conservaron su geometrismo y significados.

culturas wichi y toba

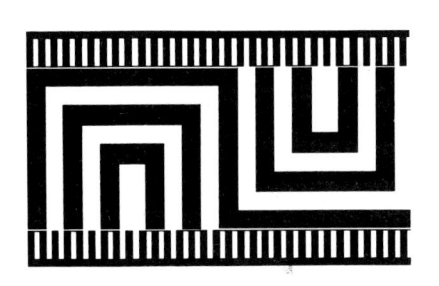

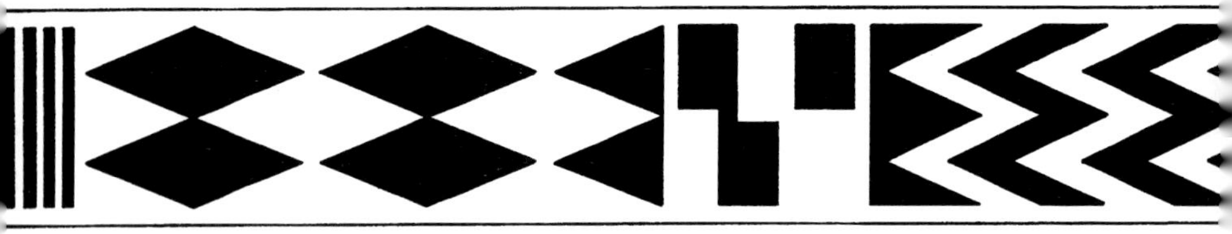

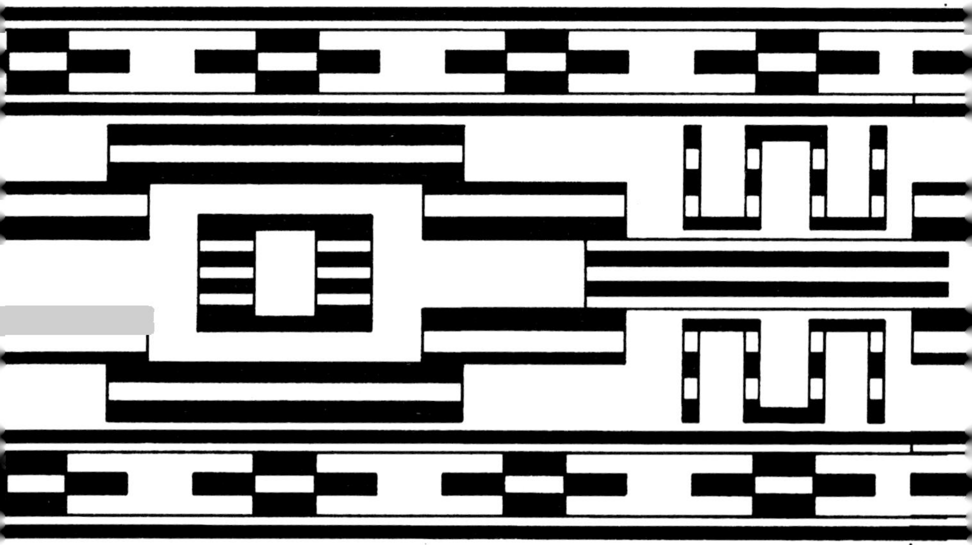

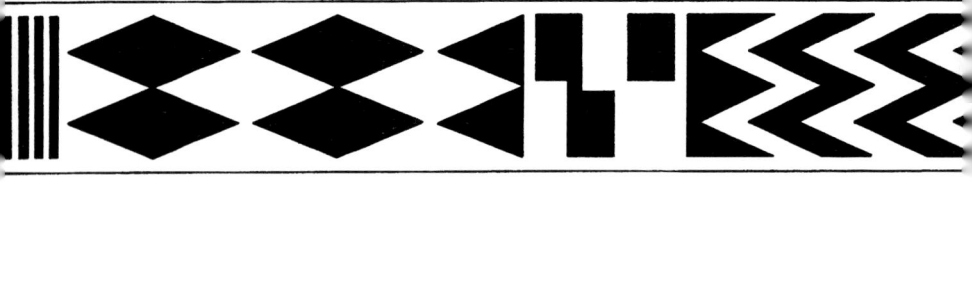

culturas wichi y toba

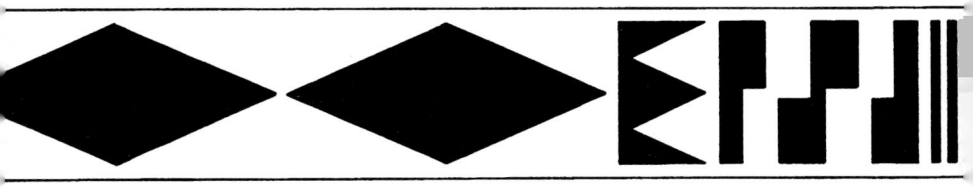

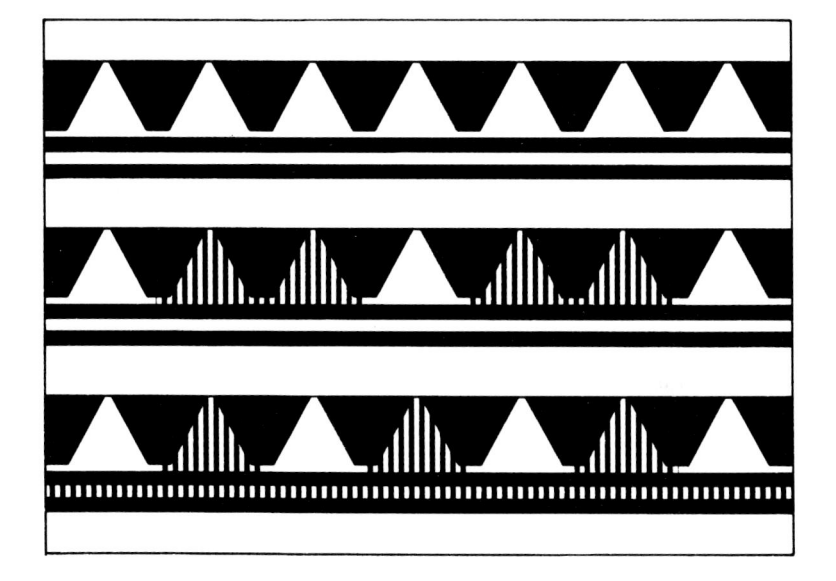

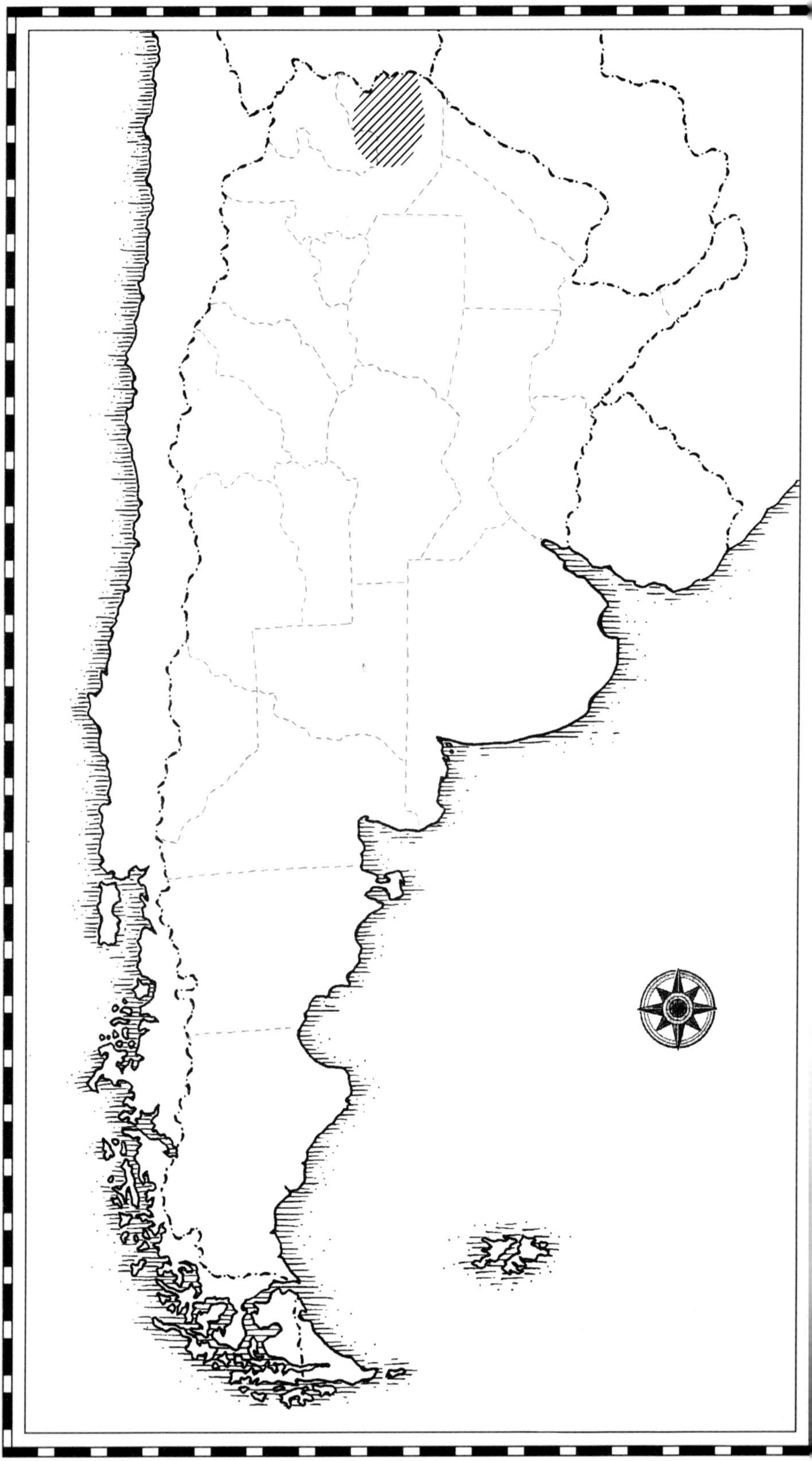

Cultura Chiriguano-chané

Los chané habitaron originalmente el Chaco salteño. En época no precisa, oleadas de guaraníes –a quienes los inkas llamaron chiriguanos– invadieron su territorio. Pero lejos de conquistarlos y desplazarlos, los vencieron militarmente y se les unieron socialmente, dando lugar a este particular complejo cultural.

En esta sociedad, son las mujeres las encargadas de las labores ceramistas. En los objetos utilitarios de pequeño y mediano tamaño (ollas de cocina, jarras, recipientes para elaboración de maíz tostado –pochoclo–, etc.), las formas son de origen chané y las guardas más características para la decoración se asocian con abstracciones de aves. En la secuencia de la **[figura f]** página 51, podemos ver el origen de una de estas estilizaciones. Se emplearon ganchos para representar cabezas de loros y figuras rectangulares enfrentadas para cabezas de búhos vistos de frente. También son frecuentes los motivos de serpientes espiraladas que podrían ser derivación de las culturas de los valles de Bolivia o préstamos culturales de los guaraníes. Las tinajas de gran porte para almacenamiento de agua, miel o granos, o para uso funerario, son de origen guaraní. Se decoraban con incisiones y unguladuras, al estilo guaraní. Las máscaras talladas en madera de yuchán (palo borracho) para la ceremonia denominada 'Arete' son características de esta cultura.

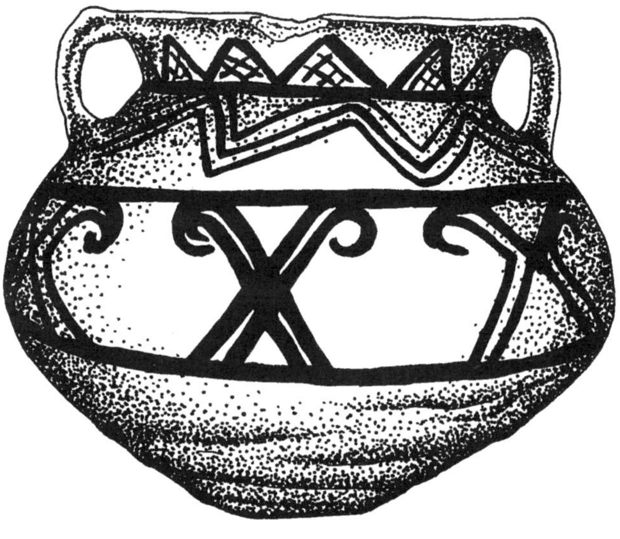

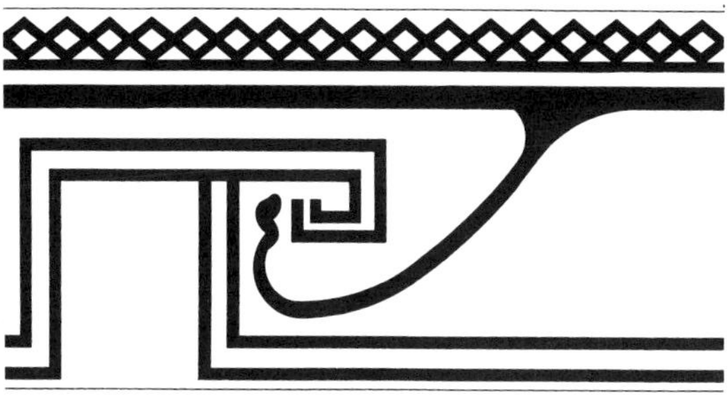

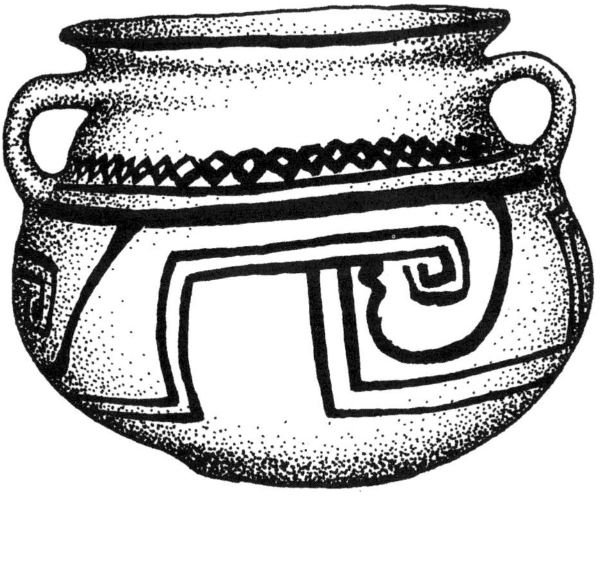

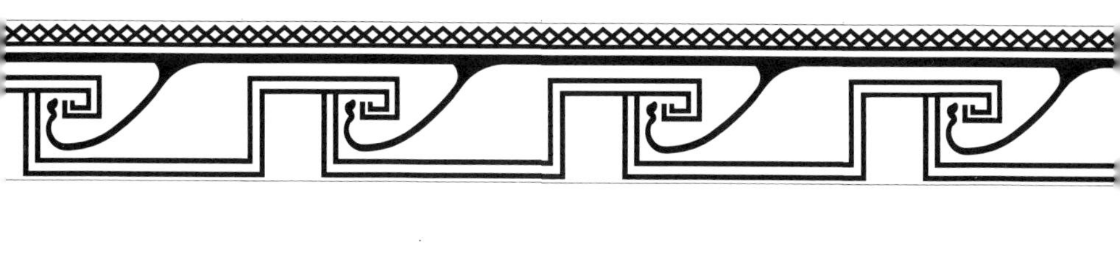

228

cultura chiriguano-chané

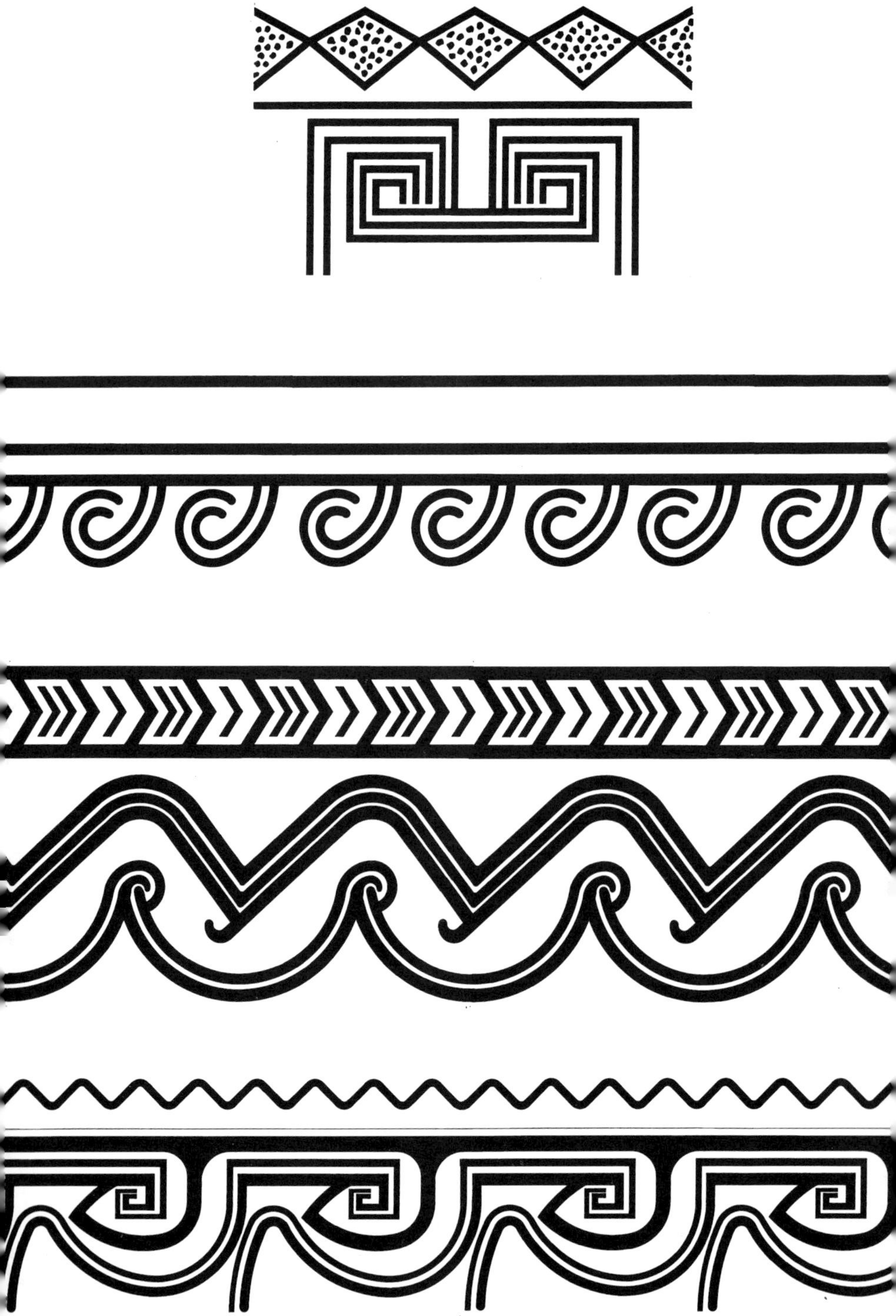

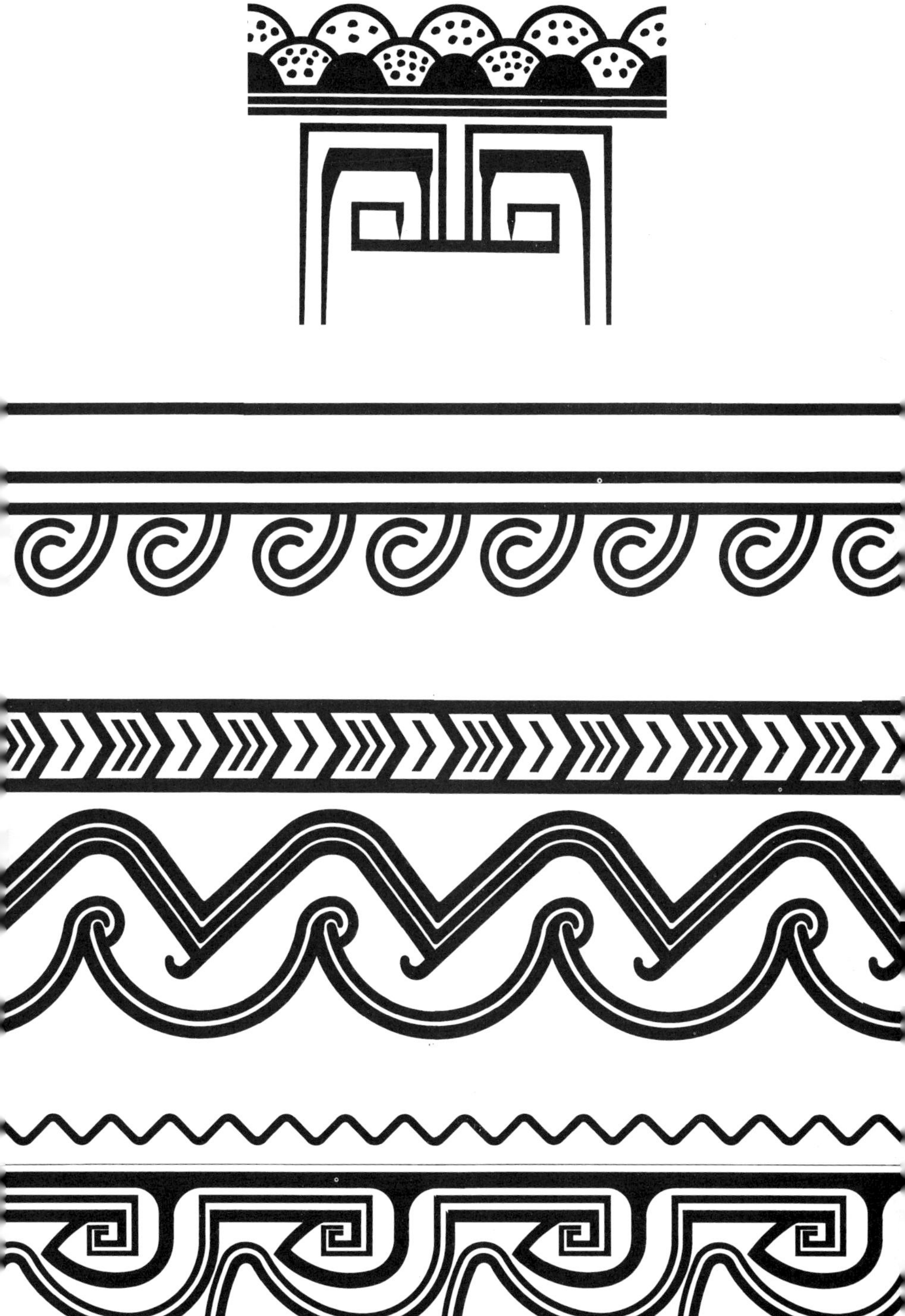

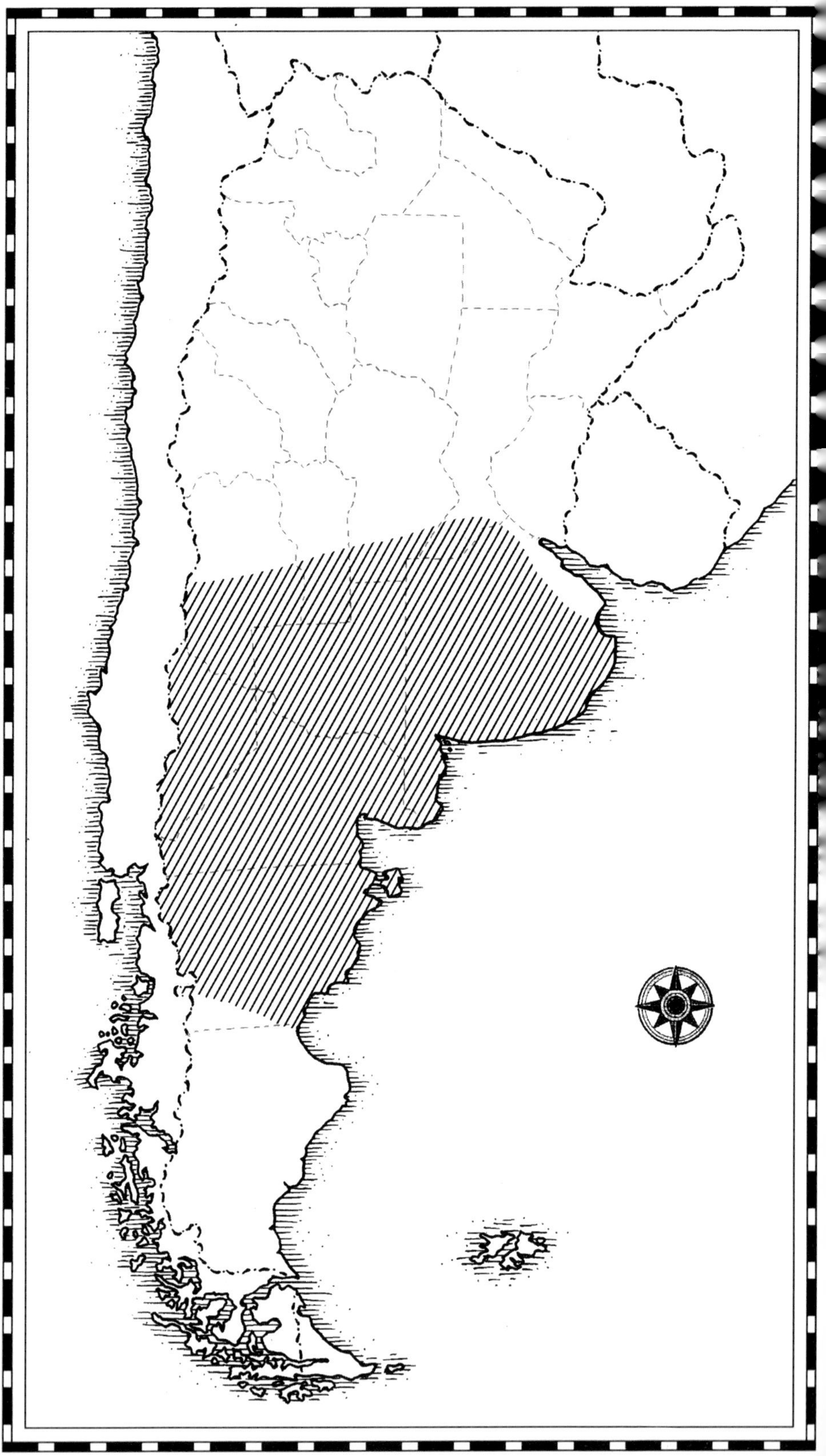

Cultura Mapuche

Suele hablarse de araucanos, mapuches y pampas como si fueran una misma entidad. Las confusiones respecto de la filiación étnica de los habitantes de la Pampa y norte de la Patagonia se deben a los constantes movimientos e interrelaciones de los pueblos que las habitaron. Lo que sabemos con certeza es que los araucanos llegaron al territorio hoy argentino desde Chile recién a fines del siglo XVIII y principios del XIX, mientras que su cultura (mapuche) ya había atravesado la cordillera en el siglo XVII, siendo adoptada por los grupos pampas [57], cuyos textiles presentan aspectos de la cosmogonía de esta cultura.

El cosmos mapuche, en concepción vertical, se divide en seis o siete estratos, separados en tres zonas cósmicas: supramundo, mundo (mapu: la tierra) e inframundo. A cada estrato corresponde un color y se los presenta juntos o por separado en líneas, escalones o grecas.
A su vez, el estrato correspondiente a mapu se admite como representación horizontal del cosmos, donde a cada punto cardinal corresponde un color y un estrato. Mapu (verde) ocupa el centro; el norte (negro) es lo malo y regular; el oeste (también negro) lo muy malo; el sur (azul) lo bueno y el este (blanco) lo muy bueno **[figura n]**. Esto explica el colorido de muchos ponchos, teñidos de acuerdo con las características de sus dueños que se pretenden destacar.

Los sueños tienen también gran importancia en los diseños. La gama del azul indica diferentes grados de experiencia onírica y la transportación, por medio de ellos, a diferentes estratos.

---

[57] M. M. Ottonello y A. M. Lorandi, 1987.

Los colores en la vestimenta

Los colores tienen, en la visión cósmica mapuche, un significado relacionado con lo bueno y lo malo. Este significado se asocia con caracteres personales y es posible tener en un tejido, a través del colorido y los símbolos, una semblanza de cada individuo.

Los dibujos y colores de fajas, ponchos y matras representan mensajes. Quien sabe interpretar el simbolismo, se ayuda de él para recordar datos que hablan de hechos concretos, historias o rasgos personales.

Los azules y el blanco están relacionados con el bien y el mundo celestial. Cuando aparecen en un poncho o cualquier otra prenda de vestir, significan que quien lo porta es un ser de bien, con altas cualidades morales, inteligente y protector.

El rojo evoca el mal, el daño. Se asocia con el belicismo y la guerra. Es color prohibido en las Rogativas, que tienden a lograr la fraternidad de las comunidades. Sin embargo, asociado con los colores del bien (por ejemplo, dibujos rojos sobre campo azul) puede ser indicativo de sabiduría, de persona hábil para la guerra, beneficiosa para la protección.

El negro simboliza la noche, la oscuridad y las tinieblas, la muerte y los espíritus del mal. Utilizado como único color en la vestimenta, asocia a quien lo luce con la brujería y los malos espíritus. Es color de brujos ocasionantes de males, en contraposición con las machis, que actúan para el bien. Pero ajustándose a las antinomias y dualismos frecuentes en la cosmovisión mapuche, la vinculación con lo oculto demuestra también sabiduría y dominio del mal para manejarlo a voluntad. En la actualidad, las agrupaciones gauchescas tradicionalistas han adoptado para sus ponchos el color negro por su sobriedad, con independencia de su significado en la cultura mapuche.

El verde simboliza la tierra, la naturaleza y la vegetación. Se lo asocia con la fertilidad y el bienestar. Es color de caciques, de lonkos: seres protectores, benefactores de la comunidad, generadores de cosas buenas para ella. Se lo ve muchas veces acompañado del violeta,

[figura n] El cosmos mapuche

Mapu: se admite como la visión horizontal del cosmos trasladado a las regiones terrestres.
Centro de Mapu: visión natural de la tierra. El rectángulo central es el sitio donde se está, centro ritual y lugar desde donde se organiza la situación de la comunidad en el universo.
Cuadrantes de Mapu: visión sobrenatural de la tierra. Referentes de lo bueno o lo malo que acaecerá. (Ver también referencias a La cruz en el capítulo sobre Cultura Santa María.)

segundo color de la escala cósmica, un escalón más abajo que el blanco. El blanco puro es el color del bien, del estrato cósmico superior. Pero el color supremo es el que se asocia con la claridad de la luz. Es intangible, transparente, como el brillo de las gotas de rocío, como los reflejos en el agua. Es el color que sirve al Dios Supremo para ver desde arriba lo que sucede en los estratos inferiores [58]. Sólo algunos alcanzan a verlo en sueños: los colores vistos durante experiencias oníricas son importantes presagios.

La platería usada por machis y lonkos, antes de convertirse en objeto de uso suntuario y posiblemente también antes de ser adoptada –sin brillo– como asociación con la luz pálida de la luna para regular los ciclos menstruales de las mujeres [59], habría tenido como fin representar al blanco supremo en sus reflejos. La combinación de vestimenta negra y platería (el color de Dios) implicaría una asociación con las fuerzas de ambos extremos del cosmos.

[58] María Ester Grebe Vicuña, 1990. [59] Pedro Mege Rosso, 1999.

cultura mapuche

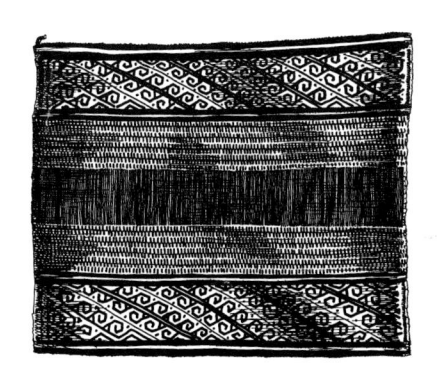

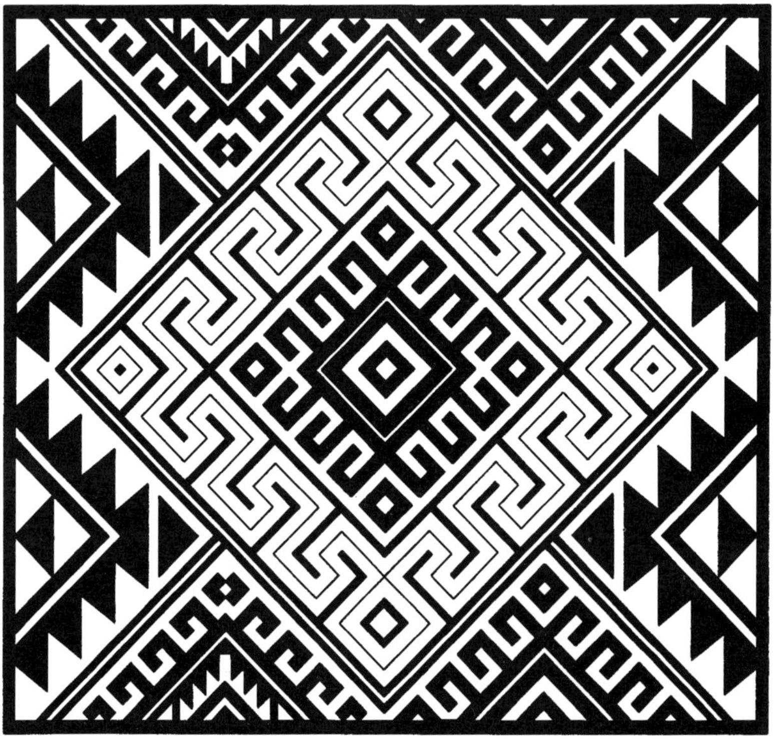

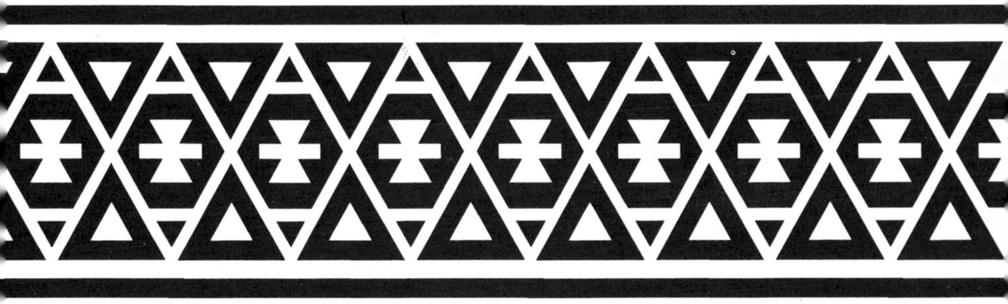

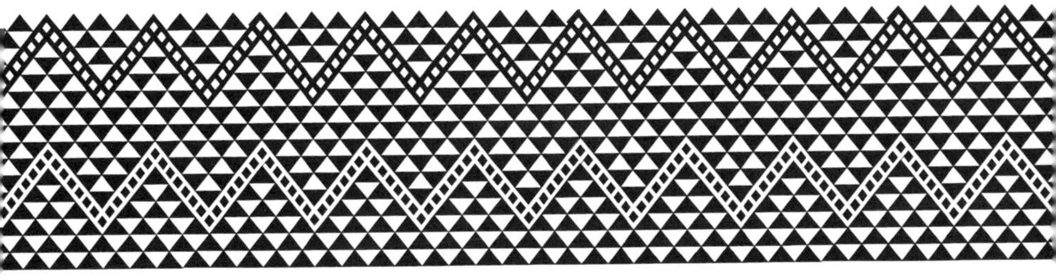

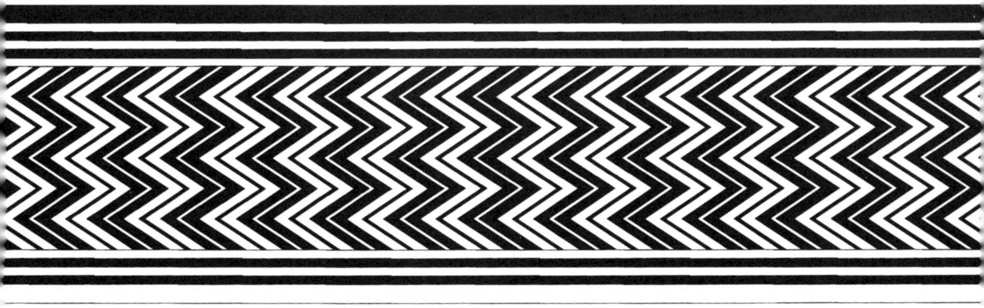

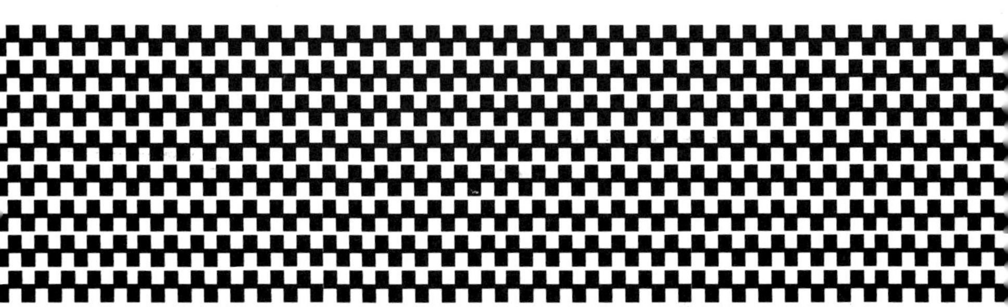

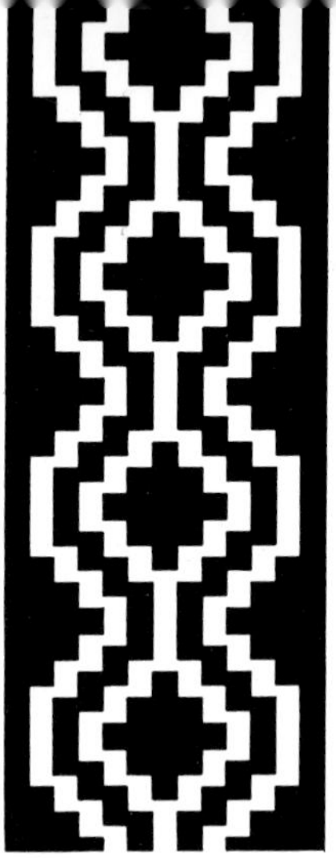

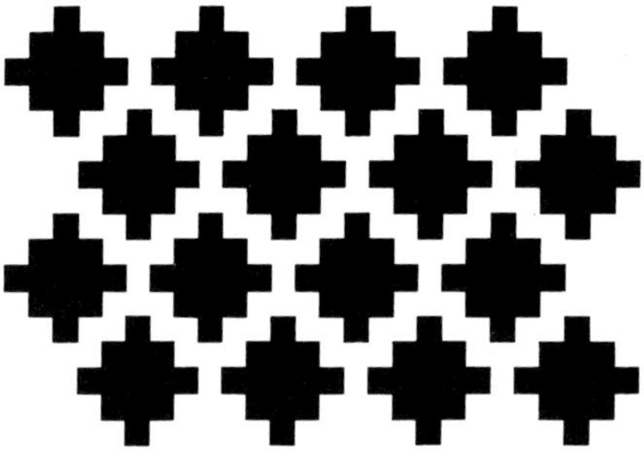

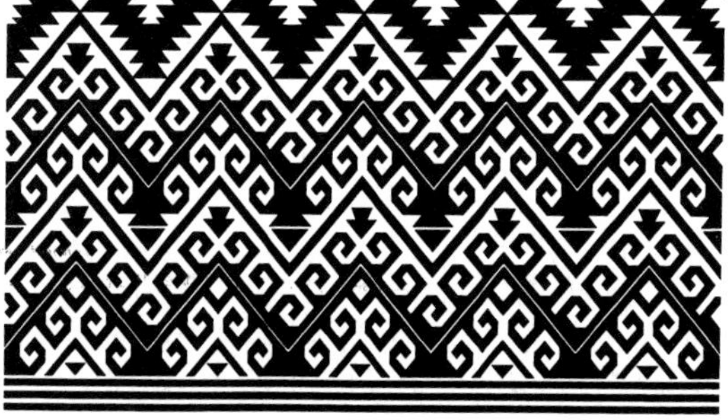

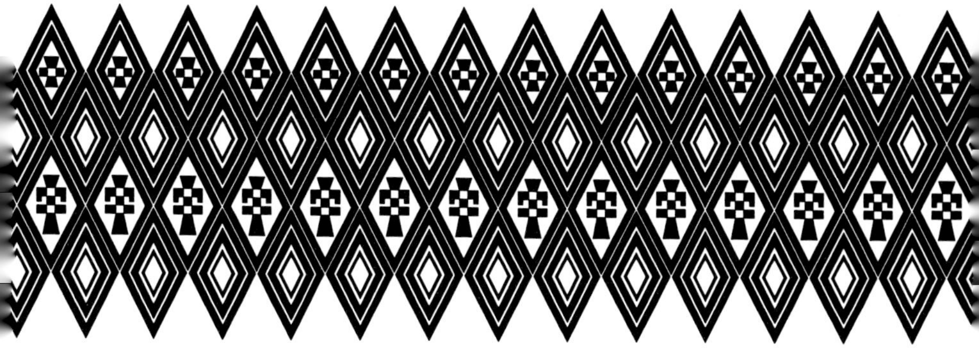

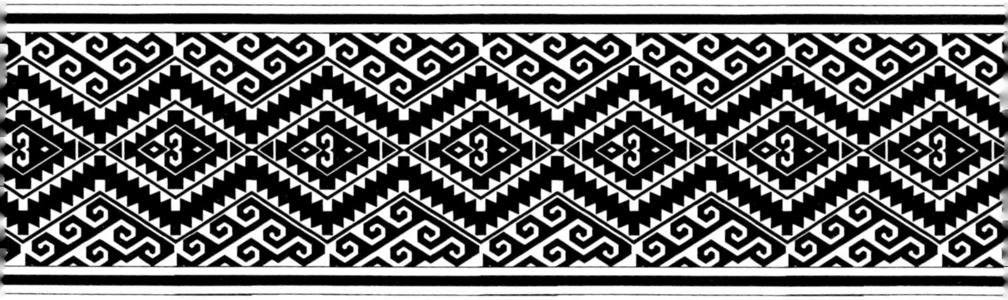

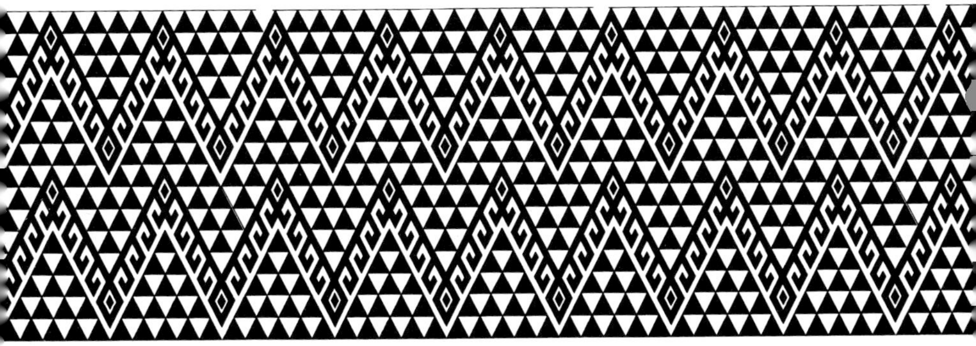

242

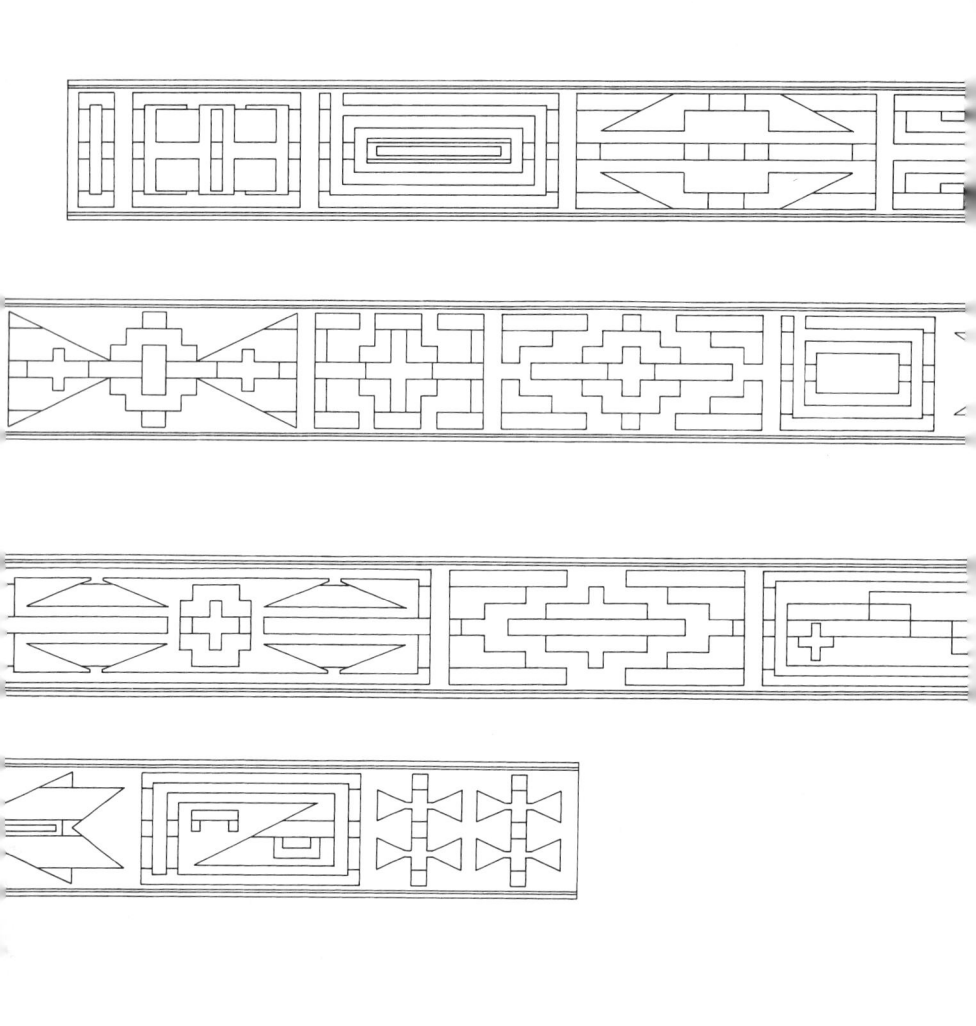

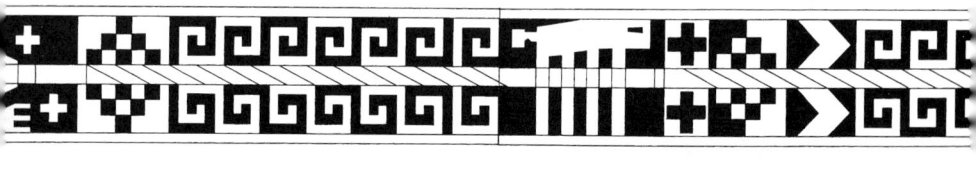

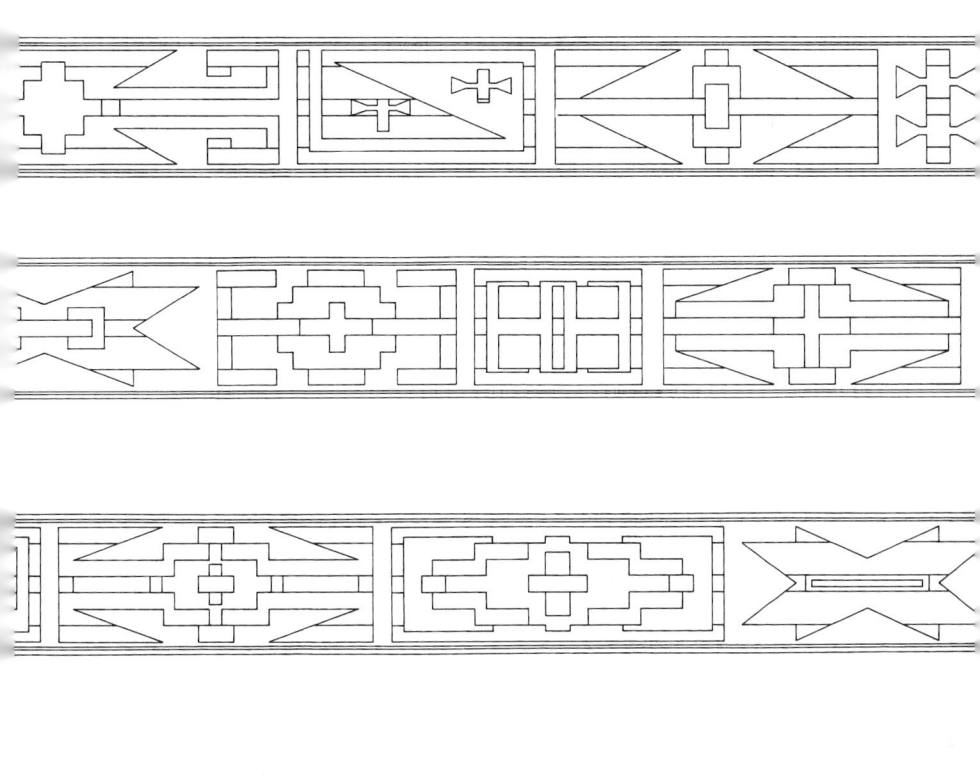

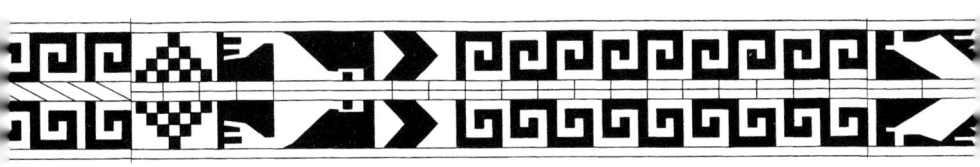

Fajas ceremoniales. La combinación de motivos evoca el orden material y cosmológico mapuche. Los motivos geométricos funcionan como talismanes protectores. La reiteración de esos motivos (como en la faja de abajo) alude al concepto de infinito. Todos los elementos están unidos por una banda central que los estructura. Las figuras humanas representan poses chamánicas, en particular la que tiene ambos brazos en alto, lo que significa un estado de profunda exaltación mística (Vanesa y Andrés Moraga, 1994).

244

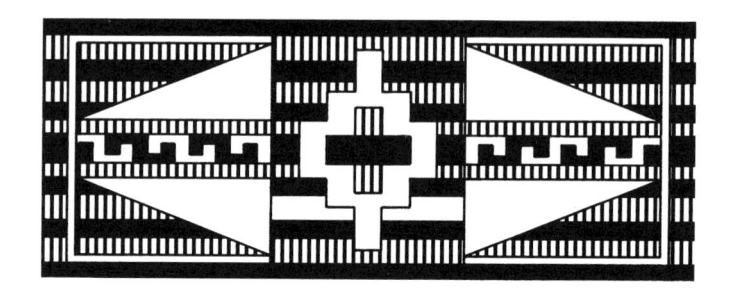

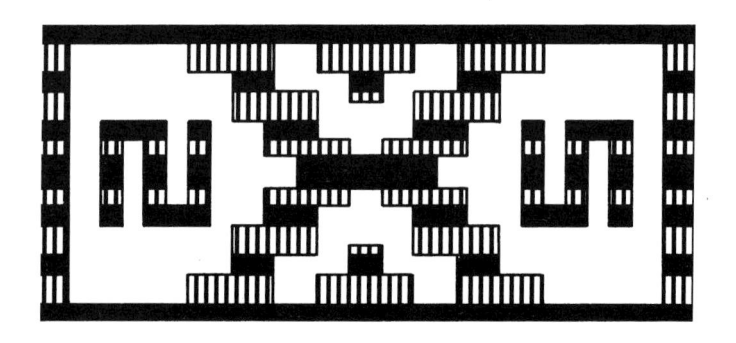

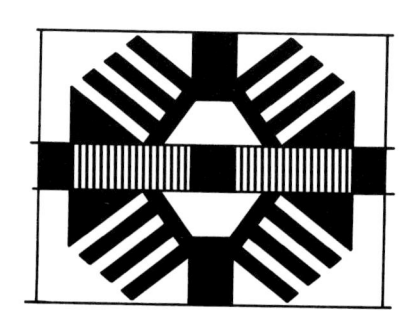

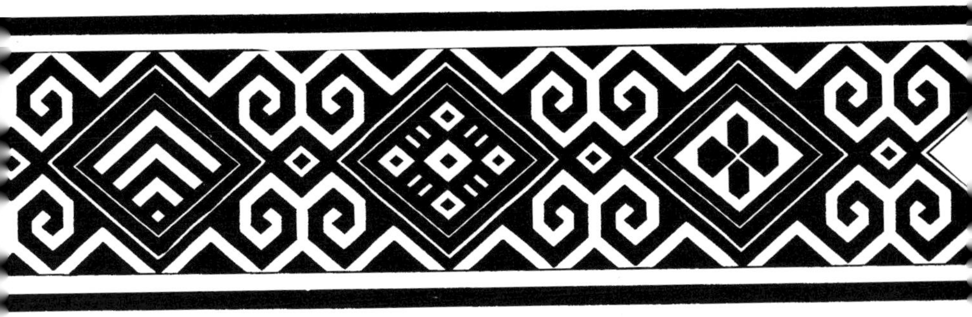

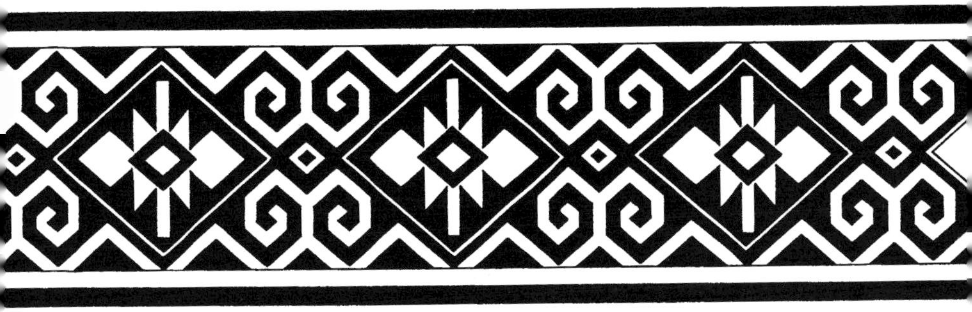

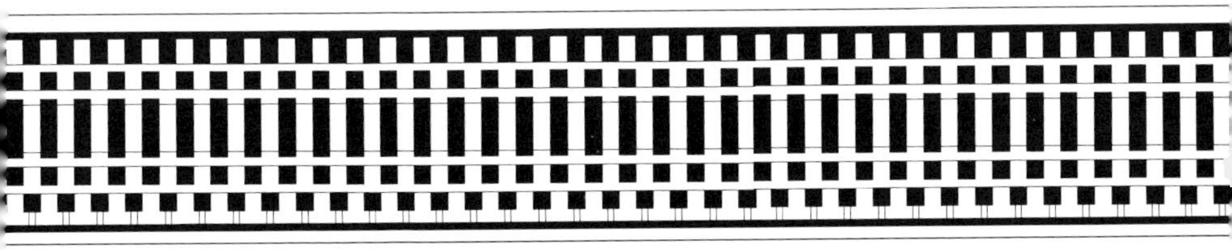

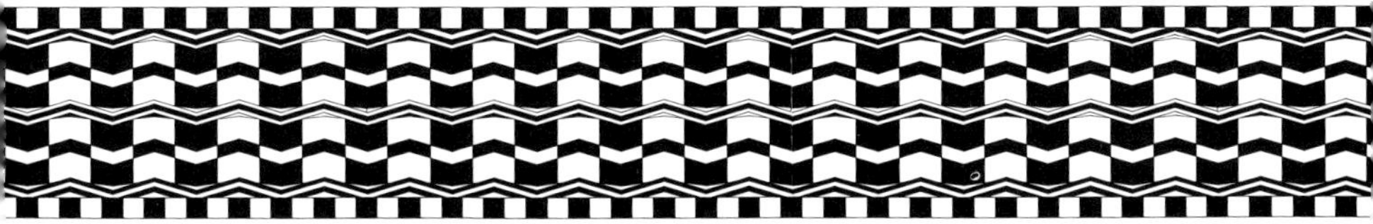

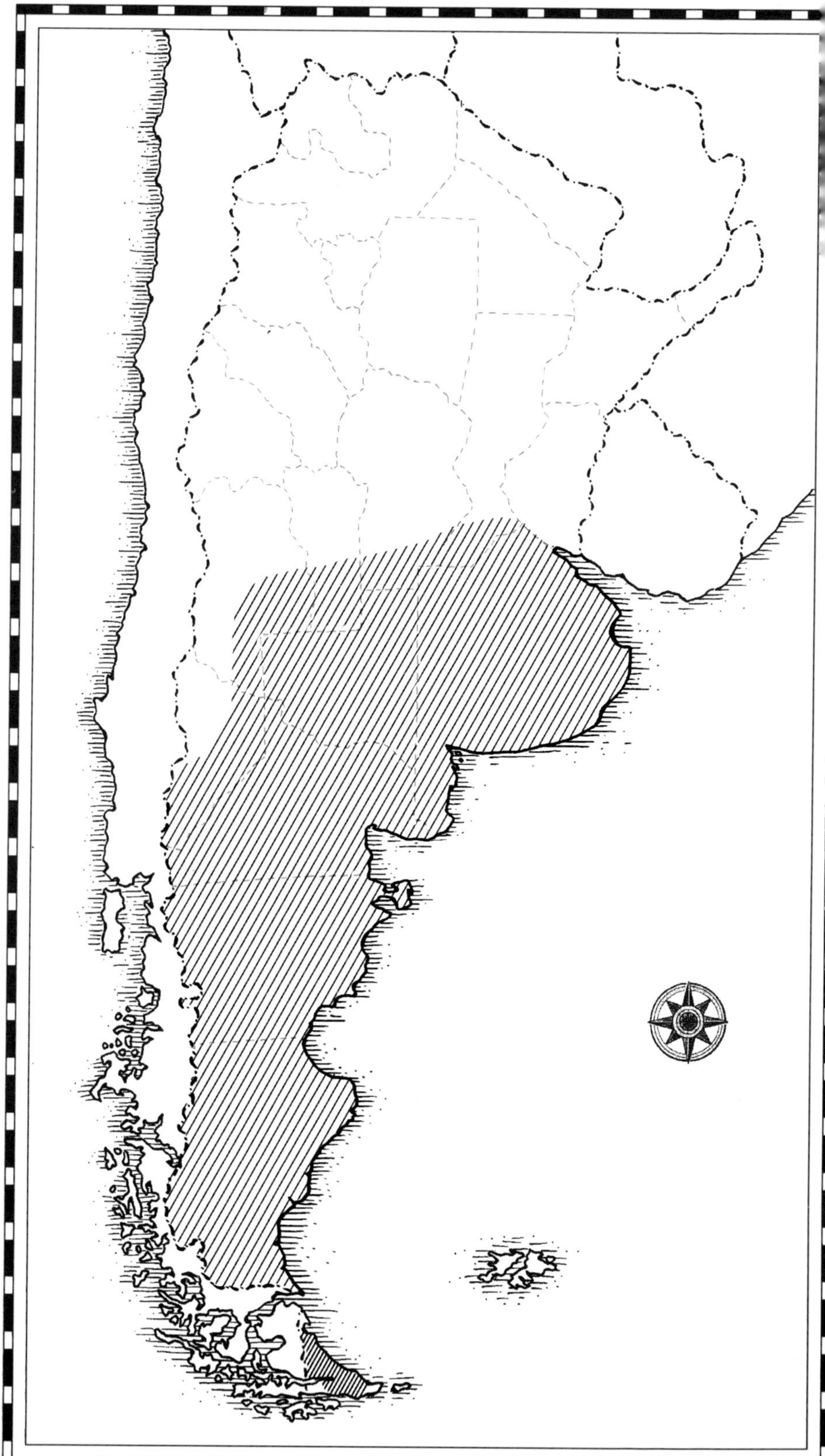

Cultura Tehuelche

Esta cultura es milenaria y de dudoso origen. Solitarios nómades de la Patagonia y sur de la Pampa, cuando las disputas entre los araucanos y el 'blanco' por el dominio de las tierras y el comercio se hicieron insoportables, la mayoría optó por aliarse al blanco, sirviendo en sus ejércitos, resguardando fronteras o como peones de campo.

Mucho se habla de la Cultura Mapuche y su influencia en estas regiones, pero los tehuelches, que hasta principios del siglo XIX aún conservaban su hegemonía [60], también aportaron lo suyo: la bota de potro, las viviendas de cuero, las boleadoras, técnicas de curtiembre, aspectos de su mitología ('gualicho', ser o espíritu maligno, proviene de sus creencias), danzas dinásticas como el 'lonkomeo' (voz mapuche que define un baile ritual masculino de origen tehuelche), simbología, etcétera.

Realizaron trabajos prodigiosos en cuero. Lo trataban de manera que quedaba 'suave como una faja de bebé', según comentara uno de los primeros colonos galeses, a quienes ayudaron a adaptarse a estas tierras [61].

Los cueros pintados (primero de guanaco, después de potro) eran vestimenta, mortaja fúnebre, atuendo de chamanes o regalo de bodas. Los quillangos de guanaco (confeccionados con varias pieles de guanaquitos jóvenes, 'chulengos') y los cueros de caballo se consideraron por mucho tiempo prendas de diferente jerarquía: los quillangos eran la vestimenta por excelencia y la cobertura externa de las viviendas,

---

60 Carlos Martínez Sarasola, 1992. **61** Reverendo A. P. Mattheus (1893), 1954.

por eso tenían valor sagrado como prendas de protección y llevaban pintados símbolos de linaje. Los cueros de caballo se aplicaban a usos domésticos (separar ambientes dentro de los toldos, mantas de cama, envoltorio de enseres, alforjas, etc.). Más tarde, sobre todo en la Patagonia septentrional, los quillangos fueron gradualmente desplazados por el cuero de caballo y la diferenciación jerárquica desapareció [62].

En ambos tipos de cuero se puede apreciar la mayor variedad de iconos. Una gran cantidad de las geometrizaciones empleadas tendría origen en formas naturales relacionadas con su mitología, pero su abstracción hace difícil identificar el modelo inicial. Responderían a representaciones familiares: especie de blasones para identificar estirpes genealógicas a través de generaciones. Los diferentes linajes poseían un símbolo totémico que los distinguía, pero en general los descendientes desconocen hoy los significados de las representaciones. Los chamanes habrían sido los únicos capaces de descifrarlas. Francisco P. Moreno fue guiado por la Patagonia, en 1880, por descendientes 'del sol que va marchando', familia que fue muy poderosa y tenía divisas propias que identificaban a sus miembros [63].

Los dibujos se repiten innumerables veces sobre un campo de color parejo. En algunos, vistos a distancia, se pueden reconocer otros diseños formados por la agrupación de colores.

---

62 R. Casamiquela, 1987. **63** F. P. Moreno (1880), 1979.

Los tehuelches del extremo sur de la Patagonia utilizaron calzado que fabricaban con piel de guanaco. Antonio Pigafetta, que recorrió la costa de la provincia de Santa Cruz en 1520 con la expedición de Magallanes, describió en su diario a un indio avistado en las playas: "Su vestido, o mejor dicho, su manto, estaba hecho de pieles, muy bien cosidas, de un animal que abunda en este país (el guanaco). (...) Llevaba este hombre también una especie de zapatos hechos con la misma piel".
El navegante Andrés de Urdaneta, unos años después, observó que los indios a la entrada del Estrecho de Magallanes, del lado continental, usaban "unas abarcas en los pies". A mediados del siglo XVI otro navegante, Juan Ladrillero, decía: "traen zapatos del mismo cuero (guanaco) que les cubren hasta encima de los tobillos".
Las abarcas y otros similares habrían sido el calzado prehispánico de la Patagonia meridional, reemplazados más tarde, con el advenimiento de la cultura ecuestre, por botas hechas con el 'codo' de las patas traseras de pumas, guanacos y huemules. Más tarde se confeccionaron casi con exclusividad en cuero de potro.
En Chubut se hallaron restos de unas sandalias que provendrían aproximadamente del siglo XVIII [64].
En el Museo Ambrosetti, de Buenos Aires, se conservan unos 'mocasines' cosidos con tientos de los onas de Tierra del Fuego, que serían similares a tipos usados por los tehuelches del sur, y que tomamos como modelo para nuestra ilustración.

64 Milcíades Alejo Vignali, 1930.

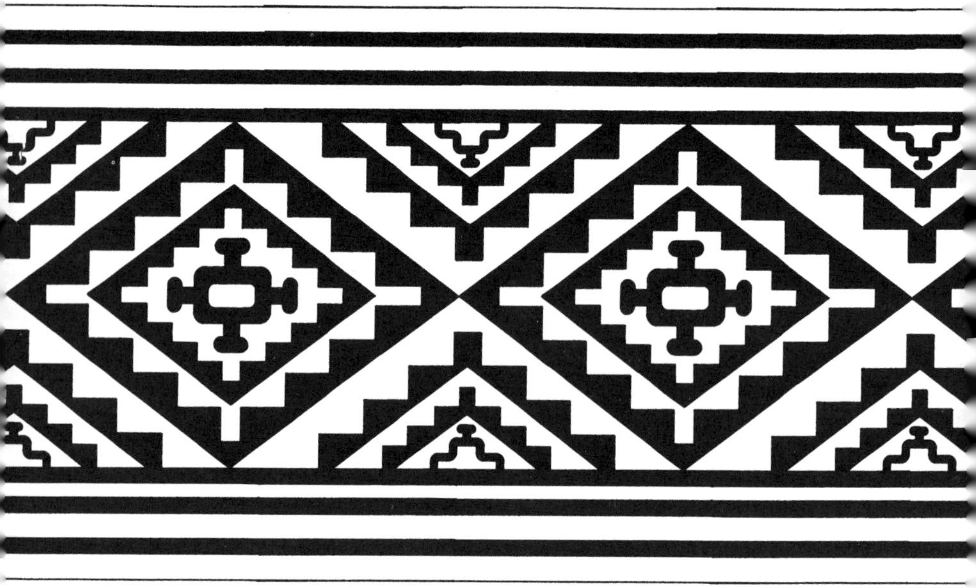

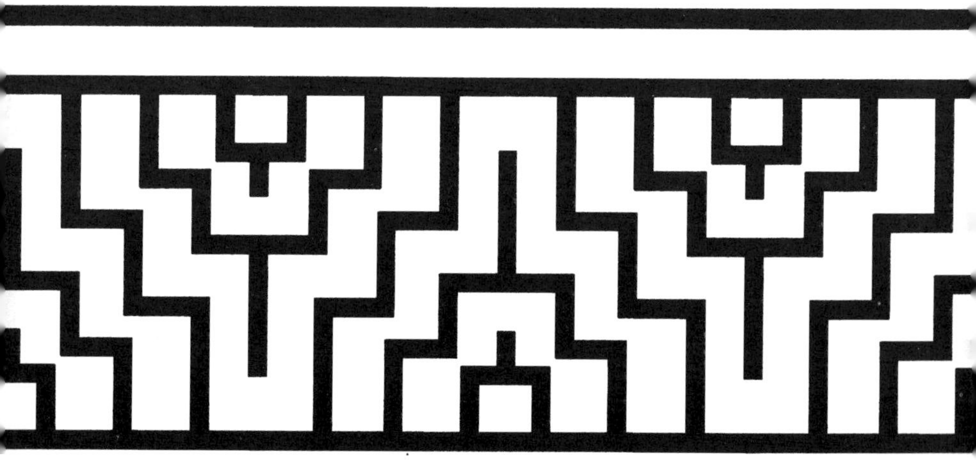

cultura tehuelche

Las figuras antropomorfas enfrentadas representarían la confrontación de dos fuerzas o espíritus corporificados y humanizados, tal como sucedía en los bailes rituales: el gualicho (representando al mal) y el linaje (o estado ideal que se deseaba alcanzar perteneciendo a él). Este mismo simbolismo era adoptado en ceremonias de iniciación o imposición de nombre. En ellas, de un estado de confusión y caos se accedía a otro de tranquilidad y superación a través de la danza y el canto ritual.

El canto ritual (llamado 'tayil' en mapuche) estaría representado por el zigzag que divide los campos ocupados por las figuras [65]. Las líneas o bandas quebradas aluden a los linajes: representarían las canciones sagradas (quizá relatos de leyendas de origen) correspondientes a cada uno de ellos. Las líneas o franjas suben y bajan haciendo alusión al ritmo continuo del canto y la danza: las tonadas de los 'tayiles' son de poca variación con la intención de provocar el trance a los videntes con su monotonía dulce e indefinida. Cada 'tayil' corresponde a un linaje que se corresponde a su vez con un ente natural (animal, piedra, cuerpo celeste; rara vez, vegetal) [66].

---

[65] Rodolfo M. Casamiquela, 1987. [66] Juan Benigar, 1963.

Dibujo procedente de un pequeño bolso de cuero. El diseño responde a la representación de figuras antropomorfas encadenadas que también se ve en las pinturas rupestres de la Patagonia.

Las figuras antropomorfas, en traslación vertical, horizontal u oblicua, con mayor o menor grado de esquematización, representarían eslabones de cadenas genealógicas. De allí su permanencia en el tiempo, tanto en pinturas rupestres como en los diseños de los cueros pintados. Estas 'cadenas' serían también el origen de muchos dibujos de los ponchos pampas: aquellos que presentan traslaciones de un mismo motivo, generalmente con forma de cruz escalonada [67].

La asociación de los 'encadenados' rupestres con genealogías surgió de intentos de interpretación valiéndose de datos provenientes de diversas culturas del mundo, sugiriéndose la supervivencia de antiquísimas simbologías paleolíticas (Carl Schuster, 1956/58 y 1964). Se objeta esta teoría por su formación con datos de muy diversas épocas y lugares [68]. Sin embargo, la misma coincide con lo expresado por Wassily Kandinsky en el manifiesto del *Blave Reiter* (1911): "Los valores espirituales perdidos con la vida moderna se hallarían resumidos en el arte primitivo de cada región, que coincide en sus ideas primarias con el de diversas poblaciones del mundo" [69].

La relación entre diseños de quillangos y ponchos con rasgos estilísticos del arte rupestre –particularmente con aquellas figuras 'encadenadas'– se habría dado en épocas no definidas y se asociaría, a ambos lados de la cordillera, con influencias remotas [70].

Independientemente de la cronología de esas pinturas rupestres, localizada entre los siglos VIII y XVI [71], y continuando con aquel posible significado original referido a las genealogías –o quizá desconociéndolo– los tehuelches de la Patagonia atribuyeron su autoría a sus propios dioses o héroes míticos, generadores de su raza. Surgieron de su adopción e imitación muchos de los 'blasones' o divisas indicadores de estirpes familiares [72], costumbre seguida después por todos los pueblos que habitaron la Pampa y la Patagonia. De allí que muchos caciques visitaran aleros y cuevas en procura de lograr el contacto con la energía de sus antepasados [73]. Francisco P. Moreno detectó a orillas del curso bajo del río Negro unas oquedades naturales con pinturas rupestres similares a las de los quillangos [74].

---

[67] Vanesa y Andrés Moraga, 1994. [68] Alberto Rex González, 1980.
[69] Alejandro E. Fiadone 1989. [70] Rodolfo M. Casamiquela, 1987. [71] Carlos J. Gradín, 1990.
[72] Mario Echeverría Baleta, s/f; Francisco P. Moreno (1866-77), 1969; Rodolfo M. Casamiquela, 1988. [73] Rodolfo M. Casamiquela, 1988. [74] Francisco P. Moreno (1880), 1979.

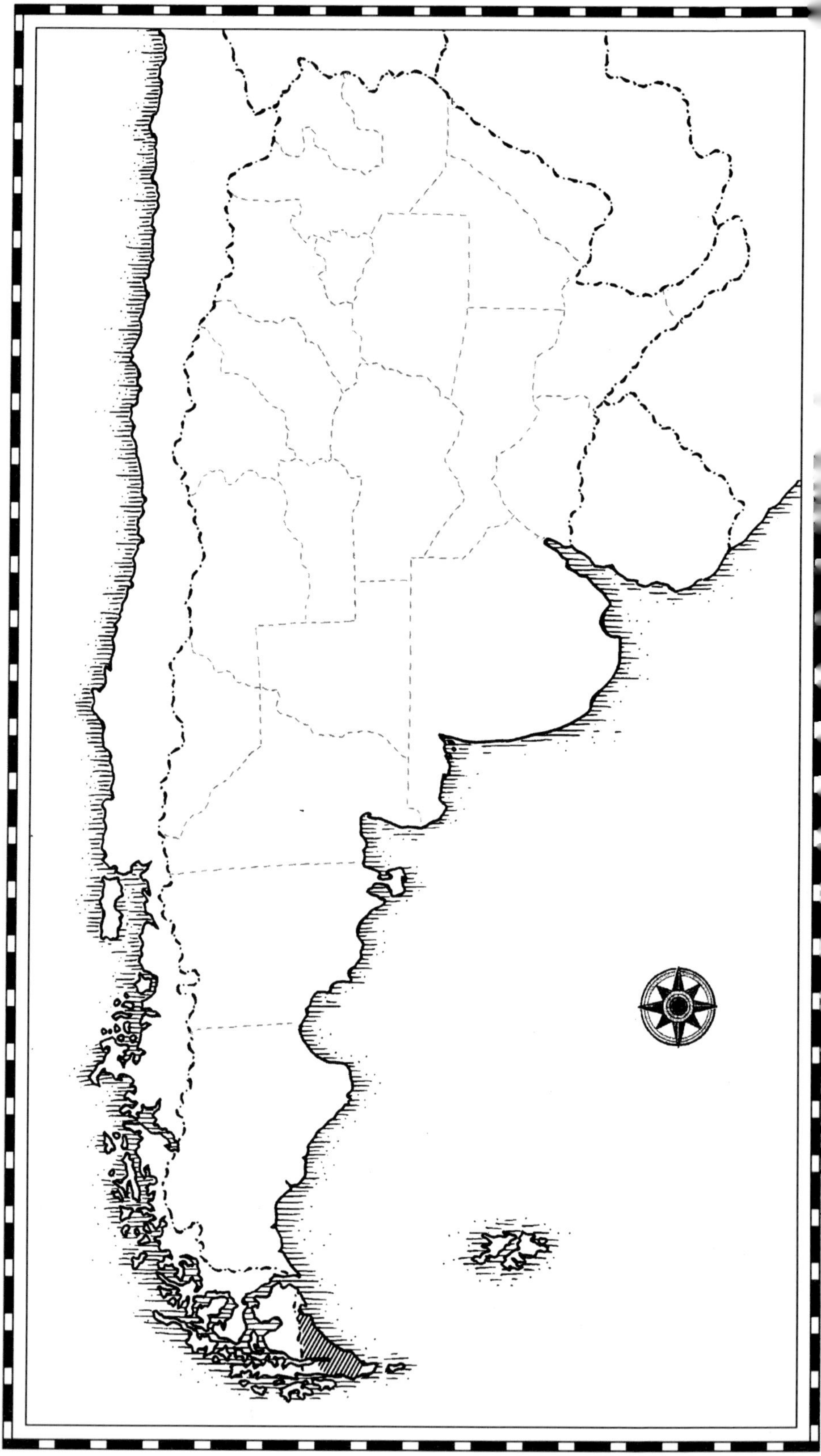

Cultura Selk'nam (Ona)

Habitantes del último confín de la tierra, el particular modo de vida de los selk'nam no encontró ninguna coincidencia con el nuevo orden que se les pretendió imponer. Su concepción antimaterialista no admitió nunca el cercado de propiedades y el adueñamiento de manadas. Su única pertenencia reconocida era a un linaje y la única limitación territorial aceptada era la porción que tocaba a cada grupo. Lo demás no tenía dueño.

La cultura material de los selk'nam no produjo importantes ni variados objetos: no los necesitaban. Su concepción social priorizaba la relación entre los individuos y con el medio ambiente. Crearon un complejo código social y ritual cuyo sustrato simbólico fueron los mismos cuerpos de los individuos. Concibieron una simbología corporal tanto para indicar pertenencia a un linaje como estado civil y de ánimo, además de usar las pinturas para explicar a los aspirantes a mayores, en complicadas ceremonias, cómo interactuaban todas las entidades y cómo debían actuar ante esa realidad.

Los colores usados eran rojo, amarillo, negro y blanco. Este último era considerado, en realidad, un 'no color'. Verde y azul eran colores conocidos pero poco usados.

Para cazar, en los meses cálidos, se usaban el rojo oscuro y el amarillo. Se pintaban de blanco para ir de cacería en invierno y el blanco solo, sobre la cara, servía para demostrar alegría.

Quien buscaba novia se hacía unas pintas blancas en la cara. El recién casado se las hacía negras.

Para actividades sociales se usaban distintos modelos. Uno muy apreciado consistía en una raya roja que cruzaba la cara transversalmente a la altura de los orificios nasales, donde se interrumpía. A veces se agregaban tres manchas blancas sobre ella, una sobre cada pómulo y otra sobre la nariz.

También se solía rematar la raya horizontal torciéndola hacia arriba en ángulo recto en los extremos de la cara, completando con rayas blancas verticales desparejas sobre todo el rostro.

Líneas amarillas sobre la boca, hechas con un golpe de la propia mano izquierda cargada de pintura, demostraban disgusto.

Manchas de barro sobre el rostro exteriorizaban enojo.

Para la pelea se embadurnaban el cuerpo y la cara con color rojo claro y, sobre esa base, se hacían con las puntas de los dedos manchas de rojo más oscuro.

Rayas y puntos negros sobre pómulos y carrillos servían para expresar luto, que también podía manifestarse cortándose el pelo de la parte alta de la cabeza y pintándose cuerpo, cara y cráneo de rojo.

cultura selk'nam

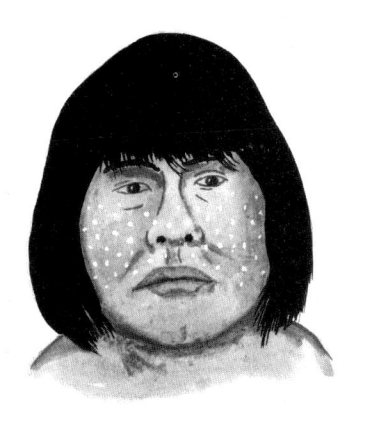

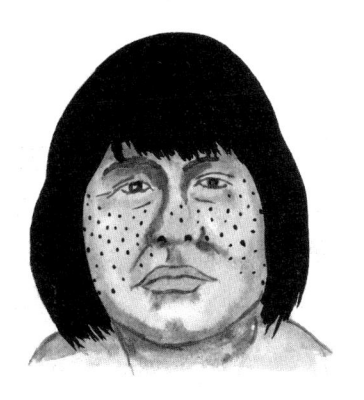

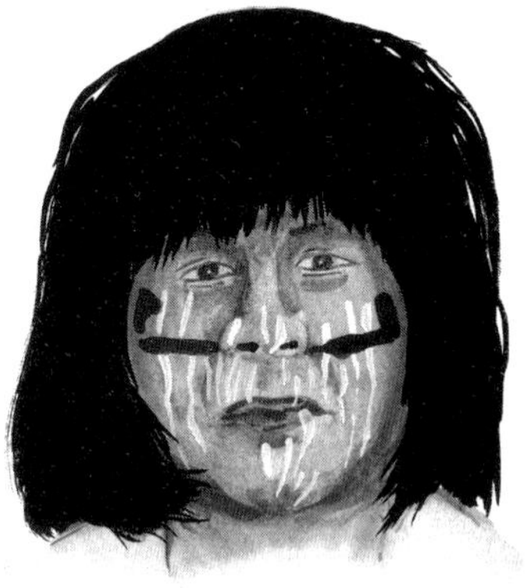

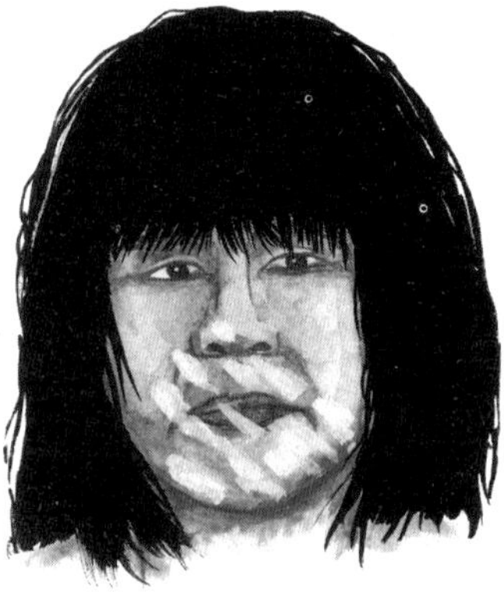

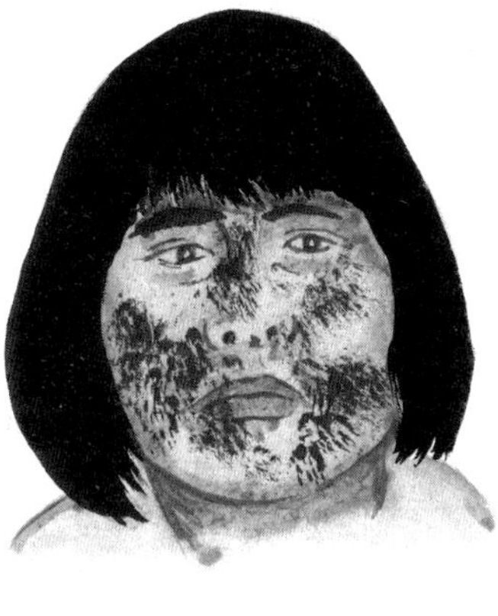

cultura selk'nam

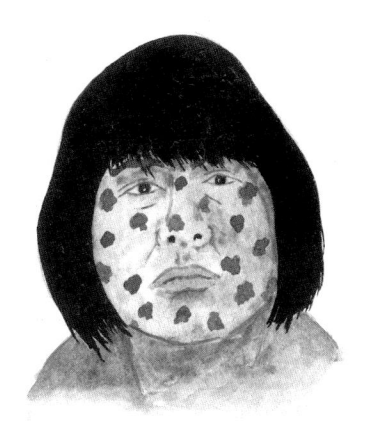

261

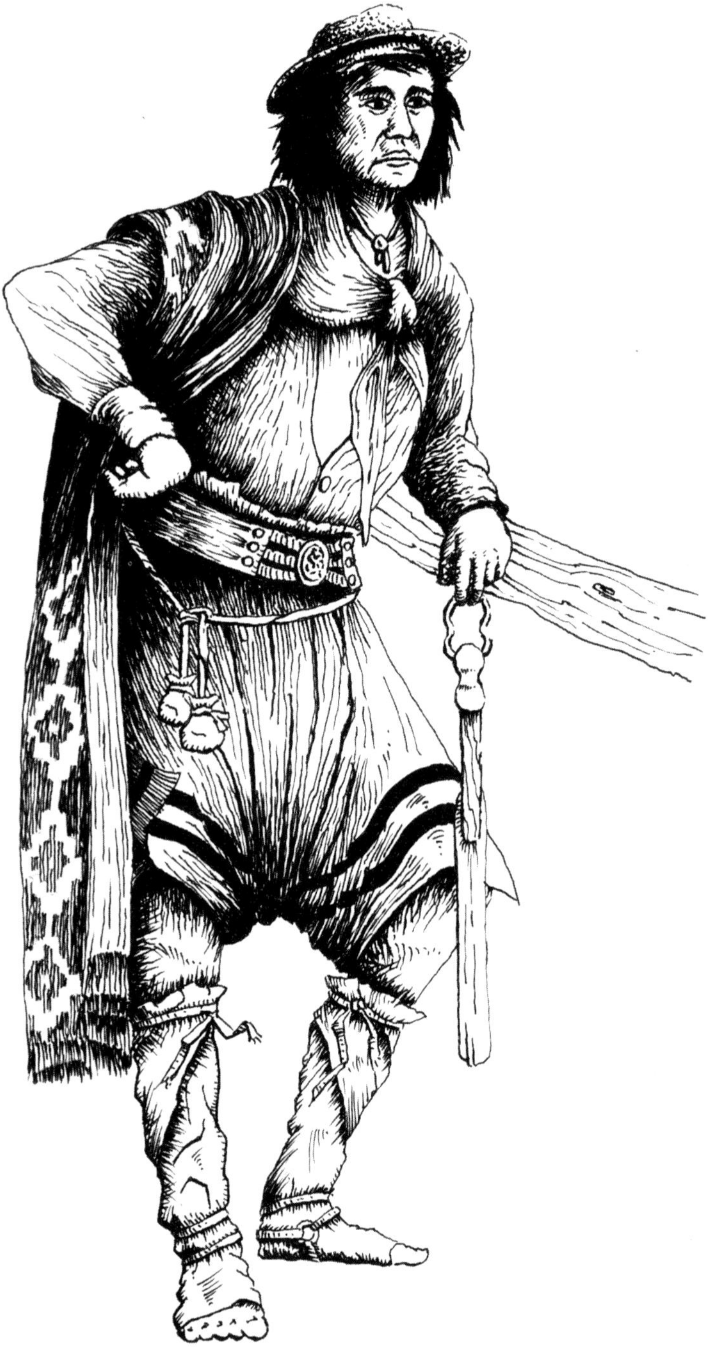

Apéndice

El gaucho, su vestimenta. Influencia del diseño indígena argentino.

El nombre 'gaucho' parece tener orígenes diversos, que se conjugaron para conformarlo. Según sostienen algunos, existe en árabe la voz 'gaudur' (perezoso, vagabundo) que trasladada al Brasil habría derivado en 'gauderio'. Éste sería el antecesor directo de 'gaucho', que con la participación en nuestro territorio de otros vocablos que lo modificaron, habría redundado en nuestra forma local [75].

Otros consignan que en Andalucía los gitanos llamaban 'gadshú' a los no gitanos. Los andaluces se habrían apropiado del término para designar a la gente de bajo nivel social, adaptando el término como 'gachú'. Esta voz, trasladada a América, se habría fusionado con 'gauderio', convirtiéndose en 'gucho', y de allí 'gaucho' [76].

También se explica que en quichua el vocablo 'cauchu-k' define a adivinos vagabundos que recorrían pueblos prediciendo la suerte. Por extensión se habría llamado así a los habitantes de la campaña sin ocupación fija, que la recorrían librados a la suerte. De allí habría derivado 'gaucho' [77].

A todo esto se habría sumado la voz mapuche 'gacho', que define 'amigo', 'compañero'.

El atuendo del gaucho fue cambiando con el tiempo, incorporándose algunas prendas y desechándose otras, en función de su practicidad y la factibiidad de su obtención. Originalmente se conformó con una combinación de artículos indígenas y europeo/criollos.

---

[75] Romaguera Correa, 1898. [76] Robert Lehmann-Nitzche, 1928. [77] Matías Calandrelli, 1911.

Prendas de origen indígena

Vincha: hecha con una tela doblada y anudada o con una faja tejida. Se usaba con o sin sombrero. El gaucho prefería el pelo largo, al igual que el indio, que veía en ello un símbolo de su libertad.

Chiripá: se discute el origen autóctono de esta prenda, aludiendo a su presencia en diversas culturas del mundo. Se trata de una tela amplia pasada por entre las piernas y sujeta a la cintura con un cinto o faja. Cualquier pueblo que usara faldas o taparrabo de cierta dimensión, al subirse a un caballo pudo haberlo 'inventado', recogiendo lo colgante de sus vestiduras y asegurándolo a la cintura. La palabra 'chiripá' parece derivar del nombre de una parcialidad guaraní [78]. Según el lingüista Domingo A. Bravo, la prenda y el vocablo habrían llegado hasta el litoral y el río de la Plata traídos por los guaraníes que colaboraron en la segunda fundación de Santa Fe y Buenos Aires. Entre ellos debió haber algunos a los que se denominaba 'chiripáes' en su tierra, que hacían uso de la prenda y que, por extensión, también se llamó así [79]. El padre jesuita Miguel de Olivares, respecto de un viaje que realizara a la Patagonia en el siglo XVIII, comentaba que el taparrabo de los tehuelches era "un delantal que remata en punta, el cual para andar a caballo prenden en una correa a la espalda". El chiripá fue reemplazado primero por el pantalón ancho de corte militar francés y por la bombacha española de puño cerrado después.

Poncho: el más característico es el poncho pampa que aún se viste, casi sin variantes. Amplio, abrigado y holgado, es cómodo y práctico para cabalgar, capear tormentas o dormir a la intemperie. También para anudarlo al antebrazo desarmado y utilizarlo como defensa en peleas con arma blanca. En las primeras décadas del siglo XIX se fa-

---
[78] Lucía Gálvez, 1995. [79] Domingo A. Bravo, 1994.

bricaron industrialmente en Inglaterra. Eran más baratos que los pampas originales pero de inferior calidad, menor durabilidad y trama floja que no los hacía impermeables, como los de trama apretada hechos por los mapuches. Los diseños que hasta hoy se lucen –aunque ahora con un sentido puramente estético– son de origen indígena. Particularmente los relacionados con cadenas genealógicas.

Cincha y rastra: la cincha servía para sujetar el chiripá y el calzoncillo a la cintura. Inicialmente era una faja tejida o un cuero anudado que fueron reemplazados gradualmente por el tirador de cuero: especie de faja corta y ancha abierta al frente, con perforaciones u ojales para asegurar correas de cuero con botones de asta, metal o hueso. Esta unión derivó en una yunta de monedas de plata y ésta, a su vez, en la rastra de plata. La cera perdida y el bruñido fueron técnicas criollas que sólo algunos orfebres indígenas lograron dominar. El batido a martillo y las cadenas de canevones fueron, sí, características de la platería mapuche [80].

Bota de potro: la bota de cuero de potro, de color blanco amarfilado, era liviana y flexible. Los tehuelches la crearon armándolas del corvejón (el 'codo') de las patas traseras del animal. Originalmente dejaban asomar los dedos del pie para estribar en ellos y después se hicieron con la puntera cerrada. Aunque mayoritariamente reemplazada por la 'bota dura' europea, en el campo aún se usan, principalmente para la doma.

Boleadoras: arma de guerra y cacería indígena. Las había de dos y tres bolas de piedra, habitualmente envueltas en trozos de cuero y unidas por guascas retorcidas, cueros trenzados o tendones de avestruz. Las de dos bolas servían para atrapar avestruces, venados y

---

[80] Ana María Cousillas, 1992.

guanacos; también como arma de guerra para golpear al oponente sin soltarlas. Para esta última función se usaron también de una sola bola. Las boleadoras de tres bolas servían para atrapar caballos y vacunos y es posible que fueran una especialización criolla del arma.

Rebenque: de orígenes diversos. Los pampas hicieron los primeros con cabo de palo retobado en cola de vaca. Después se hicieron de distintas formas y materiales, hasta llegar a los de cabo de plata, que constituían objetos suntuarios, indicadores de mando o poder.

Prendas de origen europeo-criollo

Sombrero: fue rápidamente adoptado para cabalgar. Se usaron sombreros de copa en forma de embudo, también galeras de copa alta y, durante la época de Rosas, gorros de manga. Más tarde, sombreros de fieltro de copa baja con ala angosta y barbijo; y 'panza de burro', sombreros cilíndricos de mediana altura. A mediados del siglo XIX fueron comunes los sombreros de paja. El chambergo de copa baja y ala ancha comenzó siendo propio de los estancieros pero se popularizó y se usa en la actualidad. Desde sus primeros contactos con los europeos, los tehuelches fabricaron sombreros de cuero duro, imitando las formas de los cascos metálicos españoles. Los usaban como complemento de sus corazas de cuero [81].

Camisa y pañuelo: la camisa holgada permitía libertad de movimientos. Blanca era considerada la más elegante. El pañuelo 'flotante' era amplio. Se llevaba así para poder cubrirse con él la nuca y los costados de la cara.

---

[81] Alberto Rex González, 1972.

Calzoncillo: primero se usó el calzoncillo cribado , de influencia hispanoperuana, que fue reemplazado por el de corte recto, que podía llevarse dentro de la bota.

Espuelas y facón: cada gaucho hacía o tenía espuelas del material al que podía acceder. Las hubo de hierro, madera, hueso y plata. En la confección de estas últimas los plateros indios nunca pudieron competir con los criollos, convirtiéndose en importante objeto de intercambio y obsequio a caciques. El facón sirvió como arma, herramienta y objeto suntuario. Los hubo de todo tamaño y sus empuñaduras y vainas reflejaban la personalidad de su portador.

Etnia

El término 'gaucho' se usó, en principio, para definir elementos étnicos, criollos o mestizos. Se amplió luego a inmigrantes europeos, negros, mulatos y todo aquel que adoptara su modo de vida y, sobre todo, las particularidades de indumentaria y apero descriptas. El indio, a quien el gaucho criollo consideró siempre como rival, participó también en la conformación étnica de este personaje. El escritor escocés Robert P. Cunninghame-Graham describió así este hecho: "...Eran por lo general altos, ceñudos y nervudos, con no pequeña dosis de sangre india en sus enjutos y musculosos cuerpos". Sangre que, en mayor o menor medida, llevamos hoy muchos argentinos.

Glosario

Abarca Calzado de cuero sin adobar, que cubre sólo la planta de los pies y se sujeta con cuerdas y correas.

Aloha (O aloja). Especie de cerveza elaborada con el fruto del algarrobo blanco fermentado.

Anatrópico Dibujo de doble interpretación. Dependiendo de los elementos de su morfología que se consideren al mirarlo, surgirá una u otra imagen, contenidas ambas en una misma figura.

Anfisbema Criollismo de "anfisbena", serpiente de la mitología grecorromana antigua de la que se relataban fábulas y prodigios. Se representaba con una cabeza 'normal' y otra en la cola. Los primeros antropólogos que investigaron en América dieron ese nombre a las serpientes bicéfalas de las culturas locales, por asociación morfológica con las de leyendas europeas.

Arete 'Del verdadero tiempo'. Ceremonia de origen chané que en su origen coincidía con la época de maduración del maíz y actualmente se lleva a cabo en los días de carnaval. Para su celebración se utilizan máscaras hechas con madera de yuchán (palo borracho).
Parte de esta ceremonia responde a un mito según el cual dos deidades –la de lo poderoso y fuente de vida y su opuesto– compitieron. Venció la primera y encerró a la segunda en el tronco de un yuchán, de donde puede salir una vez al año. Cuando llega el 'verdadero tiempo', el espíritu encerrado es liberado en forma de máscaras, lo que permite que los muertos se reúnan con los vivos. Al finalizar la ceremonia las máscaras son destruidas y arrojadas a un río.

Auquénido (O 'auchénido'). Género de mamíferos rumiantes con dos dedos en sus extremidades provistas de almohadillas plantares que les permiten adaptarse a terrenos escabrosos. Comprende los camélidos americanos domésticos, llama y alpaca; y silvestres, guanaco y vicuña.

Báculo Especie de bastón llevado como enseña o símbolo de algún poder (político, religioso, etc.); por lo general con atribución de características sagradas.

Caburé Ave rapaz de cuerpo redondo y fornido, similar a un búho pequeño. Vive en las selvas amazónicas y chaqueñas. Los indígenas lo incluyeron en numerosas leyendas mitológicas y atribuyeron a sus plumas poderes mágicos.

Cacuy Ave más conocida por su denominación guaraní: 'urutaú'. Cacuy es el nombre que recibe en la selva chaqueña (provincias de Santiago del Estero y Chaco, principalmente). También habita en el Chaco paraguayo y selvas amazónicas. De hábitos nocturnos, permanece inmóvil cuando escucha algún sonido atemorizante, mimetizándose con las cortezas de las ramas en las que se posa. Emite un canto monótono –similar al de las palomas– que parece un lamento y de sus ojos salen secreciones de color rojo que le dan el aspecto de estar siempre llorando.

Canevón Pequeña pieza cilíndrica en forma de tubo, realizada a partir de una plancha de metal cuadrangular. Los canevones se engarzan formando una cadena.

Carona En Argentina, pieza de cuero crudo o suela que va entre la montura y el sudadero, protegiendo la zona superior de los omóplatos de la cabalgadura. Las caronas militares solían llevar en su parte delantera alforjas o bolsillos amplios.

Cercenado De cercenar; cortar las extremidades de alguna cosa (decapitar).

Cribado Calzoncillo usado por los gauchos; de botamanga bordada, generalmente desde abajo de la rodilla hasta el ruedo. Deriva de una prenda andaluza y se lo llamaba así por comparación con una criba, especie de zaranda para separar granos, hecha con un cuero lleno de agujeros.

Cucurbitácea Familia de plantas entre las que se encuentran el zapallo, el anco (o calabaza) y el mate. La corteza del fruto de este último parece haber sido la utilizada para fabricar recipientes.

Cultura Para referirnos a los pueblos indígenas adoptamos la definición de 'cultura' elaborada por un equipo de antropólogos en la Facultad de Humanidades de la Universidad Nacional de Salta en 1975: "Forma integral de vida creada histórica y socialmente por una comunidad, a partir de la resolución de las relaciones esenciales que mantiene con la naturaleza, consigo misma como comunidad, con otras comunidades y con lo sobrenatural para dar continuidad a la totalidad de su existencia". (Carlos Martínez Sarasola, 1992.)

Chamán Ver shamán.

Chicha Bebida alcohólica elaborada por fermentación del maíz.

Chinchillón (También conocido como 'vizcacha de la sierra'). Roedor diurno del tamaño de un conejo, con gran habilidad para trasladarse a grandes saltos por paredes rocosas.

Choique Nombre mapuche para el avestruz pampeano.

Diacrítico Signo que en las escrituras da a los símbolos un valor especial.

Evertida Vuelta hacia afuera (como la boca de un florero).

Fonético Sistema de escritura que representa sonidos por medio de símbolos.

Frotagge Sistema de copia que consiste en colocar una hoja de papel sobre una superficie grabada o en relieve y frotar un lápiz sobre ella hasta obtener una imagen que reproduce en negro las zonas de contacto entre el papel y la pieza, dejando en blanco las zonas donde no existe ese contacto.

Grecas Nombre dado por los antropólogos de fines del siglo XIX –debido a su formación europea– a los dibujos constituidos por líneas y ángulos rectos dispuestos en forma de espiral, por su parecido con diseños de origen griego.

Hermeneútica Arte de interpretar textos para fijar su verdadero sentido, especialmente textos sagrados.

Heurística Arte de descubrir o inventar, que da reglas o indicaciones metódicas para llegar a adquirir nuevos conocimientos valiéndose, por ejemplo, de hipótesis felices o de principios que, aun no siendo verdaderos, llevan por buen camino la investigación.

Ideográfico Sistema de escritura que representa ideas por medio de símbolos.

Incisiones Hendiduras realizadas con una herramienta sobre un material blando.

Incisos Ver incisiones.

Lacertilio Suborden de reptil saurio provisto de dos pares de patas pentadáctilas, en algunos casos rudimentarias o nulas (cauralvues, iguanas, lagartos, etcétera).

Lonko Cabeza, en mapuche. Este idioma se difundió con los araucanos desde el sur de Chile, por la Pampa y el norte de la Patagonia. Se usó como sinónimo de jefe; en sentido político y espiritual era quien reunía todas las condiciones para mandar.

Lules Indios nómadas que, a la llegada de los españoles, acosaban a los pueblos del NOA, en un frente que iba desde el noreste de Tucumán hasta el río Bermejo, y a los tonocotes de Santiago del Estero. Eran racial y culturalmente afines a los vilelas (quienes ocupaban regiones ubicadas al noreste de los territorios de los lules), por lo que generalmente se los nombra juntos (lule-vilelas).

Llica (O 'yica'). Bolsa mediana o chica, tejida en punto de malla, originalmente confeccionada por los wichis con fibras vegetales. Su uso se extendió por toda la selva chaqueña y entre los guaraníes.

Maccá Una de las tribus wichi, cuyo nombre, unido a la palabra mataco: mataco-maccá, se usó en otros tiempos para identificar a los wichi en general.

Machi Se llama así al integrante de una agrupación mapuche iniciado para actuar en bien de la comunidad. Funciona como mediador entre los hombres y las fuerzas extrañas para el común de la gente. En ciertas ceremonias, el machi se sube al rehue –poste ritual escalonado, representación del cosmos– para entrar en éxtasis y viajar al cielo en busca de los espíritus. Actualmente son mujeres pero, en función de la dualidad característica de la cultura mapuche, solían preferirse jóvenes homosexuales. Al machi se contraponía el kalkú, hacedor de males y daños.

Matra Tejido grueso de lana, de forma cuadrangular y medidas variables; utilizado como parte de las monturas o para crear divisiones en el interior de las viviendas.

Mitimae (O 'mitmaccuna'). Método de desnaturalización practicado por los inkas con el objetivo de conseguir unidad de carácter en la población. Consistía en trasladar parte de los pobladores de una región recientemente conquistada a otra perteneciente al Imperio y, a su vez, llevar a la zona anexada habitantes de otros puntos de su dominio.

Morrión Sombrero militar alto, con visera, hecho de materiales previstos para que amortiguaran o desviaran el golpe del sable y otras armas blancas largas.

Nguillatún (O 'Nguellipún', también 'Kamaruko'). Ritual mapuche de fertilidad, agradecimiento y plegaria, que funciona también como ceremonia para reforzar la cohesión social entre las personas y los grupos. Se realiza preferentemente en los meses de verano y dura 3 o 4 días. Participan integrantes de una agrupación a la que se unen grupos visitantes y personas autorizadas, extrañas a la comunidad.

NOA Sigla utilizada por geógrafos y antropólogos para mencionar la región noroeste de la República Argentina (Noroeste Argentino). Comprende las provincias de Jujuy, Salta, Catamarca, Tucumán, La Rioja y San Juan y se aplica, con preferencia, para referirse a las regiones montañosas y valliserranas. Por asociaciones culturales, los antropólogos suelen extenderla hasta el oeste de Santiago del Estero, noroeste de Córdoba, norte de San Luis y norte de Mendoza.

Ñandutí Palabra guaraní que define a una especie de araña. Se aplica para referirse a un tejido de encaje que se realiza partiendo de un centro y se extiende en forma radial.

Ontología Parte de la metafísica que trata el ser en general y sus propiedades trascendentales.

Puco En el NOA, cuenco de cerámica de boca redonda y amplia, de hasta 35 cm de diámetro, con base también redonda pero mucho más chica. Sus paredes son lisas, decoradas con símbolos pintados. Se los encuentra en grandes cantidades, generalmente en tumbas, conteniendo ofrendas como semillas u objetos pequeños. También se usaban, invertidos, como tapa de grandes vasijas cuando éstas eran aprovechadas como urnas funerarias para niños.

Quillango Prenda de vestir, similar a un manto o capa, conformada por la unión de varias pieles de animales pequeños (zorrillos, nutrias, crías de guanaco). Se usaba con el pelo hacia adentro y el exterior se pintaba con diversos símbolos. Se empleó en las llanuras chaqueñas (Chaco, Santa Fe); en la Mesopotamia (litoral del río Paraná, Corrientes, Entre Ríos) y también en La Pampa y Patagonia, donde el advenimiento del caballo hizo que su confección se simplificara a una sola pieza de cuero de potro.

Quirquincho Mamífero, especie de armadillo de unos 40 cm de largo, provisto de una caparazón de placas, lo que le permite protegerse flexionando el vientre hasta formar una bola. Vive en cuevas subterráneas. Su caparazón, vaciado, se utiliza para fabricar el charango, instrumento musical de cuerdas.

Rogativa Ceremonia comunitaria de agradecimiento, pedido de buenaventura y expiación. Las agrupaciones mapuches la siguen realizando en la actualidad, y es probable que fuera también costumbre entre los habitantes del NOA.

Samilante El origen de esta palabra es desconocido. En el diccionario de la lengua española no figura y no aparece tampoco en lenguas indígenas conocidas.

Shamán (O 'chamán'). En la región siberiana (norte de Asia), grupos étnicos llaman así a personas dotadas de algún poder o vinculadas con él. Por extensión, la antropología adoptó este vocablo para definir a quienes detentan una influencia importante sobre la comunidad a la que pertenecen, debida a sus conocimientos sobre asuntos como medicina, astronomía o religión, o a sus habilidades para realizar conjuros y presagios. En otras épocas se llamó 'brujos' a estos personajes con intención peyorativa. Por eso se adoptó el nombre shamán para diferenciarlos y jerarquizar sus prácticas, ya que sus habilidades –aunque se relacionan con el misticismo– responden a una preparación transmitida de generación en generación que da verdadera respuesta a problemas sociales.

Suri Nombre dado en el NOA al avestruz americano.

Suyu (O 'suyo'). Región, en quichua. El Imperio Inkaico –de 1438 (aprox.) a 1533– o Tahuantinsuyu (Imperio de las cuatro regiones) estuvo dividido en cuatro territorios, tomando como centro el Cuzco, su capital ('ombligo del mundo'). Originalmente, cada región respondía a un punto cardinal, pero que al expandirse tomaron rumbos que obedecieron a accidentes geográficos. Estas regiones fueron: el Chinchasuyu al norte-noroeste, el Cuntisuyu al sur-suroeste, el Antisuyu al norte-noreste y el Colasusyu al este-sudeste (que involucraba a parte de la actual Argentina).

Tiahuanacota Perteneciente a la Cultura Tiahuanaco, que se desarrolló en el norte de Bolivia y sur del Perú en épocas preinkaicas, con influencia en la región andina septentrional de la Argentina.

Unguladuras Marcas realizadas sobre la arcilla fresca, por presión con las uñas.

Urutaú Ver cacuy.

Vilelas Ver lules.

Volutas Dibujos o figuras modeladas en forma de espiral.

Bibliografía

- Acosta, P. Joseph de. *Historia natural y moral de las Indias* (1590). Fondo de Cultura Económica. México, 1982.
- Alegría, Ciro. *La acémila de los Andes*. En Selecciones del Readers Digest. Vol. XI. N° 63. Selecciones del Readers Digest. La Habana, 1946.
- Alvarez, Gregorio. *El tronco de oro*. Siringa. Buenos Aires, 1981.
- Ambrosetti, Juan B. *El símbolo de la serpiente en la alfarería funeraria de la región calchaquí*. Boletín del Instituto Geográfico Argentino. T. 17. Buenos Aires, 1896.
- Ambrosetti, Juan B. *Exploraciones arqueológicas en la ciudad prehistórica de La Paya*. Facultad de Filosofía y Letras. Sección Antropología. Buenos Aires, 1907.
- Anónimo. *Popol Vuh. Las antiguas historias del Quiché*. Versión de Albertina Sarabia. Editorial Porrúa. México, 1947.
- Arnheim, Rudolf. *Arte y percepción visual*. Alianza. Madrid, 1975.
- Baleta, Mario Echeverría. *Joiuen Tsoneka*. Río Gallegos, 1977.
- Baleta, Mario Echeverría. *Kai ajnun*. Edición del autor. Río Gallegos, s/f.
- Benigar, Juan. *Rogativas araucanas*. Congreso del Área Araucana Argentina (San Martín de los Andes), Tomo 2. Buenos Aires, 1963.
- Bottiglioni, Justo. *Gramática razonada de la lengua guaraní*. Turín, s/f.
- Bravo, Domingo A. *Etimología de la palabra chiripá*. Publicaciones del Instituto de Lingüística, Folklore y Arqueología de la Universidad de Tucumán. Santiago del Estero, 1994.
- Bregante, Odilla. *Ensayo de clasificación de la cerámica del noroeste argentino*. A. Estrada y Cía. Buenos Aires, 1926.
- Calandrelli, Matías. *Diccionario filológico comparado*. Buenos Aires, 1911.
- Calderari, Milena y Gordillo, Inés. *Nuevos aportes al dibujo en ceramología*. Separata de la Revista de Estudios Regionales N° 3, Univ. Nacional de Cuyo, Mendoza, 1989.
- Canals Frau, Salvador. *Las poblaciones indígenas de la Argentina*. Sudamericana. Buenos Aires, 1973.

- Cárdenas, Felipe. *La iconografía de cerámicas pintadas arqueológicas del norte andino de Colombia.* Ponencia en el Centro de Estudios Avanzados de Artes Visuales. Washington, 1998.
- Casamiquela, Rodolfo M. *El arte rupestre de la Patagonia.* Siringa Libros. Neuquén, 1987.
- Casamiquela, Rodolfo M. *En pos del gualicho.* Eudeba-Fondo Editorial Rionegrino. Buenos Aires, 1988.
- Casamiquela, Rodolfo M. *Estudio del Nguillatún y la religión araucana.* Cuadernos del Sur. Instituto de Humanidades. Univ. Nacional del Sur. Bahía Blanca, 1964.
- Coimbra, Gil. *Copacabana.* Revista Geográfica Americana. Año XII. Vol. XXII. N°134. Sociedad Geográfica Americana. Buenos Aires, 1944.
- Colombres, Adolfo. *Seres sobrenaturales de la cultura popular argentina.* Ediciones Del Sol. Buenos Aires, 1986.
- Coluccio, Félix. *Diccionario folklórico argentino.* El Ateneo. Buenos Aires, 1950.
- Corcuera, Ruth. *Arte textil andino.* Herencia, memoria y circuitos de integración. Museo de Arte Hispanoamericano Isaac Fernández Blanco. Buenos Aires, 1999.
- Cousillas, Ana María. *Platería Pampa y Mapuche y Platería rural.* En el Catálogo de la muestra La plata del Plata. América 92. Dirección General de Museos Municipales. Buenos Aires, 1992.
- D'Andrea, Ulises y Nores, Beatríz. *Los aborígenes de la región de Río Cuarto.* Universidad Nacional de La Plata. La Plata, 1998.
- Donadío, Oscar E. *Boletín de la Asociación Herpetológica Argentina. N° 3.* La Plata, 1983.
- Erize, Esteban. *El gran libro de la naturaleza argentina.* Atlántida. Buenos Aires, 1993.
- Erize, Esteban. *Mapuche* (1 a 5). Yepun. Buenos Aires, 1989.
- Febrés, Andrés. *Gramática araucana.* Juan M. Larsen. Buenos Aires, 1884.
- Fiadone, Alejandro E. *Las fauces de la cultura La Aguada y su permenencia en Santa María como posible símbolo jerárquico.* XII° Congreso Nacional de Arqueología Argentina. (La Plata, 1997). Actas, tomo 2. Diez Marín. La Plata, 1999.
- Fiadone, Alejandro E. *Los diseños indígenas y el modo de copiarlos.* Revista Más que Viento. Año IV. N° 23. Buenos Aires, 1999.
- Fiadone, Alejandro E. *Proyecto para la difusión del arte aborigen argentino.* Propuesta teórica e informe presentados al Fondo Nac. de las Artes. Olivos, 1989/91.
- Fréderik, Robert. *Enciclopedia de las ciencias naturales.* Codex. Madrid, 1965.

- Furlong, S. J., Guillermo. *Entre los Tehuelches de la Patagonia.* Theoría. Buenos Aires, 1992.
- Gallardo, Carlos R. *Los onas.* Cabaut y Cía. Buenos Aires, 1910.
- Gálvez, Lucía. *Guaraníes y Jesuitas, de la Tierra sin Mal al Paraíso.* Sudamericana. Buenos Aires, 1995.
- Garcilaso de la Vega, Inca. *Comentarios Reales* (1609). Colección Austral. Espasa Calpe. Buenos Aires, 1952.
- Gollán, José A. y Gordillo, Inés. *Religión y alucinógenos en el antiguo noroeste argentino.* Ciencia hoy. Vol. 4. N° 22. Asociación Ciencia Hoy. Buenos Aires, 1993.
- González, Alberto Rex. *Arte precolombino de la Argentina.* Valero, Buenos Aires, 1980.
- González, Alberto Rex. *Cultura La Aguada: arqueología y diseños.* Valero. Buenos Aires, 1998.
- González, Alberto Rex. *Une armure en cuir de Patagonie.* Separata de la revista Objets et Mondes. Tomo XII. Fasc. 2. París, 1972.
- González, Alberto Rex y Pérez, José A. *Argentina indígena. Vísperas de la conquista.* Paidós. Buenos Aires,1976.
- Gradín, Carlos J. *Arqueología y arte rupestre de los cazadores prehistóricos de la Patagonia.* Soc. Estatal Quinto Centenario. Turner. España, 1990.
- Grebe Vicuña, María Ester. *Cosmovisión del mundo mapuche. Aspectos antropológico-sociales.* Soc. Estatal Quinto Centenario. Turner. España, 1990.
- Greslebin, Héctor. *Introducción al estudio del arte autóctono de la América del Sur.* Suplemento de la Revista de Educación. Ministerio de Educación de la Provincia de Buenos Aires. La Plata, 1958.
- Guevara, Tomás. *Psicología del pueblo araucano.* Cervantes. Santiago de Chile, 1908.
- Hernández Llosas, María Isabel. *Las calabazas prehispánicas de la Puna centro-oriental.* Separata de la *Revista Anales de Arqueología y Etnología.* Ts. 38 - 40. Univ. Nacional de Cuyo. Mendoza, 1986.
- Iriarte, Tomás de. *Memorias.* Goncourt. Buenos Aires, 1969.
- Kusch, M. Florencia. *Las representaciones de camélidos en la cerámica Ciénaga: entre la figuración y la abstracción.* En Homenaje a Alberto Rex González. Fundac. Argentina de Antropología y Facultad de Filosofía y Letras, U.B.A. Buenos Aires, 1998.
- Kusch, María Florencia, Hoffmann, Mariana y Abal, Claudio H. *Variabilidad estilística en torno a la iconografía humano-felínica durante el Período Formativo (Catamarca y La Rioja).* Buenos Aires, 1994.
- Larco Hoyle, Rafael. *Los Mochicas.* Rimac. Lima, 1939.

- Lehmann-Nitsche, Robert. *Mitología Sudamericana, XI: La astronomía de los vilelas.* Revista del Museo de La Plata. T. 27. Buenos Aires, 1925.
- Lehmann-Nitsche, Robert. *Journal de la Societé des Américanistes du Paris.* Tomo XX. París, 1928.
- Levillier, Roberto. *América la bien llamada.* Buenos Aires, 1945.
- Lewin, Boleslao. *La innsurrección de Túpac Amaru.* Eudeba. Buenos Aires, 1963.
- Lonegren, Sig. *Labyrinths. Ancient mysths & modern uses.* Gothic Image. Glastonbury. Somerset,1991.
- Lozano, Pedro. *Descripción corográfica del Gran Chaco Gualamba.* (1733). Instituto de Antropología. Universidad Nacional de Tucumán. Tucumán, 1941.
- Magrassi, Guillermo E. *Chiriguano-chané. Búsqueda Yuchán.* Colecc. Artesanía Indígena. N° 1. Buenos Aires, 1981.
- Magrassi, Guillermo E.; Radovich, Juan Carlos; Slavsky, Leonor y Berón, Mónica. *Mito, magia y tradición.* Centro Editor de América Latina. Buenos Aires, 1986.
- Mandrini, Raúl. *Argentina indígena.* Historia testimonial argentina. Vol. 1. Centro Editor de América Latina. Buenos Aires, 1983.
- Martínez Sarasola, Carlos. *Nuestros paisanos los indios.* Emecé. Buenos Aires, 1992.
- Mattheus, Revd. A. P. *Crónica de la colonia galesa de la Patagonia.* Raigal, Buenos Aires, 1954.
- Mc. Dowell, Bart. *The Aztecs.* National Geografhic. Vol.158. N° 6. National Geographic Society. Washington, 1980.
- Mege Rosso, Pedro. *Conferencias sobre iconografía mapuche en el Instituto Sanmartiniano y el Museo Isaac Fernández Blanco.* Buenos Aires, 1999.
- Metraux, André. *Mitos y cuentos de los indios chiriguanos.* Tucumán, 1930.
- Metraux, André. *Nota etnográfica sobre los indios mataco del Gran Chaco Argentino.* Relaciones. Soc. Argentina de Antropología. Vol. IV. Buenos Aires, 1944.
- Montiveros de Mollo, Perla (como compiladora). *Leyendas de nuestra tierra.* Del Sol. Buenos Aires, 1996.
- Moraga, Vanesa y Andrés. *From the infinite blue.* The 1994 Hali Annual. Hali publications. Londres, 1994.
- Mordo, Carlos. *Artesanía, cultura y desarrollo.* Secretaría de Desarrollo Social. Buenos Aires, 1997.
- Moreno, Francisco P. *Reminiscencias.* (1875-1919). Recopilación de Eduardo V. Moreno. Eudeba. Buenos Aires, 1979.
- Moreno, Francisco P. *Viaje a la Patagonia Austral, 1876-1877.* Solar/ Hachette. Buenos Aires, 1969.

- Muñíz, Francisco Javier. *El ñandú o avestruz pampeano.* Lajouane. Buenos Aires, 1885.
- Nardi, Ricardo L. J. *La araucanización de la Patagonia.* Soc. Estatal Quinto Centenario. Turner. España, 1990.
- Onelli, Clemente. *Historia natural.* Revista *Riel y Fomento.* Año I. N° 4. Ferrocarriles del Estado. Buenos Aires, 1922.
- Ottonello, María Marta y Lorandi, Ana María. *Introducción a la arqueología y etnología.* EUDEBA. Buenos Aires, 1987.
- Palavecino, Delia Millán de. *Arte del tejido en la Argentina.* Ediciones Culturales Argentinas. Buenos Aires, 1981.
- Palavecino, Delia Millán de. *Forma y significación de los motivos ornamentales de las llicas chaqueñas.* Relaciones. Soc. Argentina de Antropología. T. IV. Buenos Aires, 1944.
- Palavecino, Enrique. *Investigaciones etnográficas y antropológicas en el Chaco salteño.* Revista del Museo de La Plata. Nueva serie. La Plata, 1944.
- Paz, Octavio. *El artista y el descubrimiento del otro* (México, 1990). En: New perspectives quarterly. Los Angeles, 1990.
- Pérez Bravo, Presbt. Eduardo. *¿Cristianismo prehispánico en el Nuevo Mundo?* Diario *La Nación.* Buenos Aires, 1964.
- Pérez Gollán, José Antonio. *Iconografía religiosa andina del Noroeste argentino.* Boletín del Instituto Francés de Estudios Andinos. XV. 3/4. páginas 61/72. Lima, 1986.
- Piossek Prebish, Teresa. *La rebelión de Pedro Bohorquez.* El Inca del Tucumán. Optimus. Buenos Aires, 1976.
- Piossek Prebish, Teresa. *Relación histórica de Calchaquí* (1696). Archivo General de la Nación. Buenos Aires, 1999.
- Quiroga, Adam. *La cruz en América.* Buenos Aires, 1901.
- Raffino, Rodolfo A. y otros. *Inka. Arqueología, historia y urbanismo del altiplano andino.* Corregidor. Avellaneda, 1993.
- Robinson, Andrew. *Historia de la escritura.* Ediciones Destino. Barcelona, 1996.
- Rojas, Ricardo. *Eurindia.* La Facultad. Buenos Aires, 1924.
- Rojas, Ricardo. *Silabario de la decoración americana* (1930). Losada. Buenos Aires, 1953.
- Romaguera Correa. *Diccionario sul-riograndense.* Pelotas, 1898.
- Rosemberg, Tobías. *El sapo en el folklore y en la medicina.* Cuadernos de la Asoc. Tucumana de Folklore. Tucumán, 1951.
- Santa Teresa de Jesús. *Obras completas.* Editorial Aguilar. Madrid, 1957.
- Sarasola, Carlos Martínez. *Nuestros paisanos los indios.* Emecé. Buenos Aires, 1992.

- Schávelzon, Daniel y Patti, Beatríz. *Héctor Greslebin y el arte neoprehispánico argentino (1915-1935)*. Anales de las Primeras jornadas de teoría e historia de las artes. Fundación San Telmo. Buenos Aires, 1989.
- Schultes, Richard Evans y Hofmann, Albert. *Plantas de los dioses*. Fondo de Cultura Económica. México, 1985.
- Serrano, Antonio. *Manual de la cerámica indígena*. Assandri. Córdoba, 1958.
- Torres, Padre Diego de. *Cartas annuas de la provincia de Paraguay, Chile y Tucumán, de la Compañía de Jesús (1609-1614)*. En: Documentos para la historia argentina. Tomo XIX. Iglesia. Cartas del padre Diego de Torres. Fac. de Filosofía y Letras. U.B.A.. Buenos Aires, 1927.
- Tuttle, Merlin D. *Saving North Americas beleaguered bats*. National Geographic. Vol 188. N° 2. National Geographic Society. Washington, 1995.
- Vignati, Milcíades Alejo. *Restos del traje ceremonial de un "médico" patagón*. Facultad de Filosofía y Letras. Universidad de Buenos Aires. Buenos Aires, 1930.
- Wagner, Emilio R. y Wagner, Duncan L. *La civilización Chaco-santiagueña y sus correlaciones con las del viejo y nuevo mundo*. Cía. Impresora Argentina. Buenos Aires, 1934.

Agradecimientos

A quienes me brindaron su interés, apoyo, estímulo y colaboración.
Dr. José Antonio Pérez Gollán; Autoridades y personal del Museo Etnográfico Juan B. Amrosetti de la Facultad de Filosofía y Letras de la Universidad de Buenos Aires; Lics. Ana María Llamazares, Susana Saulquin, Liliana Patricia Chevalier, Mirtha Paula Mazzochi, Adriana Callegari, Alicia Kurc, Nidia Butori, Silvia Calvo, Liliana Lorenzo, María Julia Cardinal, Conservadora Norma Pérez, Lic. Armando Mendoza; Dra. Myriam Tarragó, Lic. Ana María Cousillas, Prof. César Ariel Fioravanti, Dr. Jorge Palma, Lic. Mario Sánchez Proaño, Prof. Susana Larrambebere, Prof. Elizabeth Alicia Aro, Sr. Gabriel Piñeiro.
Y muy especialmente al Dr. Alberto Rex González por su cordial atención y Lic. María Florencia Kusch por su guía profesional.

Alejandro Eduardo Fiadone

Después de trabajar varios años como diseñador, observó que en decoración y gráfica se utilizaban ornamentos de diversos orígenes, con ausencia casi total de motivos inspirados en formas locales. En 1988 ideó un proyecto de recopilación y adaptación a técnicas de servicio de iconografía indígena argentina, preocupándose por trabajar directamente sobre piezas arqueológicas o etnográficas. En los comienzos contó con la asesoría del Lic. Guillermo Emilio Magrassi, quien lo guió en el campo de la investigación y lo relacionó con el mundo de la antropología. En 1990 fue becado por el Fondo Nacional de las Artes. A partir de entonces expuso los avances de su trabajo en diversas salas nacionales, provinciales y municipales. Participó como dibujante en campañas arqueológicas de la Universidad de Buenos Aires, que complementaron su visión de las culturas prehispánicas argentinas. Desde 1993 coordina esfuerzos para la recopilación de diseños con Susana Larrambebere. En 1996 el trabajo de ambos fue avalado por la Academia Nacional de Bellas Artes.

Hasta el momento ha relevado las siguientes colecciones, gracias al apoyo de sus respectivos directores:

Museo Etnográfico Juan B. Ambrosetti, Facultad de Filosofía y Letras de la Universidad de Buenos Aires. Dr. José Antoni Pérez Gollán.

Museo de Motivos Argentinos José Hernández (Ciudad de Buenos Aires). Lic. Ana María Cousillas.

Instituto Nacional de Antropología y Pensamiento Latinoamericano (Museo del Hombre). Dra. Diana Rolandi de Perrot.

Colección Di Tella. Museo Nacional de Bellas Artes. Prof. Jorge Glusberg.

Museo Arqueológico Dr. Eduardo Casanova (Tilcara, Jujuy). Lic. Elena Belli.

Colección Rosso, Museo Ambato (La Falda, Córdoba). Sr. Gustavo López.

Colección Broderson, del Dr. Mario Broderson.

Colección Yankelevich, del Sr. Juan Carlos Yankelevich.

OTROS TÍTULOS DE ESTA COLECCIÓN

FIADONE, Alejandro Eduardo. *Fajas*
REX GONZÁLEZ, Alberto. *Arte, estructura y arqueología*

OTROS TÍTULOS DE ESTA EDITORIAL

AA.VV. *Caído del cielo*
AA.VV. *Teléfono roto*
AA.VV. *El libro de los colectivos*
ALONSO, Carlos. *Mal de amores*
AMAR, Pierre-Jean. *Fotoperiodismo*
BAIGORRIA, Osvaldo. *Con el sudor de tu frente*
BAURET, Gabriel. *De la fotografía*
BENAVIDEZ BEDOYA, Alfredo. *Máximas mínimas*
BEY, Hakim. *T.A.Z. Zona temporalmente autónoma*
BRODSKY, Marcelo. *Buena memoria*
BRODSKY, Marcelo. *Nexo*
BRODSKY, Marcelo. *Memoria en construcción.*
CABADO, Pablo. *Laminares*
D'ARIENZO, Miguel. *Commedia in carta*
DEBORD, Guy. *La sociedad del espectáculo*
DUBOIS, Phillipe. *El acto fotográfico y otros ensayos*
FERRARI, León - ROMERO, Juan Carlos y otros. *La eternidad es...*
FIADONE, Alejandro E. *Diseño indígena argentino*
FIADONE, Alejandro E. *Mitogramas*
FORMIGUERA, Pere. *Chica*
FORMIGUERA, Pere. *Chico*
FOUCAULT, Michel. *El yo minimalista*
GUTIÉRREZ, Fernando. *Treintamil*
HEINRICH, Annemarie. *Otra fotografía*
HORITA, Hugo - Llamazares, Kalil. *Ping Pong*
INDIJ, Guido. *Hasta la Victoria, Stencil!*

JOLY, Martine. *Introducción al análisis de la imagen*
JOLY, Martine. *La imagen fija*
JULLIER, Laurent. *La imagen digital*
KOSSOY, Boris. *Fotografía e historia*
KOVENSKY, Martín. *Kovensky 4.0*
LÓPEZ, Marcos. *Pop latino*
NIGRO, Adolfo y Bandin Ron, César. *Plancton*
NIGRO, Adolfo. *En el umbral de la imagen*
LLAMAZARES, Kalili - Horita, Hugo. *Nerca*
MENZA, Nicolás. *Reivindicación de la pintura*
MELAZZINI, Santiago. *Arte en balde, Buen provecho, Cambio de hábitos, Match, Chile, Día de los muertos, Feliz cumpleaños!, I love you, Knock-out!, Mariachi, Mateando, Mi Buenos Aires, querido, ¡Ole!, El pintor, Revolución, Soñando, Tangueando, Tango, Tequila, Tufototesaka, Yeah!*
OSTERA, Andrea. *Conciso, sucinto, preciso*
OSTERA, Andrea. *La colección*
PARENT-ALTIER, Dominique. *Sobre el guión*
PEREDA, Teresa. *Cuatro tierras*
PÉREZ, Carmen. *Coso*
SANTORO, Daniel. *El manual del niño peronista*
SEIMANDI - SILBERMAN - MENDIETEA. *Proyecto Cartele*
SILBERMAN - SEIMANDI - MENDIETA. *Cartele*
SORLIN, Pierre. *El 'siglo' de la imagen analógica. Los hijos de Nadar*
SOULAGES, Francois. *Estética de la fotografía*
SULLIVAN, Edward J - PERAZZO, Nelly. *Pettoruti*
ZATONYI, Martha. *Aportes a la estética. Desde el arte y la ciencia del siglo 20*
ZIMMERMANN, Marcos. *Patagonia, un portfolio íntimo*

www.lamarcaeditora.com